国家社科基金
后期资助项目
GUOJIA SHEKE JIJIN HOUQI ZIZHU XIANGMU

集群情景下小微企业的创业行为研究

Entrepreneurial Behavior of Small and Micro Businesses in Cluster Context

李文博　著

科学出版社
北京

内 容 简 介

本书以产业集群为情景变量,紧紧围绕小微企业的创业行为这一核心范畴,深入解答了三个相互关联,又依次推进的重要问题:第一,创业行为为什么(why)发生的问题,即集群情景下为什么普遍拥有发达的小微企业创业行为?并将这一问题学术化为集群情景下小微企业创业行为的涌现机理。第二,创业行为是什么(what)的问题,即集群情景下小微企业创业行为的类属呈现问题,包括进化、协同、网络和迭代创业行为。第三,进化/协同/网络/迭代创业行为怎样(how)发生的问题。此外,作为小微企业创业行为的助推剂,本书还探讨了孵化器怎样提供创业知识服务的问题。

本书适合专业研究人员、小微企业管理者、政府部门工作人员等参考阅读。

图书在版编目(CIP)数据

集群情景下小微企业的创业行为研究 / 李文博著. —北京:科学出版社,2016.9
ISBN 978-7-03-049979-0

Ⅰ.①集… Ⅱ.①李… Ⅲ.①中小企业-企业管理-研究 Ⅳ.①F276.3

中国版本图书馆 CIP 数据核字(2016)第 227540 号

责任编辑:魏如萍 王景坤 王丹妮 / 责任校对:李 影
责任印制:霍 兵 / 封面设计:无极书装

科 学 出 版 社 出版
北京东黄城根北街 16 号
邮政编码:100717
http://www.sciencep.com

中国科学院印刷厂 印刷
科学出版社发行 各地新华书店经销
*
2016 年 9 月第 一 版 开本:720×1000 1/16
2016 年 9 月第一次印刷 印张:12 1/2
字数:250 100
定价:65.00 元
(如有印装质量问题,我社负责调换)

国家社会科学基金后期资助项目
出版说明

　　后期资助项目是国家社会科学基金项目主要类别之一，旨在鼓励广大人文社会科学工作者潜心治学，扎实研究，多出优秀成果，进一步发挥国家社会科学基金在繁荣发展哲学社会科学中的示范引导作用。后期资助项目主要资助已基本完成且尚未出版的人文社会科学基础研究的优秀学术成果，以资助学术专著为主，也资助少量学术价值较高的资料汇编和学术含量较高的工具书。为扩大后期资助项目的学术影响，促进成果转化，全国哲学社会科学规划办公室按照"统一设计、统一标识、统一版式、形成系列"的总体要求，组织出版国家社会科学基金后期资助项目成果。

全国哲学社会科学规划办公室

2014 年 7 月

序　言

　　本书是笔者主持的国家社会科学基金后期资助项目（项目名称为集群情景下小微企业的创业行为研究；编号为 15FGL013）的结题成果。《集群情景下小微企业的创业行为研究》从构思到完稿，前后历时 6 年，倾注了笔者大量的研究心血。提出并尝试解答了一个非常现实的学术问题，即集群情景下小微企业的创业行为问题。在大众创业、万众创新的国家战略背景下，更凸显其研究价值。

　　本书有三个关键词，分别是集群情景、小微企业和创业行为，笔者将集群情景下小微企业的创业行为分解为三个依次关联，又层层递进的学术问题：一是，创业行为为什么（why）发生的问题，即产业集群情景下为什么普遍拥有发达的小微企业创业行为？并将这一问题学术化为集群情景下小微企业创业行为的涌现机理。二是，创业行为是什么（what）的问题，即集群情景下小微企业的创业行为类属是什么？并将这一问题学术化为类属呈现，包括进化创业行为、协同创业行为、网络创业行为和迭代创业行为。三是，创业行为怎样（how）发生的问题，即进化/协同/网络/迭代创业行为怎样发生的问题。

　　笔者所领导的课题组，在浙江义乌调研发现：浙江义乌小微企业的海量创业行为是多方利好因素综合叠加的结果。访谈语句表明：①浙江义乌长期流淌的创业基因促发了义乌的小微企业创业行为；②义乌善治有为的政府，敢为天下先，提供了便于执行的小微企业创业政策；③马云等浙商创业明星的出现，极大地促发了全民创业热情；④微商、网商等新型创业形式使得小微企业创业变得越来越容易。

　　这些丰富的小微企业创业实践为小微企业创业研究提供了充裕的素材，全书研究的现实背景主要有三：

　　其一，大众创业、万众创新的国家战略。大众创业、万众创新的高效执行，需要海量的小微企业支撑。农民返乡创业、农民淘宝创业等一大批新型创业质态不断涌现，急需在学理上给予小微企业创业以更多理论关注。

　　其二，"互联网+"的全新时代背景。在"互联网+"的时代背景下，小微企业创业处于历史最佳机遇期。小微企业的创业障碍相应缩小，一大批小而美的企业,快速成长,进化成行业的标杆企业。对于这些高成长性小微企业的关注,需要学者作出更大贡献。

其三,"一带一路"倡议的快速执行。"一带一路"背景下,一大批外向型小微企业通过跨境电商等新型商业模式取得了快速成长。以中非产能合作为例,浙江小微企业的富裕产能也开始转移到非洲,这些新趋势、新现象都需要引起学者重视。

正是在以上三个背景下,本书的现实意义更显强烈。

总体说来,本书有以下几个鲜明特点:

一是选取产业集群为情景变量。基于这一前提,将小微企业的创业行为置于产业集群的大背景下进行研究,放大了研究的广度和宽度。这与当前国际上主流的网络分析路线是一致的。以浙江为例,数量众多的产业集群是浙江块状经济的典型特色,每一县、每一镇,甚至每一村都有典型的产业集群。而微观层面上,支撑产业集群保持蓬勃活力的现实基础则是海量小微企业的创业行为,由此,研究集群情景下小微企业的创业行为具备可行性和独特价值。

二是扎根方法等新型质性研究方法的熟练运用。笔者在国内较早关注了扎根方法。2009 年,尝试运用扎根理论方法完成了研究论文《集群情景下企业知识网络演化的关键影响因素——基于扎根理论的一项探索性研究》,并最终发表于管理类重要期刊《研究与发展管理》2011 年第 6 期上。近年来,浙江师范大学经济与管理学院越来越多的学者和硕士生也关注到了扎根理论方法在管理学领域的应用,并取得了不错的效果。本书在很多学术问题上,也采取了扎根理论方法,如回答了集群情景下小微企业创业行为的涌现机理等。

三是对小微企业创业行为的关注。小微企业是一类非常特殊的企业类型,创业资源非常有限,关注小微企业的创业行为有理论和现实价值。国内对于创业行为开展研究的学者比较多,并在浙江大学、清华大学、南开大学、吉林大学等高校形成了若干重量级研究团队。受益于浙江创业实践的蓬勃开展,在浙江高校里,关注创业行为研究的学者越来越多,但聚焦小微企业创业行为研究的学者国内还较少。笔者关注小微企业多年,取得了一些研究成果。

当然,创新性是一项高质量学术研究的灵魂。本书在研究视角、研究方法、研究观点等方面的主要创新点如下:

首先,在研究视角方面。从产业集群层面,关注小微企业创业行为是一个新颖的研究视角,可以更加立体和多维度地展示小微企业创业行为。

创新性地提出了若干现实问题,如集群情景下小微企业创业行为的涌现机理、类属呈现等。

其次,在研究方法方面。集成了多种研究方法,不仅有大样本问卷调查基础上的结构方程建模,还有扎根理论、话语分析等多种分析技术。尤其是话语分析技术的采用,增加了本书的技术含量。

最后,在研究观点方面。本书提出了很多新颖的见解,如在小微企业创业行为的类属呈现方面,将小微企业的创业行为类型分解为协同创业行为、进化创业行为、网络创业行为和迭代创业行为,属于国内较为新鲜的观点提炼。

归因于浙江小微企业创业实践的蓬勃开展,浙江的学者在创业与创新研究领域在国内处于前沿。从研究人员数量上,浙江高校基本都形成了稳定的创业创新研究团队;从研究成果产出上,越来越多的学者获得了创业与创新领域的国家自然科学基金、国家社会科学基金和教育部人文社会科学规划课题,并在《管理世界》《科研管理》《科学学研究》等国内重要期刊上发表了有影响力的研究论文。

展望小微企业的创业行为研究,笔者认为有以下几个方向值得进一步关注:

一是大数据思维对于小微企业创业行为的影响。大数据属于企业竞争面临的经营环境,小微企业可以不掌握大数据技术,但必须要有大数据思维。通过借助阿里巴巴等电商大数据平台,获取差异化竞争优势。

二是协同创业等小微企业创业类型值得进一步关注。结合产业集群的外部情景变量,有必要进一步研究小微企业协同创业行为的驱动机理、优化路径等问题。可以采取案例研究方法,结合话语分析等新型分析技巧展开。

三是小微企业与产业集群的共同演化分析。从动态的观点分析小微企业的创业行为,需要学者选取典型案例进行长时间的追踪研究。收集大量的时间序列数据,也使研究的难度和工作量增加很多。

四是小微企业创业如何运用互联网思维。互联网思维可以进一步分解为客户思维、数据思维、平台思维等,更加关注用户体验、快速响应、协同分享等新的经营理念。这些新的思维需要结合具体企业案例进一步展开相应研究。

当前,浙江师范大学正处于浙江省重点高校建设的关键时期,希望经济与管理学院有更多的学者关注小微企业创业行为这一有价值的研究论题。同时,也欢迎海内外的学者加盟,植根浙江独特产业集群情景,提炼企业管理原生态研究命题，为浙江师范大学的学术研究贡献自己的聪明才智。

　　当然，科学研究是无止境的，本书在很多方面，尚不完善，笔者真切希望国内更多的青年学者投身于创业研究领域，不断提供创新性观点，为小微企业创业研究的不断完善作出努力。

李文博

2016 年 7 月 20 日

于浙江师范大学丽泽花园

目　　录

第一章 绪 论

本书的主体问题是集群情景下小微企业的创业行为，涵盖产业集群、小微企业和创业管理等多个研究领域，具有较强的学术交叉性。本章主要论述本书的研究背景、研究意义、基本概念、研究方法、技术路线、研究目标和主要创新点；同时，说明本书的总体框架安排。

第一节 研究背景及意义

一、研究背景

（一）现实背景：集群情景下小微企业创业行为的蓬勃发展

丰富的产业集群和海量的小微企业是长江三角洲、珠江三角洲、环渤海等中国经济发达区域的特色和名片。产业集群作为平滑空间上的黏滞点，犹如一道道独特风景线，吸收聚拢了稠密的经济能量，孕育了海量的小微企业。以浙江省为例，历经近 40 年的发展，浙江业已形成了"一乡一品""一县一业"的块状经济格局。早在 2010 年，块状经济就占浙江经济总量的 50%以上，全省 90 个县/市/区中，有 82 个年销售收入超过 10 亿元的块状经济，拥有义乌小商品、永康五金、温州皮鞋等 245 个全国性生产基地称号（林丹和梁建伟，2010）。

小微企业是中国数量最多、最具活力的企业群体，占企业总量的97.3%，是中国实体经济的重要组成部分（王政，2012）[①]。以浙江为例，小微企业占浙江企业总量的 97.4%，业已成为美丽浙江建设的重要推动力量（钟鸣和董碧水，2013）。浙江义乌则被称为小微企业的创业典范，以下一段材料生动描述了义乌小商品集群情景下，小微企业蓬勃创业的基本经验。

---

① 小微企业的界定存在行业差异，按工信部 2011 年 6 月颁布的标准，以工业为例：从业人员 20 人及以上、300 人以下且营业收入 300 万元及以上、2000 万元以下的为小型企业；从业人员 20 人以下或营业收入 300 万元以下的为微型企业。由于在 2011 年 6 月，刚从中小企业中分离出微型企业，目前普遍缺乏微型企业的具体统计数据。

　　小微企业之所以能够在义乌发芽、生根、开花、结果，成为义乌独特的亮丽风景，有其历史文化因素。义乌自古就有"鸡毛换糖"的经商传统，《义乌县志》记载，清乾隆年间，义乌廿三里就有人于农闲时节，肩挑货郎担，手摇拨浪鼓，走街串巷，敲糖换鸡毛。清道光年间，"鸡毛换糖"之业已十分兴盛，形成了"敲糖帮"。即使在改革开放之前，也没有完全杜绝小商小贩。在义乌人的血脉中流淌的是强烈的创业基因，骨子深处蕴藏着创新的精髓。这固然有义乌自然地理条件的因素，义乌自古人多地少、土壤贫瘠、资源贫乏，可以说是一方水土养不活一方人。然而，为什么改革开放之后义乌能够从一方小镇发展成为现代化的大都市？为什么义乌能够成为小微企业的海洋，能够成为小微企业创业福地？其基本经验在于：具有一大批敢为天下先、勇于拼搏、吃苦耐劳的企业家或市场主体、有所为有所不为的政府、充分竞争的市场以及行业协会作为中介组织无可替代的作用，从而实现了无形的手与有形的手的有机结合（赵振华，2012）。

　　在独具特色的集群效应促发下，海量的小微企业如雨后春笋般涌现，形成了"插一根筷子，就能长成一片竹林"的创业井喷现象。然而，小微企业创业实践的现实图景却迥然各异。绝大部分小微企业昙花一现，锁定于价值链低端困境，存活寿命不超过3年；少数小微企业则基业长青，成长为卓越企业，如阿里巴巴、新光饰品等。可见，清晰梳理集群情景下小微企业的创业行为是一个重要课题。

　　基于以上现实背景考察，发现产业集群作为小微企业的外部情景变量，所提供的创业情景对创业行为有重要影响，通过访谈程序，我们挖掘了两个关键事件[①]，分别反映集群制度环境和集群知识溢出对创业行为的影响效应。

　　关键事件1（集群制度环境→创业行为）：软件产业集群是杭州众多软件小微企业持续成长的情景变量，软件产业群的制度环境势必影响企业的创业行为。以初始政策设计为例（WX056）："杭州软件产业群政策设计的一些着力点主要表现为：公共服务方面，鼓励形成软件产业集聚效应；人才交流方面，鼓励从事软件技术国际合作交流项目或企业聘请外国软件专家来杭州讲学和工作；软件培训方面，鼓励国外著名软件企业建立软件职业培训机构；人力资本方面，积极建设高级软件与网络人才的培养基地。像我们的'智慧城市'战略转型和大提速都离不开上述软环境，可以说，软件产业群相对宽松的政策环境促发了我们的创业行为。"

---

　　① 关键事件来自于小微企业创业行为课题组2012年5月的调研资料，WX056、GQ011为访谈编号。

关键事件 2（集群知识溢出→创业行为）：小微企业与大学、研究机构、竞争者、供应商等形成的知识网络为节点之间的知识溢出提供了现实可能，大学对小微企业的知识溢出意味着持续的学术创业资源的支持，也会直接影响企业的创业行为（GQ011）。"像我们这种高技术企业，人才始终是企业发展的第一要素，中高层里面有不少至今还是教授兼职，同时，交大每年优秀的毕业生也给我们提供了坚实的人才支撑。我们还和管理学院签订了战略合作协议，定期给我们提供管理理念指导和培训。行业竞争可以用惨烈形容，就我们公司而言，离开交大的学术资源支持，创业至今能否活下来还是一个未知数。"

上述两个关键事件直观反映了集群创业情景对小微企业创业行为的影响，采访中不止一位企业家表示[①]，"产业集群、块状经济是浙江的典型特色，很多企业由小不点成长为一棵棵大树，离不开集群软环境的肥沃土壤"；"一流软件园的无形魅力在于给你一种创业的冲动，创业的'good idea'，类似硅谷、台湾新竹的创业软环境"。同时，也验证了创业领域的一个基本理论假定：企业不是在孤立状态下依托其资源禀赋独立采取创业行为的，小微企业的创业行为嵌入在多层次集群创业情景中，这些情景因素影响创业行为的结果和绩效。

（二）理论背景：小微企业创业行为研究日益受到重点关注

创业研究一直是学术界理论研究的热点问题，兼具高品位的理论价值和应用价值。呈现的研究趋势主要有：植根异质性区域特质的本土性，关注创业、创新、知识、升级等关键要素的多面性，嵌入集群网络的复杂性和及时响应外部环境的动态性。在此理论背景下，集群网络视角的小微企业创业行为研究渐成热点。将集群情景下小微企业的创业行为视为一个复杂网络系统，从进化、协同、集成的视角切入有助于提升现有研究的深度和厚度。例如，围绕创业网络中的小微企业孵化器等节点完善问题，围绕基于大学衍生企业的产学研界面结合不紧密问题等，有助于消除小微企业创业研究中的孤岛现象。产业集群是小微企业创业的外部情景变量，也是创业网络存在的现实载体，特定的外部集群情景变量对于理解小微企业的创业行为具有重要价值。将小微企业的创业行为研究置于集群情景中，与当前国际上主流的网络分析路线相一致。

但是，迄今为止，理论和实务界对于集群情景下小微企业的创业行为

---

① 访谈语句来自于小微企业创业行为课题组 2012 年 6 月的访谈记录。

研究还没有给出令人满意的解答，一些典型的关键问题仍然有待进一步的深入探索。例如，小微企业创业行为在集群情景下有哪些新颖特质？西方学者的研究成果尚存在两点不足：第一，侧重于考察各独立解释变量的影响效应，如基于认知视角的创业认知解释；基于资源视角的资源整合解释（Barney et al.，2011）；基于嵌入视角的关系质量解释（Walter et al.，2006）等，而集成多个视角的整合性研究较为匮乏。第二，不同学者的研究结论并不完全一致，有些更因后续研究出现的悖论而不断受到质疑。以任务环境对创业行为的影响为例，Russell R D 和 Russell C J（1992）认为，在动荡的任务环境中，企业倾向于开展创业活动；而 Green 等（2008）的研究却表明任务环境的动荡性与公司创业总体上呈现负相关。研究结论的不稳定事实表明，对小微企业的创业行为需要进一步探索，尤其是当把研究情景从欧美发达国家转向新兴市场经济国家或转型经济国家时。

本土学者针对集群情景下小微企业这一主体进行创业行为研究的成果尚不多见，一般是验证西方已有研究命题的适用性或作为自明（self-evident）的概念建构使用，方法多集中于统计分析技术，而基于逼真质性数据的多案例研究较为稀少。有鉴于此，本书以产业集群为情景变量，以小微企业的创业行为为核心范畴，基于扎根理论、话语分析等质性研究方法，提炼创业行为的涌现机理、类属呈现等关键问题，旨在为集群情景下小微企业的创业实践提供理论和经验借鉴。

二、研究意义

（一）现实意义：为集群情景下小微企业的创业行为提供理论支撑

本书一方面为集群情景下小微企业的创业实践提供理论支撑；另一方面为政府相关部门优化创业环境等产业政策制定方面提供借鉴。理论命题源于现实实践，又在指导企业的鲜活实践中得以升华。以产业集群为情景变量，本书将提供一个描述和解释小微企业创业行为的理论框架体系，逻辑路线是"涌现机理→类属呈现→创业行为"，可以为小微企业的创业实践提供可操作性分析工具。

同时，本书的应用目标是提升集群创业整体效能的政策研究，在民间资本、创投资本开展创业投资"两创业"的机制等热点问题方面，有助于政府设计有针对性政策。另外，对于行业协会、孵化机构等组织的决策实践也有应用价值。

（二）理论意义：拓展集群情景下小微企业创业领域的实证研究

本书扎根浙江等经济发达区域的典型集群情景，基于小微企业创业行为的鲜活实践，提炼有价值的"原生态"命题，进一步丰富创业研究的理论框架体系。例如，小微企业微创新行为的关键环节认知等细分问题具备显著的创新价值；小微企业孵化器创业知识服务的运营模式将丰富现有研究框架。

另外，本书基于真实案例企业的调研数据可以提供丰富的第一手资料，在纵向理论研究维度方面有后续利用价值。研究具备产业集群、创业行为和小微企业三个理论关注焦点，基于质性分析方法形成的创业关键事件库、创业关键案例集等鲜活数据在理论上为弘扬中国创业精神、传承中国创业基因提供技术支撑。

第二节 基 本 概 念

清晰地界定基本概念的准确内涵是开展高质量学术研究的基础性工作，本节将重点介绍研究涉及的三个基本概念：集群情景、小微企业和创业行为。

一、集群情景

对产业集群的研究最早见于英国学者马歇尔在 19 世纪末提出的产业区理论。马歇尔在《经济学原理》一书中，将产业区定义为：一种由历史与自然共同限定的区域，其中的中小企业积极地相互作用，企业群与社会趋向融合。以产业区概念为基础，20 世纪 80 年代中期，开始了新产业区的相关研究，Makusen（1996）描述了新产业区的特征，包括产业区内具备较多的设计和创新人员；供应商、客户等主体之间频繁的知识交流；行业协会的功能性定位等。而产业集群概念的广泛扩散，则得益于波特的研究。由此，本书沿用波特关于产业集群的界定：产业集群是一组在地理上靠近的相互联系的公司和关联的机构，它们同处在一个特定的产业领域，由于具有共性和互补性而联系在一起，也称为产业集群或企业集群（Porter，1998）。完整的产业集群概念包括三方面要素：其一，行为主体在地理上邻近；其二，企业之间存在产业联系且相互依赖；其三，行为主体之间存在互动（王缉慈等，2010）。

产业集群为小微企业创业提供了独特的外部情景,由此产生集群情景的学术概念。集群情景的学术意涵包括:①产业集群是一个复杂网络系统,包括丰富的创业知识流,为小微企业的创业提供外部创业知识来源。在产业集群内,小微企业的创业知识获取、创业知识吸收、创业知识整合、创业知识应用等行为持续发生。②产业集群包括丰富的异质性知识节点,如供应商、客户、竞争者、标杆企业、小微企业、孵化器等,这些知识节点之间存在创业知识交换。③产业集群是小微企业创业行为发生的外部生态系统,具备演化特性。小微企业在创业生态系统内孕育、生成、成长,并存在大量的竞争与合作关系。④将产业集群与创业网络的概念结合,形成集群创业网络的研究概念。集群创业网络对小微企业的创业行为有重要影响效应。从网络视角切入研究小微企业的创业行为,是目前的研究热点。⑤在产业集群中,小微企业的创业行为嵌入到与其存在联结关系的一系列活性节点所构成的创业网络中,此时,小微企业的创业行为必然会超越组织边界,并受到网络中其他企业以及各种网络关系的影响。

二、小微企业

根据 2011 年,工信部等四部门联合发布的《中小企业划型标准规定》,小微企业是指营业收入 500 万元以下的农林牧渔企业;从业人员 300 人以下、营业收入 2000 万元以下的工业企业;从业人员 100 人以下、营业收入 2000 万元以下的餐饮企业等。小微企业具体包括小型企业、微型企业、家庭作坊式企业和个体工商户等不同类型①。

2014 年,中国首次发布小微企业的权威统计数据,据《全国小微企业发展报告》,截至 2013 年年底,全国共有小微企业 1169.7 万户,占企业总数的 76.57%;若将 4436.29 万户个体工商户也视作小微企业,则小微企业在工商登记注册的市场主体中所占比重将达到 94.15%②。以浙江为例,小微企业占浙江企业总量的 97.4%,业已成为浙江块状经济的特色和名片(钟鸣和董碧水,2013)。而在义乌佛堂镇的调研表明,小微企业占

---

① 2011 年 7 月 4 日,工信部、国家统计局、国家发改委、财政部发布《中小企业划型标准规定》,文件编号:工信部联企业[2011]300 号。

② 《全国小微企业发展报告》由国家工商总局 2014 年 3 月 28 日发布,数据来源于 2012 年 3~6 月实际参加年检的 1200 万户企业,采集了营业收入、资产总额和从业人员三项指标,共采集分析数据 2100 万条。

比更是高达 99.1%[①]，可以说，浙江创业经济的主体是小微企业，小微企业的发达创业行为是浙江经济快速发展的一个基本经验。

三、创业行为

创业行为（entrepreneurial behavior）有狭义与广义两种解释。狭义的创业行为仅指新企业的创建（start-up），而广义的创业行为则指一种创业精神（entrepreneurship）。本书采用广义创业行为的界定，将创业行为理解为创建新企业或企业成长过程中一系列基于事项的创业动作集合（Gartner et al.，2010），一些常见创业行为包括：创建新企业、改进现有产品或服务、现有商业模式的渐进改良、与同行业企业建立战略联盟、创业网络构建或创业生态系统培育等（Betz，2002）。与创业行为紧密相关的一个概念是创业导向，创业导向（entrepreneurial orientation）只是一种倾向，并不必然导致创业行为的发生，但高创业导向自然增加了创业行为的发生概率（戴伟奇和魏江，2010）。

创业行为具备三点基本特质：一是情景性，创业总是植根于所处的区域创业情景、产业集群情景、镇域经济情景等，即创业行为与外部情景紧密交融（Franco and Haase，2013）；二是网络性，创业行为具备创业网络属性，即企业创业行为的发生必然与供应商、客户、竞争企业等网络节点发生关联（Hartley et al.，2013）；三是进化性，创业行为伴随企业的成长历程，表现出由简单到复杂、由低级到高级的系统进化属性（Vladas et al.，2012）。

第三节　研究方法和目标

一、研究方法

本书是一个比较复杂的理论基础研究，在理论研究层面，综合了产业集群、创业管理、小微企业等理论领域，因此，研究过程中，特别注意文献梳理、访谈及问卷调查、扎根方法、话语分析技术、结构方程建模等多种研究方法的综合运用，主要研究方法简述如下。

---

① 数据来源于义乌佛堂镇：《2013 年浙江义乌佛堂镇小微企业统计资料》。

（一）文献梳理

文献梳理的主要目的在于识别现有相关研究的主要进展，发现研究不足甚至空白点，找到研究重点突破的方向。主要梳理国外相关文献和国内相关文献两部分，检索关键词主要包括小微企业、创业管理、创业行为、创业网络、新企业、新创企业、产业集群等。重点关注的国内文献和国外文献数量为 215 篇，其中，国内文献为 130 篇，占比为 60.47%；国外文献为 85 篇，占比为 39.53%。

对于国外文献，主要来源为创业领域的国际主流杂志，包括 *Journal of Business Venturing*、*Small Business Economics*、*Journal of Small Business Management*、*Entrepreneurship Theory and Practice*、*Strategic Management Journal*、*Asia Pacific Journal of Management*、*International Small Business Journal*、*Academy of Management Journal*、*Mangement and Organization Review* 等。年限主要为 2010～2015 年，共获得相关文献 85 篇。

对于国内文献，主要来源为经济管理类重要期刊，包括《管理世界》、《中国工业经济》、《科学学研究》、《科研管理》、《研究与发展管理》、《外国经济与管理》、《科学学与科学技术管理》、《南开管理评论》、《中国软科学》、《管理工程学报》和《中国科技论坛》等。年限主要为 2010～2015 年，共获得相关文献 130 篇。

（二）访谈及问卷调查

本书植根中国本土集群情景，获取第一手资料，提炼原生态命题。访谈及问卷调研是重要的研究方法，其中，访谈对象包括企业中高层管理者、行业协会负责人、孵化器或园区负责人、政府相关部门人员、高校专家等；问卷调查主要包括半结构化问题和结构化问题两类。对于访谈获得的大量原始资料，为保证正确性采取交叉验证方法进行。同时，对于访谈语句中不精确的概念进行替换，并采用规范的编码分析技术提炼初始概念。例如，对于语句"创新需要提前量，敏锐的感觉很重要，有时候意识到，已经晚了，所以机会感知的时机要恰当。"所提炼的初始概念为"机会感知"。表 1-1 为课题组的部分访谈语句示例，其中第三列为提炼的初始概念。

表 1-1　访谈语句示例

序号	访谈语句	初始概念
1	创新需要提前量,敏锐的感觉很重要,有时候意识到,已经晚了,所以机会感知的时机要恰当	机会感知
2	和什么样的供应商构成创新合作伙伴,需要进行技术能力互补性评估,我们有一个规范的流程	发起流程
3	规划是构建创新网络的第一步,清晰性、主体性、战略性、超前性都需要考虑,否则会很混乱	信息丰度
4	都希望所有有价值的信息流经本企业,这样企业创新决策有主动权,实际上是一种行业影响力	位置意识
5	占据一个有利位置,机会相对多一些,这种位置不是空间距离,而是虚拟的,是一个长期过程	节点参与
6	像我们这种刚刚成立 3 年的企业,自己的创新就是小修小补、小打小闹,生存下来就是最大的胜利	主体数量
7	你搞创新,离不开合作伙伴的帮助,例如零配件的供应商,有时候可以给你提供很好的创新点子	研发支持
8	有些知名企业的研发合作伙伴(包括国外的)达上百家,我们是新创企业,与这个数量还有很大差距	信任关系
9	我们是大学衍生企业,浙江大学是我们的核心研发伙伴,离开浙江大学的技术支持,很多创新没法进行	学习渠道
10	大家都捆在一块,组成一个行业利益共同体,研发困难的时候,离不开雪中送炭式的研发支持	模仿学习

资料来源:访谈语句来源于课题组 2013 年 6 月研究报告《新创企业微创新行为的关键环节认知》

（三）扎根方法

扎根方法属于一种较为新颖的质性分析技术,近年来,在多位知名学者的推动下,扩散至经济与管理学科。在国内外主流学术期刊上,采用扎根方法的高水平研究成果不断涌现,并引起了多领域学者的广泛关注,具有较高的引用率。扎根方法最早由 Glaser 和 Strauss(1967)提出,对于概念并不具有成熟量表的探索性研究较为适合。本书的很多论题,如集群情景下小微企业创业行为的涌现机理、集群情景下小微企业孵化器的创业知识服务等都较为适合扎根编码方法。扎根编码方法的关键技术工具主要包括开放编码、主轴编码和选择编码三种,如图 1-1 所示。三种编码的目的各异,其中,开放编码旨在识别概念范畴,主轴编码旨在归纳主副范畴,而选择编码旨在提炼核心范畴。为检验扎根模型的有效性,在三类编码之后,一般还需进行理论饱和度检验。

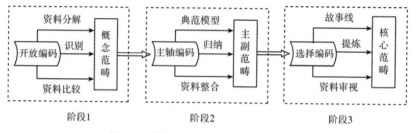

图 1-1　扎根理论分析的关键技术工具

（四）话语分析技术

话语分析研究成果最早出现于语言学领域（Harris，1952），后来，逐步扩散至社会学、经济学和管理学等研究领域，现已发展成为一种较为成熟的独立研究方法。针对 EBSCO、JSTOR 等数据库进行文献检索，发现在国际主流管理类期刊上，以话语分析为研究方法的重要文献日益呈上升趋势，并渐成各自领域被引用较为频繁的文章。这些典型文献有些完全以话语分析方法展开，有些则以话语分析和案例方法融合展开。具体程序上，采用建构主义话语分析路线（Potter and Hepburn，2008）的较为多见，主要包括以下几个步骤：语素，即话语要素提炼；语系，即话语构件关联；语度，即话语效度检验；语义，即话语意义阐释和语景，即话语情景适用。

与传统语言分析方法相异的是，话语分析超越了以词句或语法规则等为主的语言内部规律的考察，而将研究重点扩展到语言在社会情境下的应用领域方面，即人们如何使用话语、如何建构话语的社会意义以及如何通过话语互动、交流和参与社会实践并以此实现预期目标等研究问题上。然而，国内学者采用话语分析方法的研究成果还非常缺乏，影响了在这一领域与国外学者的交流和对话。本书在集群情景下小微企业创业行为的类属呈现等论题上采取话语分析方法进行。

（五）结构方程建模

结构方程建模是一种采用非常广泛的实证研究方法，在创业与创新管理领域被大量学者采用。这种方法对于检验多个变量的相互关系研究具有独特效力，结构方程建模技术的采用需要基于四个要素：其一，需要针对变量开发量表，量表需要经过规范的开发程序，具有较高的信度和效度；其二，收集大样本问卷，问卷的数据采集需要保证品质和数量，满足数据的充裕性要求；其三，基于现有文献梳理，提出完整的研究假设和结构方程模型；其四，对于数据和模型的拟合，进行深度的理论分析。在很多情况下，需要对结构方程模型进行修改以匹配数据。本书在集群情景下小微企业的网络创业行为论题上，采取结构方程建模方法，形成一个包括网络感知、网络发起、网络控制、网络重构和网络学习的五维度结构。

二、技术路线

本书依据"概念基础→实证归纳→理论分析→系统研究→实践应用"这一标准的理论研究范式，设计了具体的技术路线，如图 1-2 所示。其中，理论研究主要包括文献分析、扎根分析和话语分析等理论工具；理论研究进一步和集群问题、企业问题和文献问题进行比对，以进一步提炼创业行为的学术问题；主干研究主要包括涌现机理、进化创业行为、协同创业行为、网络创业行为和迭代创业行为等；实践研究需要集合挖掘、构建、检索、调整等技术手段，针对创业案例库，进行案例学习和案例匹配。

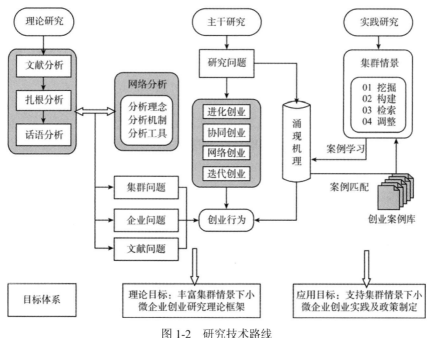

图 1-2 研究技术路线

三、研究目标

本书针对集群情景下小微企业的创业行为问题，提炼科学研究问题，采用话语分析、扎根编码、案例研究、统计方法等分析工具，力图实现三个具体目标，即突出产业集群情景、建构系统分析框架和形成局部理论创新，对每一目标简述如下：

其一，突出产业集群情景。丰富的产业集群形态为海量小微企业的创业实践提供了独特载体，在此背景下，产生集群情景下小微企业的创业行为等多个学术概念。针对以上学术概念，研究整合多种方法，探索性构建小微企业创业研究的原生态命题，丰富创业管理研究的现有框架体系，提供面向集群情景下小微企业创业实践的理论依据和管理应用。

其二，建构系统分析框架。以产业集群为情景变量，围绕核心范畴——小微企业创业行为，聚集涌现机理、类属呈现等关键问题，提升集群情景下小微企业创业实践的相宜性认识，突出在小微企业创业研究分析视角、分析工具和分析方法的创新性。研究形成聚焦为什么、是什么和怎么样的三个基础问题的系统分析框架，为小微企业的创业行为研究贡献分析架构。

其三，形成局部理论创新。本书将在集群情景下小微企业的涌现机理、创业行为类属等关键问题方面提出创新观点。例如，将集群情景下小微企业的创业行为分为四个类型，分别是进化创业行为、协同创业行为、网络创业行为和迭代创业行为。再例如，提炼了集群情景下小微企业进化创业行为的 4 类驱动因子，包括刻意学习、网络挤压、知识过滤和价值治理。

第四节　研究创新点

1. 集群情景下小微企业创业行为的涌现机理部分

研究的理论贡献主要体现在两点：首先，在西方成熟的市场经济环境下，政府行为只是解释创业行为的外生变量，并没有纳入到模型的内生变量中（李世杰等，2014），而中国转轨经济的典型特征就是政府行为在区域创业聚集的强势角色，本书将政府行为视为影响区域小微企业创业行为的内生因素，并提炼为善治有为政府维度。其次，本书下沉到镇域产业集群经济体内，构建了个体、企业、区域和政府 4 个维度的小微企业创业行为影响因素模型，并进一步细分为 16 个二级因素，将单层面研究扩充至多层面研究（Shepherd，2011），拓展了现有小微企业创业行为的相关议题研究。

2. 集群情景下小微企业创业行为的类属呈现部分

理论创新体现在如下三点：第一，植根浙江小微企业情景，识别并提炼了一个基于真实话语世界的好问题，即集群情景下小微企业创业行为的类属呈现问题,在创业领域提供了一个崭新切入点,下一步可以针对协同创业行为、进化创业行为等具体创业类属展开实证研究。第二,对小微企业的创业行为类属做了清晰梳理,得出一些具备小微企业特质的新颖变量,如小微创新、网络感知等,为下一步的多变量研究提供了概念基础。第三,方法层面属于话语分析在创业领域的探索性尝试,基于大量一手和二手数据,采用话语分析技术识别了创业行为的类属呈现,完整展现了浅层话语分析和深层话语分析两个层面的分析过程。

3. 集群情景下小微企业的进化创业行为部分

理论贡献如下:首先,产业集群是企业进化创业行为的外部情景变量,本书系统识别了以下几点,即问题变量是产业集群、问题边界是企业进化创业行为、问题内核是驱动模型、问题方法是话语分析。其次,引入话语分析方法,揭开集群情景下小微企业进化创业行为的驱动模型黑箱,明确集群情景→驱动因子→进化创业行为的完整故事线,并揭示各范畴之间的关系路径。最后,话语分析方法应用于进化创业研究的国内外文献还不多见,本书进行探索性尝试,在方法层面,丰富现有以结构方程建模为主体的研究方法库。

4. 集群情景下小微企业的协同创业行为部分

本书的主要理论贡献在于运用规范的话语分析技术,提炼得到集群情景下小微企业协同创业行为的驱动机理,该模型不仅给出集群情景→协同因子→协同创业行为的完整故事线,而且给出了创业氛围→主体协同、行为协同→协同小微创新等具体的关系路径。该模型提供了一些创新性观点,如协同因子包括要素协同、行为协同等四类具体因子;针对每一类协同因子,进一步识别了若干子范畴,集群挤压、网络驱动等都带有鲜明的小微企业特质。

5. 集群情景下小微企业的网络创业行为部分

本部分的创新点体现在从网络能力视角,开发了集群情景下小微企业网络创业行为的测量量表,包括网络感知、网络发起、网络控制、网络重构和网络学习几个维度。通过进一步的量表构建、精炼和检验,最终形成涵盖 15 个问题项的正式测量量表。本部分研究体现了集群情景下小微企业创业行为的新特点:一是将企业间关系的网络化既视为企业的一种内生性行为过程,又视为植根于嵌入的企业间互动的结果;二是镶嵌理论认为企业的价值活动嵌入于社会网络中（Podolny and Baron，1997），网络的能力属性具有浓郁的本土特征。

6. 集群情景下小微企业的迭代创业行为部分

本书理论贡献主要体现在三点：首先，针对迭代创业何以能够发生的关键议题，提炼得到敏捷学习、关系品质、小微迭代、累积优化等新鲜语素，拓展了创业网络理论的已有构架要素。其次，在迭代创业内涵界定的基础上，基于驱动因素是什么和驱动因素之间关系怎么样两个细分问题，构建了迭代创业行为发生机理的话语模型。与现有创业网络研究着重分析网络嵌入性的影响效应不同，本书重点关注了迭代创业进程中的知识性主体行为这一本质属性，识别了数据驱动下的敏捷学习（表征从外部获取知识）和知识挖掘（表征从内部生成知识）两种知识性主体行为。最后，话语分析方法在国外社会科学领域已有较成熟的应用，国内学者运用话语分析方法的成果还较为少见。本书作了基于话语分析方法的创业领域研究，属于方法层面的新鲜尝试。

7. 企业孵化器创业知识服务部分

本章的理论贡献体现在：①提炼得到孵化器创业知识服务的商业运营模式，将其概括为价值主张、客户定位和服务能力三个主范畴，丰富了孵化器创业知识服务的理论研究框架，这是本章研究的最大理论贡献。②本章研究植根五家孵化器的本土情景，提炼得到一些创新性观点。例如，在客户定位方面，成长性、创新性与网络性是孵化器筛选在孵企业的三个关键指标；在价值主张方面，孵化器的创业知识服务呈现专业化、模块化和个性化三种质态；在服务能力方面，模仿基础上二次创新、自主开发和协同创新是孵化器增进服务能力的主要动力机制。③植根多案例情景，考虑到本章研究的探索性较强，需要回答向谁提供、提供什么和如何提供三个关键问题，具备复杂性，采用扎根理论的编码分析是一种新鲜尝试。采取扎根编码这种质性分析技术，有利于获取更加原生态的研究命题，丰富孵化器的创业研究理论框架。

第五节 研 究 内 容

本书的研究问题是集群情景下小微企业的创业行为，围绕这一核心问题，全书共分十章，本书的研究框架如图 1-3 所示。第三章至第九章为本书的重点部分。

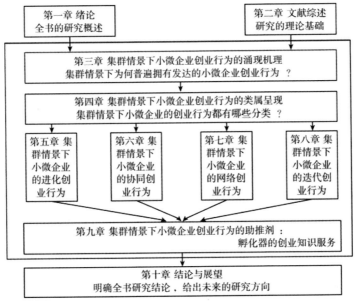

图 1-3　本书的研究框架

各章具体内容简述如下。

第一章　绪论。本书的主体问题是集群情景下小微企业的创业行为，涵盖产业集群、小微企业和创业管理等多个研究领域，具备较强的学术交叉性。本章主要论述本书的研究背景、研究意义、基本概念、研究方法、技术路线、研究目标和主要创新点；同时，说明了本书的总体框架安排。

第二章　集群情景下小微企业创业行为研究梳理。即图 1-3 中的文献综述，主要关注产业集群、集群情景下小微企业的创业行为、小微企业创业行为的中国问题展望等内容，为全书的研究奠定文献基础。同时，基于现有文献综述，推演未来的学术走向，重点关注情景性、系统性和共演性三个趋势。

第三章　集群情景下小微企业创业行为的涌现机理。本章运用扎根理论，基于浙江十个产业集群的创业经验，研究集群情景下小微企业创业行为的涌现机理等现实问题。提炼得到集群情景下小微企业创业行为的影响因素模型，其中，个体创业认知、企业适应行为、集群镇域创业情景和善治有为政府是四类关键影响因素，该模型整合了个体、企业、集群和政府四个分析层面。

第四章　集群情景下小微企业创业行为的类属呈现。本章应用话语分析方法，聚焦集群情景下的小微企业，研究创业行为的具体类属。将小微企业的创业类属明确为进化创业行为、协同创业行为、网络创业行为和迭代创业行为。

第五章　集群情景下小微企业的进化创业行为。本章应用话语分析方法，聚焦集群情景下的小微企业，研究了进化创业行为的驱动机理问题。得到的主要命题有：揭示集群情景→驱动因子→进化创业行为的完整故事线，提出集群情景下小微企业进化创业行为的驱动机理模型；将集群情景、驱动因子和进化创业行为精细化为十个语素，如将集群情景细分为网络节点、关系氛围和集群认知。

第六章　集群情景下小微企业的协同创业行为。本章基于话语分析，聚焦集群情景下的小微企业，研究了协同创业行为的发生机理。提炼得到集群情景下小微企业协同创业行为发生机理的话语模型，其中，要素协同、主体协同、行为协同和空间协同是四类协同因子，形成"集群情景→协同因子→协同创业行为"的创业经验证据链。每一类协同因子可进一步细化为四个子范畴，如行为协同对应的子范畴是集群挤压、网络驱动、创业学习和协同治理。

第七章　集群情景下小微企业的网络创业行为。基于能力视角，将集群情景下小微企业的网络创业行为理解为一种网络能力，通过量表的构建、精炼与检验，本章形成了一个包括网络感知、网络发起、网络控制、网络重构、网络学习的五维度结构，用于刻画小微企业的网络创业行为。

第八章　集群情景下小微企业的迭代创业行为。本章通过语素、语系、语度、语义、语景五个环节的话语分析，提炼得到一个反映迭代创业发生机理的简洁话语模型。模型基本要点有二：其一，数据驱动、敏捷学习、知识挖掘和平台网络是驱动快速迭代创业的四个基本语素；其二，语素之间的关系路径包括数据驱动→敏捷学习、数据驱动→知识挖掘等五条强关系路径，以及平台网络→迭代创业等三条弱关系路径。

第九章　集群情景下小微企业创业行为的助推剂：孵化器的创业知识服务。孵化器的创业知识服务为小微企业的创业行为提供了重要的推动作用。本章基于五家本土孵化器的多案例研究，从是谁、什么、如何三个方面入手，系统研究了孵化器创业知识服务的运营模式，提出一个完整的概念模型。概念模型包括客户定位、价值主张、服务能力三个主范畴，以及筛选因素、服务分层、动力机制等九个子范畴。

第十章　结论与展望。对研究结论进行总结，给出各章明确的研究结论，同时指出未来研究中应该关注的焦点问题。例如，创业行为与小微企业成长阶段的匹配机制问题，惯例、信任、网络等重要变量的导入，产业集群与小微企业、创业网络的共演问题等。

第二章　集群情景下小微企业创业行为研究梳理

任何研究都需要置于现有的研究体系中，在现有研究成果基础上，进行传承和深化，为此，需要首先进行文献综述。文献综述的主要目的在于识别现有相关研究的主要进展，发现研究不足甚至空白点，找到研究重点突破的方向。马庆国（2004）认为，一个好的文献综述应按照三个模块展开，即综述性回顾（integrative review）、批判性评论（evaluative critique）和建设性拓展（constructive extension）。对于要研究的问题，文献综述需要弄清：前人是否说过；前人说过什么；前人是怎么说的；何人、何时、何地说过（秦宇和郭为，2011）。

第一节　产业集群研究综述

产业集群的研究缘起于经济学家马歇尔（Marshall）19 世纪末的开创性研究，他以英国的手工业集群为案例，讨论了产业区（industrial district）现象。波特（Porter，1998）教授对于产业集群的内涵界定获得较为广泛的认可：一组在地理上靠近的相互联系的公司和关联机构，它们是同处在一个特定的产业领域，由于具有共性和互补性而联系在一起的特殊经济体。经典的研究理论包括外部经济、工业区位、空间经济以及竞争优势理论等。集群效应方面关注的有知识溢出、组织学习、关系网络、创新系统等。

一、经典集群研究理论

（一）外部经济理论

外部经济理论的代表人物是经济学家马歇尔，他对于企业集聚的解读是开创性的。马歇尔较早地关注到了企业集聚这一独特的经济现象。他指出大量的企业集聚在一起，形成了外部经济，并总结了若干机理（马歇尔，2005）：①企业集聚在一起，形成了利于行业知识溢出的区域环境，使得企业的创新变得容易起来；②企业集聚有利于服务行业的开展、专业化的进一步分工，可以降低企业物流成本；③企业集聚可以使具备技能的员工市场得以形成，从而降低企业寻找雇员的时间成本；④企业集聚给消费者挑选商品和服务带来了便利，等等。

当然，由于时代局限，马歇尔的外部经济理论解释集群是有很多不足的。首先，马歇尔的关注焦点在于企业集聚产生的外部经济，而非企业集群；其次，马歇尔关注到了知识溢出、创新便利等集聚效应，但只是作为一个现象来描述，并没有阐释效应产生的深层机制；最后，马歇尔论述了"集中生产的优势，而没有描述集中生产的过程"（克鲁格曼，2000），即偏重于静态的解读，缺乏动态演化的观点阐释。

应该说，马歇尔的外部经济理论框架是非常严密和完整的。例如，他关注很多细节问题，如由于地皮租金的日益昂贵，工厂常常集聚在大城市的郊外，而不是集聚在大城市之中。后来的克鲁格曼、波特等一大批学者在外部经济理论的基础上，不断突破，取得了更加丰富多彩的集群研究成果。

（二）工业区位理论

工业区位理论的代表人物是经济学家韦伯，他把影响工业区位的因素分为两类：一类是特殊集聚因素，如某个区位有便利的交通优势，可以方便地运来原材料或售出产品；另一类是一般集聚因素。相对于特殊集聚因素，韦伯认为一般集聚因素更具备研究价值，因为可以被其他区域借鉴和复制。在工业区位内的企业集聚也可以分为初级集聚和高级集聚两个阶段，在高级集聚阶段，大量的企业集聚在某一工业区位内，可以获得收益的额外增加，从而吸引更多的企业加入进来。

韦伯详细揭示了工业区位内企业集聚塑造的若干优势（韦伯，1997）：①行业进一步细分，企业专业化程度加深，如产生专门的机器修理厂；②工业区位内形成了专门的劳动力市场，企业选择劳动力的时间成本大大降低；③大量的企业集聚在狭小的区域内，由于原材料需求量巨大，自然形成原材料购买的议价权；④公共设施等生产与服务平台不断完善。

应该说，韦伯的工业区位理论贡献了很多新颖的观点。例如，他认为，在工业区位内，企业的集聚是自下而上自组织的，应该减少外部的强制干预；再如，他对产业集聚进行了定量研究，从而增加了集群研究的规范性和科学性，而不仅仅停留于企业集聚的浅层现象描述上。

（三）空间经济理论

空间经济理论的代表人物是经济学家克鲁格曼，他所倡导的空间经济理论对企业集聚进行了全新的解读。克鲁格曼给出了马歇尔描述的本地化产业的三点原因：一是集聚的专业化劳动力；二是频繁的信息交流；三是辅助工业的集聚（Krugman，1993）。空间经济理论的研究前提是不完全竞争环境，克鲁格曼认为，由于市场环境不确定性和技术的加速演化，会导致内部规模经济失效，集聚性经济可以借助多样化的水平和垂直流程最小化其交易成本，所以，集聚经济更具有外部规模和范围经济优势。

在一个区域内，工业生产活动的最终演化结果将会是集聚（Krugman，1991）。克鲁格曼的空间经济理论为产业政策扶持提供了理论依据。一个区域产业的集聚和繁荣是两方面因素的综合结果：一方面来源于自下而上的企业自组织；另一方面来源于政府部门自上而下的他组织，即政策的顶层设计对于产业的繁荣有促发效应。显然，企业自组织因素是空间经济的主体性影响因素。

克鲁格曼（2000）的贡献主要体现在：其一，引入了竞争、均衡、规模经济、数理模型等学术概念和分析工具，把企业集聚研究又推进了一大步；其二，进一步扩大了马歇尔研究对象的地域范围，不是仅仅局限于某一狭小地理空间范围内，而是放大到国家范围内更大的地理空间。

（四）竞争优势理论

竞争优势理论的代表人物是管理学家波特，他在《国家竞争优势》一书中正式提出了产业集群的学术概念。他认为，产业集群是某一特定领域内相互联系的企业以及机构在地理上的集聚体；集群包括一系列相互关联的产业和其他一些与竞争有关的实体，如零部件、机器设备和服务以及专用性基础设施的供应商等；集群也往往向下游拓展到销售渠道和客户，横向扩展到互补产品的制造商和在技术、技能上相关或有着共同投入品的企业；另外，许多集群也包括政府和其他机构，如大学、标准化机构、智库、职业培训机构及商会等，这些机构提供专门化的培训、教育、信息、研究和技术支持（波特，2000）。

波特详尽地阐述了产业集群的竞争优势，主要观点有：①产业集群通过孕育大量的新创企业、提高集群企业的创新速度、提升集群企业的创新质量等多种形式影响竞争；②产业集群内企业相对于集群外企业更易于获得有价值信息,进而获得相对竞争优势;③集群企业可以获得更有知识和技能的管理者和员工,降低企业寻求员工的时间成本;④大量的相关企业集聚在狭小区域内,可以产生互补效应,即集群整体大于各独立部分之和,等等(Porter,1998)。

波特的竞争优势理论贡献巨大,影响深远,其研究成果的深度和广度都吸引了更多的学者持续关注产业集群现象。同时,波特提出竞争优势的全新研究视角,并给出钻石理论模型等极具操作性的集群分析工具。

二、产业集群效应研究

(一)产业集群与知识溢出

产业集群对知识溢出有正向影响效应,萨克森宁等学者对于硅谷高科技集群的观察证实了这一命题。产业集群由于集聚了大量企业,自然产生了机构稠密性(institution thickness),这对集群企业间的知识溢出非常重要(Amin and Thrift,1994)。Rappert 等(1999)的研究表明,某些产业的市场竞争以先进技术和产品质量为基础,产品周期非常短、开发成本高,以及交易成本难以估价,生产能力的知识大多数是隐性知识,而不是易于传播的显性知识,产业集群产生了易于隐性知识溢出的区域空间环境。Bresohi(2000)的实证研究表明,知识溢出最可能在地理上相互靠近的地区内发生,而不是跨越区域自由流动。Paci 和 Usai(2000)的欧洲案例研究也佐证了上述观点。在产业集群内,企业依托知识溢出和创业学习,更易于获取创业知识和技能,以快速构建竞争优势(Rae and Carswell,2001;Hamilton,2011)。

产业集群与知识溢出的关系可以用图 2-1 表示。

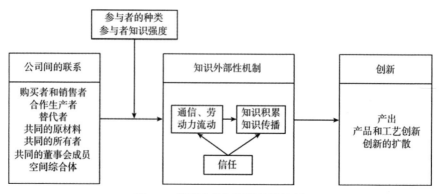

图 2-1　集群中的知识外部性机制

图 2-1 的逻辑链条为"公司间的联系→知识外部性机制→创新"，其中，公司间的联系包括购买者和销售者之间、合作生产者之间、共同的所有者等，形成稠密的集群空间综合体；在知识外部性机制中，信任扮演重要角色，此处的信任包括基于能力的信任和基于行为的信任两种类型（Nooteboom，1996）；创新包括企业产品和工艺的创新、创新的扩散等形式；在公司间的联系与知识外部性机制之间，参与者的种类和参与者知识强度起调节作用。

（二）产业集群与组织学习

集群企业通过组织学习可以获取创新所需要的各种知识，即跨越组织边界的学习加速了创新速度和质量（Kang and Snell，2007）。对新创企业而言，可以通过组织学习持续进行创业创新行为，塑造竞争优势；对成熟企业而言，可以通过组织学习，构建集群学习网络，形成智慧的集群学习系统。产业集群由于大量企业的集聚产生了一种学习机制，Keeble 等（1999）和 Lawson（1999）通过对剑桥地区企业集群的实证研究，总结了企业集群的三种学习机制：显性技术和管理专长以企业家形式在本地流动；企业网络交互活动；研发人员在当地企业间流动。

产业集群促使组织学习的原因主要有以下几点（Baptista，2001）：①大量的行业标杆企业与新创企业集聚在一起，新创企业学习行业标杆企业的先进管理经验和产品设计技能，在高科技行业集群中表现尤为突出。②狭小空间范围内的机构稠密性，提供了多种组织学习渠道，如不同企业员工之间的私下交流，非常易于隐形知识的传播。③在集群内，集聚了大量的高校、行业协会等知识生产机构，这些知识型组织的存在提供了广阔的组织学习来源，对大学衍生企业的观察支撑了这一观点。④通过不断地相互学习，企业之间可以演化成动态学习联盟，以适应不断变化的行业环境。

就组织学习的类型而言，可以分为开发性学习和探索性学习两类（March，1991）。开发性学习的描述术语包括提炼、选择、效率、执行等；探索性学习的描述术语包括探索、变异、风险、尝试、响应、创新等。开发性学习的本质是对既有能力和技术的补充、完善和提高；探索性学习的本质是对新路径、新创意、新方案的尝试和探索。开发性学习可以完善现有产品的性能和用户体验；探索性学习则对于产品或商业模式的颠覆性创新有重要贡献。在产业集群中，两种类型的组织学习行为是互补的。

（三）产业集群与关系网络

产业集群提供了研究关系网络的绝佳载体，萨克森宁（Saxenian，

1996）曾指出，硅谷保持竞争优势和持续繁荣的原因就在于该区域形成了一种动态的既竞争又合作的关系网络。在集群内部，一方面存在由契约关系维持的正式关系网络；另一方面还存在由信任关系构建的非正式关系网络（Dekker，2004）。正式关系网络与非正式关系网络交织存在，形成了集群关系网络的丰富图景。

瑞典学者 Hakansson（1987）提出了关系网络的三个基本要素，分别是行为主体、资源和活动，分析框架如图 2-2 所示。

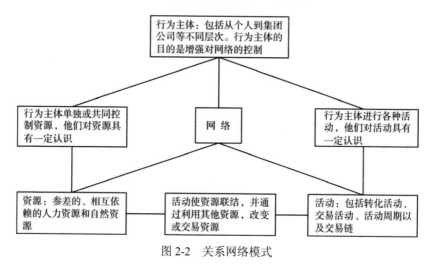

图 2-2　关系网络模式

具体到产业集群中，行为主体包括标杆企业、新创企业、小微企业、供应商、竞争者、行业协会、高等院校等，这些行为主体之间存在着关联关系；资源包括基础设施、服务平台、物流通道等硬件资源和创业氛围、制度环境、共享机制等软件资源；活动是指集群参与者的多种行为，如竞争者之间的竞争合作行为、小微企业的跨越边界学习行为、新创企业的持续成长行为等。

运用关系网络研究产业集群的意义在于，"各种联系的密度、质量和类型是解释从集群中获得经济利益的关键"（Rabellotti，1995）。在制度经济学中，网络是介于企业与市场之间的连续体，因此也可以把网络理解为企业之间的一种交易制度安排（治理结构）。在解释集群情景下小微企业的创业、创新与知识行为等论题时，似乎没有比关系网络更合适的研究视角了。因为关系网络提供了结构与关系两个分析维度，并提供了结构洞、网络位置、网络密度、关系强度、关系质量等一系列成熟的网络研究概念（Burt et al.，2013）。

（四）产业集群与生态系统

产业集群可以视为一个生态系统，从知识维度切入，可以视为知识生态系统，存在知识溢出、知识转移等环节；从创业维度切入，可以视为创业生态系统，大量的企业竞争、合作，繁衍、成长等；从创新维度切入，可以视为创新生态系统，存在新奇的产品创新或商业模式创新（Bell，2005）。以创新生态系统为例，结合产业集群进一步简述如下。

集群创新生态系统（innovation ecosystems）首先形成一种利于创新的区域软环境（Saxenian，1990），是集群内部非常有价值的无形资源。集群企业可以获得创新信息、隐形知识，利于新创企业的持续成长和竞争优势的形成。其次，创新生态系统是一种基于协同、分享、共生的生命共同体。企业的协同创新而不是孤立创新是集群创新生态系统的主体创新形式；每个企业都乐于分享，结成利益共同体，大家共同成长；新的企业不断加入进行，存在竞争与合作关系的共生。创新生态系统的基本特征如下（Kapoor and Lee，2013）：①集群自组织，以企业为主体的创新产品不断涌现，主动适应市场，建立持续竞争优势；②动态演化性，不同的集群成长阶段需要不同特质的集群生态系统相匹配,两者的动态演化形成了差异化的产业集群形态；③关系复杂性，知识行为、创业行为、创新行为、学习行为等多种行为交织在一起，形成复杂的关系嵌套。

Padmore 和 Gibson（1998）给出了集群创新生态系统的构成要素，主要包括外部市场、资源、基础设施、当地市场、厂商结构/战略、供应商/相关企业等。以上六类要素的不同匹配组合，形成了不同的集群创新生态系统。研究集群生态系统需要具备动态演化观点，可以分为萌芽、起步、成长、成熟、衰退等几个连续的阶段（Ahokangas et al.，1999）。集群生态系统对于集群竞争优势有影响效应，生态系统响应外部环境的变化塑造不同阶段的集群竞争优势。

三、简要述评

根据以上两部分的描述，对产业集群的研究，简要评价如下：

（1）外部经济、工业区位、空间经济以及竞争优势是解释产业集群的四种经典理论，具备较强的现实穿透力和应用价值。以此为依托，不同的学者加以深化和引申，又产生了丰富的研究成果。例如，吕国庆等（2014）认为新区域主义对于产业集群的研究大致可以分为两个方面：第一，结合新经济地理学关于社会嵌入性的讨论，关注点包括产业区、产业群、区域创新性等以及隐藏在这些区域背后的经济、文化和制度环境。第二，关于产业集群的静态描述成果较多，向动态演化视角迁移，渐成趋势。伴随着演化转向，一些关注的命题包括共同演化方向、共同演化路径、共同演化规则等。

（2）知识溢出、组织学习、关系网络和生态系统等视角的切入，进一步拓展了产业集群的研究学科和分析工具。推演未来研究走向，朱海燕（2010）认为产业集群的研究走向主要有二：一是进一步探索集群创新过程中知识创造、知识共享、交流和扩散等行为的特征，形成集群创新的内部机理表示；二是引入全球价值链理论，突破产业集群研究的地域界限，研究产业集群升级、集群企业成长等现实性命题，并探讨多样性的驱动因素与集群创新行为之间的影响关系。

（3）受益于长江三角洲、珠江三角洲等区域产业集群的发展，以中国产业集群为研究素材的集群研究成果不断增多，比较有代表性的学者有王缉慈等（2010）、陆立军（2011）等。这些学者的研究深深植根中国本土集群实践，采用规范的实证研究方法提炼第一手集群命题，产生了重要影响。例如，陆立军（2011）植根浙江义乌集群和专业市场实践，产生了一大批有影响力的研究成果。对于义乌产业集群的未来演化方向、演化路径、演化规则等提出有洞察力的研究观点。

第二节　集群情景下小微企业创业行为研究综述

在国外，美国硅谷、日本丰田城等区域产业集群的蓬勃发展为观察小微企业的创业行为提供了绝佳样本。在国内，长江三角洲、珠江三角洲、环渤海等区域的产业集群为研究集群情景下的小微企业提供了现实素材。萨克森宁在关于美国硅谷的经典描述中提及，集群对小微企业的创业创新有促发效应。其他学者也从不同视角研究了集群对小微企业创业行为的促发效应。例如，集群提供了便利的获取公共物品的途径；将集群视为一个区域创新系统，知识要素的流动加速；集群可以理解为一个小微企业的创业生态系统，等等（Giblin and Ryan，2012；Sigfusson，2013）。

一、国外研究综述

1. 创业行为

创业行为是指企业创业过程中一系列基于事项的动作集合，一些常见动作包括：企业原有商业模式的不断完善、企业创新流程的规范化、原有产品/服务的质量改进、向供应链上游企业进行股权投资、企业无边界网络组织的构建、在国外市场建立新的营销分支等（Ucbasaran et al.，2009；McKendrick et al.，2009）。与创业行为相联系的一个概念是创业导向，创业导向并不必然导致创业行为的发生，但高创业导向必然导致创业行为的发生概率增大（Lumpkin and Dess，1996；魏江等，2009）。

近年来，学者针对创业行为又提出多元化的细分概念（Buenstorf，2009），如进化创业行为、协同创业行为、迭代创业行为等（Howard and Martha，2010；Vladas et al.，2012）。以进化创业行为为例，创业行为可以理解为一个有机生命体，遵循由简单到复杂、由低级到高级的演化方向。企业通过产品、服务或商业模式创新，不断累积竞争优势，塑造核心能力。即企业有机体在适应外部环境的进程中，需要一系列阶梯性创业行为的平滑移动（Zahra et al.，2006）。小微改良、渐进寻优、及时反馈、行为交织等是进化创业行为的主要特质（Morris，2011；Schaltegger and Wagner，2011）。

2. 产业集群与小微企业创业行为

产业集群的缘起、内涵、效应等演进脉络业已取得较为广泛的共识，企业集聚形成了知识溢出和协同创新的环境……行业的秘密似乎弥漫在产业空气中（马歇尔，2005）。Porter（1998）将产业集群描述为一组在地理上靠近的相互联系的公司和关联机构，它们是同处在一个特定的产业领域，由于具有共性和互补性而联系在一起的特殊经济体。产业集群效应方面关注的有知识溢出、网络学习、创业网络、创新系统、战略惯例、区域氛围等（Morrison and Rabellotti，2009）。

小微企业受限于自身创业资源的约束，创业行为的进行大多依赖于外部网络嵌入，即创业行为天然地具备集群网络嵌入性（Giblin and Ryan，2012；Sigfusson，2013）。通过外部网络资源的杠杆效应，放大了创业行为的成功率。产业集群激发小微企业创业行为的观点已得到学者的普遍认可，代表性研究命题主要有：①积累了丰富的集群情景下小微企业创业行为的典型案例集合，如硅谷惠普、苹果等由小变大的创业历程，反映了小微企业的进化创业行为（Saxenian，1990）。②将产业集群视为一个复杂的社会网络，研究了结构、关系和认知等具体维度，提出结构洞、网络位置等极富创新性的学术概念（Burt et al.，2013）。③运用大样本数据收集和结构方程建模技术，构建产业集群、知识网络、创业行为、企业成长等概念之间的相互关系，并进行规范的数据验证（Soetanto and van Geenhuizen，2007）。④从资源、能力、演化、系统、结构、关系等视角，分析集群促发企业创业行为的一般机理，如知识溢出效应（Hamilton，2011）。

3. 小微企业创业行为的影响因素

已有较多文献分析了关于创业行为的驱动因素，这些研究成果有些是针对集群企业、新创企业或中小企业的，但都可以提供有益借鉴。梳理这些文献，可以发现影响集群情景下小微企业创业行为的因素大致可以分为两类：一类是企业自身的主体性驱动因素；另一类是企业外部的环境性驱动因素。

主体性驱动因素的关注点有：①网络能力：指企业整合、建立和重构位置、关系以获取并保持竞争优势的动态能力，包括网络规划、网络识别、网络构建等（Maccoby，2000）。②创业战略：选取的创业战略类型影响创业行为。③组织学习：组织学习能力会影响创业行为的内容和频率（March，1991）。此外，组织结构、数据驱动、团队共识、管理流程、知识网络等因素也得到了普遍关注（Kogut，2000；Soetanto and van Geenhuizen，2007）。

环境性驱动因素的关注点主要是集群外部软环境和区域外部软环境，作为一种"产业空气"对创业行为有潜移默化的影响作用。当持续的创业行为成为一个集群的习惯时，小微企业在外部网络挤压下会加大创业的力度和速度，一些分析维度包括共享信息、制度设计、集群文化、知识溢出、创业气氛等（Plummer and Acs，2014）。

4. 集群情景下小微企业创业行为的复杂网络解读

将产业集群理解为一个复杂网络组织，基于网络视角，研究小微企业创业行为的文献日益受到普遍关注。囿于传统认知方法研究创业行为的局限性，近年来，许多学者开始尝试从复杂创业网络的视角进行探索（Jack et al.，2010）。特别是 20 世纪 90 年代以来，复杂创业网络因能揭示宏观特征的微观机理而逐渐成为研究创业行为的前沿议题。复杂创业网络作为一种新的研究范式，能够提升对创业行为的解释力和预测效度，目前主要包括渗透模型（percolation model）、主体建模（agent-based modeling）以及复杂网络仿真（complex network simulation）。

一些主要命题包括：①小微企业创业行为嵌入的集群情景是复杂网络，小微企业嵌入于集群创业网络，即小微企业本身的创业网络是集群整体创业网络的一个子集（Cooke，2013）。②创业行为本身是多维行为交织的复杂网络，即创业行为不是孤立的片段，而是和创新行为、战略行为等知识性行为动态交织和复杂嵌套在一起的。以创业行为和创新行为为例，企业产品的局部改进、新产品的推出等典型创新行为也属于广义企业创业行为的范畴（Bird and Schjoedt，2009）。③小微企业与其他异质性知识节点之间具有竞争、协作、联合等长期博弈属性，存在反馈知识链，小微企业创业行为呈现出的涌现、共演、适应性和路径依赖正是复杂网络系统的典型特质（Birley，1985）。

5. 集群情景下小微企业创业行为的其他视角

除复杂网络视角外，最佳实践、复杂系统、动态演化、生态系统等视角也日益受到关注，分述如下（Morrison and Rabellotti，2009）：其一，最佳实践视角。整理集群标杆小微企业的创业事件，形成成功与失败案例库，供后来的小微企业检索与借鉴。其二，复杂系统视角。将小微企业的创业行为嵌入于集群复杂系统加以剖析，提出小微企业创业行为复杂适应系统等交叉性学术概念。其三，动态演化视角。借助于演化博弈理论或计算机模拟，建立适当模型模拟小微企业的创业行为。其四，生态系统视角。近年来出现的生态系统（ecosystem）视角因为其强大解释力得到普遍关注，并形成了创业创新生态系统的交叉性研究框架体系（Engler and Kusiak，2011）。

6. 集群情景下小微企业创业行为的优化路径

优化路径解决的是如何更好地促发小微企业创业行为的执行性问题，针对小微企业的优化路径成果较为零散，比较有代表性的路径包括水平路径、垂直路径和网络路径等（Khaire and Wadhwani，2010）。具体来说，提升小微企业的微创新能力属于水平路径，如基于主导创新平台或设计，以流程、产品或服务等局部改善为目标；培育小微企业的进化创业行为属于垂直路径,如关注环节有集群环境的适应性、创业行为的渐进改良、知识要素的协同等;优化创业创新生态系统属于网络路径,如向价值链高端跃迁等。以上路径的完美执行,离不开权变的促发政策设计,集成有形的手与无形的手,共同促发小微企业的创业行为。

7. 特定小微企业类型,如大学衍生企业的讨论

大学衍生企业依托大学进行产学研转化,是一种具有知识密集性特色的企业类型。相当一部分大学衍生企业属于小微企业。Vohora 等(2004)指出,大学衍生企业的创立标志着运营环境的变化,从大学环境变化到竞争激烈的市场环境,环境的变化使得大学衍生企业的创业机制更趋复杂。一般认为,特定内部因素(团队合作、创业信念、资源禀赋、战略选择等)和外部因素(关系网络、社会资本、区域环境、集群协同等)的不均匀组合综合影响着大学衍生企业的创业行为。硅谷为数众多的大学衍生企业的创业行为为学者的研究提供了天然的现实载体,如惠普、万瑞协会、里顿工程实验室等公司早期的商业创业行为,鼓励冒险、允许失败的创业氛围扮演了重要角色(Saxenian,1996);人们往往不会意识到硅谷那种合作与竞争的不寻常组合连同其他要素共同构成的制度环境给他们带来的成就(Dimeitratos et al.,2012)。

8. 小微企业创业行为的助推剂,企业孵化器的相关研究

第一家企业孵化器(business incubator)于 1956 年在美国纽约成立,称为贝特维亚工业中心。从实践来看,孵化器所提供的基础设施、创业服务对小微企业的成长有正向影响效应。关于孵化器的理论研究成果较多,典型成果有:①描述孵化器的概念、特征、类型、提供内容等,如 Bergek和 Norrman(2008)指出孵化器的创业知识服务具备协同性和网络性。②企业孵化器提供的服务与在孵化企业的成长之间的影响关系,如Schaffers 和 Kulkki(2007)的研究表明,孵化器可以为新创企业的成长提供一种利于扩散知识的环境。③梳理企业孵化器提供服务的驱动因素,如Stevens 和 Dimitriadis(2005)认为,新服务开发过程涉及个人、团队、企业、基础设施、外部环境等,是一个多因素的综合驱动过程。④研究企业孵化器知识服务创新的完整过程,如在 Sundbo(1998)的研究中,将知识服务创新过程划分为相互关联的三个阶段,分别是概念、发展和保护。⑤积累孵化器成长的案例集合,这些标杆孵化器的成长实践对于其他孵化器的管理有启示价值,如欧美发达国家的孵化器实践案例(Saxenian,1996)。

9. 简要述评

基于以上文献回顾，可以发现：①现有成果中，以产业集群为背景，专门关注小微企业创业行为的文献较为缺乏，当向新创企业、中小企业的研究命题进行迁移时，会发生偏差，即小微企业的独特性关注不足。②单一视角的分析逻辑也略显粗放，尚不能提供系统性整合分析框架，对集群情景下小微企业的涌现机理、类属呈现等关键性问题尚不能提供完美解答。③由于小微企业创业行为的复杂性，现有命题还存在较多悖论、争议和局限，如小微企业与成熟企业相比，哪一方更易于进化创业等命题还存在不一致结论（Rasmussen et al.，2011），需要进一步结合中国情景进行实证检验。④已有研究较为离散，缺乏系统性和整合性，还不足以从微观、中观和宏观角度提供小微企业创业行为的决策规则和管理意涵。

二、国内相关研究

近年来，随着小微企业创业实践的蓬勃开展，国内学者关于集群情景下小微企业创业行为研究的成果不断涌现，基本现状描述如下：

第一，创业行为研究是一个新兴，但又发展迅速的研究议题，基于中国典型情景的创业研究越来越受到关注，国外 *Entrepreneurship Theory and Practice* 等主流创业期刊中，中国学者发表的论文加速递增。第二，2000～2015 年，管理科学部规定的 30 种重要期刊中，研究主题关注"创业/创业者/创业行为""新企业/新创企业/小微企业"的论文有 300 多篇，其中，最近 5 年发表的文献占较大比例。第三，匹配创业实践活跃区域，国内创业研究团队呈现区域集聚和团队集群特征，清华大学、吉林大学、南开大学、浙江大学和中山大学的团队在国内重要管理刊物上共发表 100 多篇创业文献，占比一半以上。第四，由于小微企业与新创企业、家族企业、民营企业、集群企业、大学衍生企业等有较多交叉，有关小微企业的创业研究较多散布于以上研究主体中（钱立洁，2012；李雯和夏清华，2012）。第五，植根中国本土情景，积累了一系列原创性研究命题（蔡莉和单标安，2013），如新企业创业能力提升需要关注风险平衡；小微企业进化创业行为的驱动因子故事线是过滤、学习、挤压和治理。第六，关注浙江、中关村、长江三角洲、珠江三角洲等特色区域，聚焦生物制药、移动互联网、集成电路等典型行业的创业案例（魏江，2006；陆立军等，2008）。第七，复杂网络、演化理论、创业网络、协同创业、生态系统等坚实理论支撑的文献引人关注（朱秀梅等，2010）。第八，研究主题涉及创业网络、创业资源、创业者/团队、创业环境、战略导向、创业机会以及协同创新等（陈劲和阳银娟，2012）。

　　整体而言，国内研究现状在以下四个层面还需加强：其一，研究架构层面。以产业集群为情景变量，聚焦小微企业，关注创业行为的深层次成果还较为少见，尚没有形成具备现实穿透力的研究架构体系。其二，研究视角层面。较多关注资源、网络、战略、能力某一视角，将小微企业创业行为视为复杂生态系统，从驱动机理视角切入的研究成果比较匮乏。其三，研究方法层面。大多是针对具体案例或事件的白描性研究，以话语分析、扎根编码等质性分析方法为支撑的实证方法应用偏少，导致现实问题导向研究的厚度和深度不足。其四，研究应用层面。理论的生命力在于对实践的指导，对于集群情景下小微企业的创业实践，现有研究体系还不足以从宏观政府、中观集群、微观企业三个维度提供操作性建议。

第三节　集群情景下小微企业创业行为的中国问题展望

　　受益于大众创业、万众创新的国家战略，集群情景下的小微企业创业在中国蓬勃开展，小微企业实践层面的蓬勃兴起自然催生了大量的小微企业创业学术研究。其次，目前关于小微企业创业的研究命题主要产生于欧美等发达国家，而中国作为转型经济体，企业经营环境与成熟经济体之间存在较大差异。由此，产生于西方的企业管理命题，并不一定适用于中国产业集群情景，需要进一步结合中国情景进行问题展望。逻辑层次按照企业、集群和政府三个层面展开。

一、企业层面的中国问题展望

1. 集群情景下小微企业创业行为的影响因素

　　结合中国典型案例，系统梳理小微企业创业行为的影响因素，为驱动过程、类型认知、结果测量等学术问题奠定基础，细分问题包括：①中国案例整理。中国集群情景下，一大批小微企业卓越成长，逐渐变为行业的标杆企业，整理这些关键案例对于小微企业创业知识库是一个重要贡献。②关注中国特质。一些独特的中国元素需要得到重点关注，如企业关系问题，关系是一个重要的中国概念。关系与西方网络概念的比较应该在中国集群情景下进行，首先提炼基于关系的假设，然后收集中国本土数据进行统计学习验证。③梳理影响因素。山寨创新是小微企业创新的一种重要模式，对于小微企业的成长发挥了重要作用。在界定山寨创新的概念边界、使用范围、标志事件等基础上，可以梳理影响因素。

2. 集群情景下小微企业创业行为的驱动过程

描述集群情景、驱动因子与创业行为的驱动过程，进一步揭示其驱动机理，主要问题包括：①驱动阶段识别。对集群情景下小微企业创业行为驱动过程的不同阶段进行特征描述，分析创业网络内各节点的博弈属性、各节点的创业行为与企业持续成长进程。②一般驱动过程。基于创业网络视角，构建驱动过程模型，运用长江三角洲小微企业的经验证据，进行驱动过程主体环节的修正。③关键驱动因子。构建集合本质指标、象征指标及演化指标的驱动因子集合，涉及学习、挤压、治理、过滤等典型范畴。④驱动案例集合。积累具有长江三角洲典型特色的差异化案例，并基于案例推理技术检视创业行为与绩效表现的关联性。

3. 集群情景下小微企业创业行为的类型认知

本部分主要回答在动态意义上，集群情景下小微企业创业的关键动作问题。①主体行为认知。蓬勃发展的小微企业创业实践催生了大量具备典型本土特质的创业创新热词，如进化创业行为、微创新行为等，由此可提炼小微企业创业的主体行为。②核心环节识别。以小微企业微创新行为为例，识别刻意学习、网络治理、协作网络等核心环节，并研究核心环节之间的影响关系。③关键事件集合。积累小微企业创业生态系统行为培育的关键事件集合，形成数据库。④主体类型比较。将中国情景下的小微企业创业行为与西方发达国家的小微企业创业行为进行类型比较，关注差异性与共性。

4. 集群情景下小微企业创业行为的结果测量

集群情景下小微企业创业行为优化路径的实施过程可以理解为一个带有反馈过程的"输入—处理—输出"系统，描述输出层面的状态变量可以表征采取优化路径的运行结果。①状态参量选择。提炼反映水平优化路径的状态参量，运用综合评价技术测量各类优化路径的可行性。②微观状态参量。提炼以小微企业为主体的状态参量，包括微创新能力、知识竞争力、创业网络能力等。③宏观状态参量。提炼以创业生态系统为主体的状态参量,涉及集群升级、产业转型、知识氛围等。④优化案例集合。基于案例检索、案例学习和案例匹配技术,进一步积累反映各类优化路径的案例集合,探讨案例表示、案例检索、案例匹配、案例学习四个环节的应用价值。

5. 集群情景下小微企业创业行为的机制培育

以长江三角洲等经济发达区域的小微企业为例研究机制培育问题,一方面实现对小微企业创业行为的理论验证;另一方面又为政策设计提供高品质的现实依据。主要培育三种机制,即生存机制、适应机制和成长机制。①生存机制。绝大多数小微企业的寿命不超过三年,重点关注小微企业如何成功活下来的机制,进一步形成反映成长机制的小微企业案例库。②适应机制。关注与外部集群动态环境的响应、调整和适应机制,进一步形成反映成长机制的小微企业案例库。③成长机制。挖掘浙江义乌新光饰品公司等由小微企业成长为标杆企业的动态成长过程,进一步形成反映成长机制的小微企业案例库。

二、集群层面的中国问题展望

1. 集群情景下小微企业创业生态系统研究

将小微企业视为有机生命体,集群情景分析提供了全新的阐释创业的生态系统载体,构成了生态系统的基本解释逻辑。①学术概念提炼。提出集群情景下小微企业创业生态系统的学术概念,并精确界定概念的内涵与外延。②科学问题识别。识别集群情景下小微企业创业生态系统的主体科学问题:系统培育、优化路径和政策设计。③解释逻辑形成。进一步探索生态系统的理论分析工具应用于集群情景下小微企业创业研究的技术方案,形成系统的解释逻辑,并基于案例检索、案例匹配和案例学习进行修正。④主体框架建构。研究创业生态系统的基础属性:适应、优化、协同等;形成创业生态系统的概念模型,重点关注生态系统的构成主体、运作机制等。

2. 产业集群与创业网络的共演问题

产业集群与创业网络的共同演化问题涉及四个细分问题,分述如下:①共同演化主体。产业集群和创业网络的主体构成包括标杆企业、成熟企业、小微企业、供应商、孵化器、大学等。②共同演化阶段。按照生命周期理论划分，产业集群包括萌芽、成长、成熟和衰退四个阶段，与此相对应，创业网络也相应划分为四个阶段。③共同演化规则。例如，小微企业的创业活动均嵌入集群网络中，具有高度的情景依赖性。再例如，在激烈竞争的市场环境下，小微企业的学习行为应采取融合开发性学习和探索性学习的双元模式。④共同演化路径。结合典型集群案例，梳理水平、垂直和网络等共同演化路径，并用网络分析软件绘制网络演化图谱。

3. 产业集群与小微企业成长的模型仿真研究

产业集群与小微企业成长问题属于复杂演化问题研究，需要结合多种方法进行。采用模型仿真方法可以较好突破这类复杂性问题，细分问题如下：一是提出模型仿真假设，如小微企业的成长是一个有机适应过程；小微企业应该在不同的成长阶段采取不同的创业适应行为；小微企业成长应着重从集群创业网络中获取资源。二是考虑变量以及假设，构建系统动力学模型。三是进行模型仿真，勾勒模型仿真曲线，通过仿真曲线，观察小微企业的成长，由模型世界向现实世界过渡。模型仿真可以和案例研究、扎根方法、话语分析、统计学习等多种方法结合起来，通过多种方法的比较进行突破。

三、政府层面的中国问题展望

1. 集群情景下小微企业创业行为的政策设计

按照"政策缘起→功能定位→运行分析→政策效果"的技术路线进行政策体系设计，功能定位于提升区域创业生态系统整体效能。①国外政策借鉴。经济发达国家相关政策的比较研究及对长江三角洲区域的启示。②现行政策梳理。集群情景下小微企业创业行为的现行政策梳理及实施评价，构建政策评价的输入指标集：政策效果、政策过程和政策溢出；建立政策评价过程和实施工具，开发支持政策评价的决策软件平台。③典型政策案例。对实践中的典型政策进行剖析，如浙江瑞安的小微企业创业园支持政策，有创业者表示"有小微企业创业园，我的创业梦必将实现"。④政策系统设计。构建符合特定区域集群情景的小微企业创业生态系统政策体系。

2. 政府与企业、集群等主体的协同作用

具体包括：①企业、集群、政府的主体定位，成熟运作案例材料的整理，形成小微企业创业与成长的关键事件库。②在协同过程中，政府的执行规则是什么。③结合具体集群情景，在战略性新兴产业中，政府的定位与作用是什么。④典型协同案例的整理。以浙江义乌为例，浙江义乌并无区位优势，但依靠大量的小微企业创业，依靠政府与企业、集群等主体的协同作用，形成了义乌经验、义乌模式和义乌样本，挖掘义乌样本对于研究政府与企业、集群等主体的协同作用具有重要价值。一些关键性问题包括：浙江义乌缘何拥有发达的小微企业创业行为？善治有为的政府是如何形成的——以浙江义乌为例等。这些独特的本土问题提炼对于丰富集群情景下小微企业的创业研究具有拓展意义和借鉴价值。

四、本节小结

图 2-3 系统归纳了十个学术问题，对这些学术问题的研究应坚持三个原则：一是研究问题本土化，本土化的小微企业创业智慧、具体的创业问题识别等；二是研究方法国际化，运用规范的实证方法梳理本土的小微企业创业问题；三是部分成果得到国际认可，力争在 *Entrepreneurship Theory and Practice* 等国际主流的创业期刊上得到承认与发表。

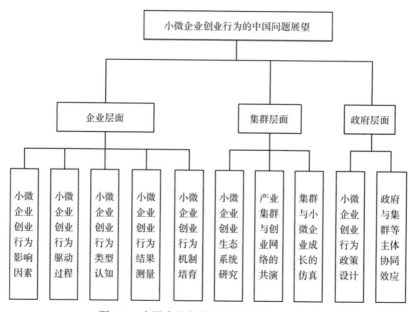

图 2-3　小微企业创业行为的中国问题展望

第四节　结语与讨论

基于以上文献综述，可以发现集群情景下小微企业的创业行为已经取得初步研究成果，文献综述得到的基本结论如下：

（1）外部经济、工业区位、空间经济以及竞争优势是解释产业集群的四种经典理论，具备较强的现实穿透力和应用价值。以此为依托，从知识溢出、组织学习、关系网络和生态系统等视角的切入，进一步拓展了产业集群的研究学科。关注新兴经济体的集群研究日益增多，以中国为例，受益于长江三角洲、珠江三角洲等区域产业集群的发展，以中国产业集群为研究素材的文献加速递增。

（2）国外文献中，关注集群情景下小微企业创业行为的研究领域主要包括：创业行为的概念边界；产业集群与小微企业创业行为；小微企业创业行为的影响因素；集群情景下小微企业创业行为的复杂网络解读；最佳实践、复杂系统、动态演化、生态系统等视角的引入；小微企业创业行为的优化路径；特定小微企业类型，如大学衍生企业的关注；小微企业创业行为的助推剂——企业孵化器的研究等。

（3）以中国集群情景为变量的本土化研究，涉及企业、集群与政府三个层面，十个学术问题。企业层面包括集群情景下小微企业创业行为的影响因素、驱动过程、类型认知、结果测量和机制培育五个学术问题；集群层面包括创业生态系统研究、产业集群与创业网络共演问题、产业集群与小微企业成长的模型仿真三个学术问题；政府层面包括集群情景下小微企业创业行为的政策设计，政府与企业、集群等主体的协同作用两个学术问题。

结合以上研究内容，对本领域未来的学术走向讨论如下：其一是情景性趋势。小微企业的创业行为与其嵌入的区域情景密不可分，诞生于西方发达经济体下的管理命题并不一定适用于中国转型经济背景，由此扎根中国本土独特集群情景的研究增多。在集群情景下，源于原汁原味的创业实践，采用扎根编码、话语分析等新型质性分析方法提炼原生态命题的本土文献值得关注。其二是系统性趋势。产业集群作为一种复杂网络系统，集合了众多异质性知识节点，为研究小微企业的创业行为提供了丰富的现实载体。将小微企业理解为有机生命体，其创业行为嵌入于集群创业生态系统，用进化、协同的生态观点研究创业行为渐成热点。其三是共演性趋势。集群情景下小微企业的创业行为是一个复杂适应系统，研究需要搁置在集群共演的情景下分析其驱动机理，未来需要关注集群创业网络、企业创业行为和持续成长的共演分析框架。

第三章　集群情景下小微企业创业行为的涌现机理

基于长江三角洲、珠江三角洲、环渤海等多个区域产业集群的实地调研，发现这些区域产业集群发展的一个基本经验就是海量小微企业的发达创业行为。关于这一现象，在浙江省表现尤为突出。而浙江产业集群缘何拥有发达的小微企业创业行为？当直面真实创业世界，开展探索性研究时，其多层面、多维度的复杂性使研究者逐渐意识到这一似乎不成问题的问题，仍需再问题化。何谓发达创业行为？含义大致有三：其一，创业井喷。浙江产业集群普遍形成了以大学生返乡创业、农民网上创业、女性积极创业为标签的小微企业创业井喷现象，海量小微企业如雨后春笋般大量涌现，聚集形成了大量的产业集群[①]。其二，快速成长。众多小微企业迅速成长为行业骨干企业，孕育形成了一大批世界级的产业和企业。以温州柳市镇电器集群为例，电器行业的龙头企业正泰和德力西皆由小微企业迅速成长而成，正泰的创始人南存辉由修鞋匠起步，德力西的创始人从裁缝做起。其三，持续创业。依托产业集群，进行协同创业、模仿创新、战略更新等持续创业行为（Shepherd and Patzelt，2011）的小微企业，所占比例较高。

然而，与小微企业蓬勃开展的发达创业实践相比，学术界对于集群情景下小微企业创业行为的涌现机理还缺乏深入研究。例如，西方学者把政府行为视为区域创业聚集的外生变量（李世杰等，2014），而浙江产业集群的创业经验表明，地方政府行为在区域创业聚集中具有更为强势的影响效应，义乌的创业活动起初是民间自发的，但在后来的发展中，政府行为起到了决定作用；义乌模式的背后是政府这只有形的手，在牢牢掌握着市场的资源，最终形成有形之手与无形之手的有机结合（陆立军等，2008）。这些鲜活的创业实践，急需在学理上进行提炼和升华，以丰富现有创业研

---

① 以浙江义乌为例，调研数据表明，平均人口的市场主体和小微企业的拥有量均居浙江前列。"虽然 60 多岁了，但是我也要创业，看到别人当老板，我就闲不住"(语句编号：1-64)。

究。由此，本章植根浙江 10 个产业集群的本土创业实践，通过扎根方法，解答集群情景下小微企业创业行为的涌现机理这一关键议题，旨在提升小微企业独特创业实践的相宜性认识。

第一节　小微企业的创业聚集：新经济地理学视角

一、新经济地理学视角下小微企业的创业聚集

国内外的学者都观察到一个有趣的现象，即大量的小微企业创业为何聚集在一个狭小的区域，如美国的硅谷、浙江的义乌等（Saxenian，1996；陆立军，2011）。对于这种区域创业聚集现象，社会学、经济学、地理学的解释较为流行（Krugman，1991）。特别是以克鲁格曼为代表的新经济地理学派，构建了非完全竞争的一般均衡分析逻辑，引入规模效益、要素流动、区域外部性、偶然因素的动态累积等新鲜概念解释了区域创业聚集现象，即在狭小区域内创建大量的小微企业是因为可以实现规模经济、利用区域的知识溢出效应等（Krugman，1993）。实际上，这种解释思路可以追溯至经济学家马歇尔讨论的产业区现象，外部经济往往能因许多性质相似的小型企业集中在特定的地方——即通常所说的产业地区分布——而获得（马歇尔，2005），并给出区域创业聚集的若干成因，如丰富的专业劳动力供求、专业化供应商的存在和技术知识的外溢等。

新经济地理学解释逻辑的定义域是成熟市场经济情景，即区域政府行为是外生既定变量，但转轨经济情景的一个显著特征就是政府行为对于区域创业聚集的影响是内生的（李世杰等，2014）。中国是典型的转轨经济体国家，政府行为的影响在中国是大量存在的。以浙江义乌为例，义乌在改革开放之前是一个没有工业化的县级区域，在其工业发展成规模之前也没有广东、上海等外贸经济区域的国家政策照顾（刘成斌，2011）。义乌崛起在于具有"鸡毛换糖"传统的农民在"洗脚上岸"后创办大量小微企业，而解开义乌小微企业创业井喷之谜的一个关键是善治有为政府的作用。例如，义乌政府颁布了全国最早的四个允许，即允许转包责任田、允许带几个学徒、允许议价销售、允许长途运销。同样的现象也在浙江温州反复出现，1983 年前后，温州的个体工商企业已超 10 万家，约占全国总数的 1/10（马岚，2008），从私营经济萌芽、"温州八大王"平反到"温州模式"提出，都离不开政府善治、政策创新的促发。因此，在解释中国小

微企业的区域创业聚集现象时，政府行为不应看做外生变量，置于模型之外，而应将政府行为视为内生变量，进而内化到解释模型中。隐含的逻辑是：在转轨经济情景下，地方官员"官场"晋升的政治激励，使地方政府的利益主体地位得以确立并不断强化（梁琦和吴俊，2008）；作为地方利益代表的地方政府逐渐演化成具有特殊地位的"准市场主体"，或者说，地方政府具备了代理人和自利者的双重角色特征，其行为背后存在着明确的利益取向和博弈行为（赵静等，2013）。

二、集群情景下小微企业创业行为的影响因素

小微企业创业行为涵盖两种常见现象：一种是新创建的小微企业聚集于狭小区域内（创业起点）；另一种是小微企业创建后，持续开展微创新、战略更新等蓬勃的创业行为（创业成长）。对于前一种现象，新经济地理学给出了较为完美的解释（Krugman，1991，1993）；但对于后一种现象，实际上是小微企业创业行为的影响因素问题，新经济地理学的解释效力较为有限，需要整合创业者/创业团队、企业资源/能力/战略、创业网络、区域创业氛围等多个层面（Slotte-Kock and Coviello，2010；Kreiser，2011；Boso et al.，2013）。

较多文献指出创业者/创业团队是影响小微企业创业行为的第一因素，可进一步细分为创业者/创业团队的人际关系网络、创业认知、先前创业经验等。创业者/团队的人际关系网络影响创业行为，人际关系网络提供了创业信息、加速了创业知识扩散、放大了创业学习的平台等（Gedajlovic et al.，2013）。创业者/团队的创业认知影响创业行为，创业认知一般被定义为，人们用来进行判断、评价的知识结构，或者是对创业机会评估、公司持续成长所做的抉择，涉及创业承诺、团队理解等（Mitchell et al.，2000；Murray，2011）。创业者/创业团队的先前创业经验影响创业行为，先前创业经验固化和更新了成员的创业知识库，塑造了响应非常规突发事件的创业决策流程，积累了创业所需的部分政治和商业关系等（Butler et al.，2010）。

企业层面的因素涉及企业资源、企业能力、企业战略等（Cassiman and Veugelers，2006），遵循资源观逻辑，小微企业成立之初，拥有的各种创业资源自然影响成长期间的创业行为（Stam et al.，2014）。演化至能力观，企业的动态能力、网络能力、关系能力、创新能力等异质性能力影响小微企业的创业行为（Zahra et al.，2006）。创业战略选择影响创业行为，但两者的关系并不必然是正相关关系，如可能是复杂的倒置 U 形关系（Tang Z and Tang J, 2012)。另外, 在中国转轨经济情形下, 小微企业的创业战略选择更倾向于选择具有短期目标特征的市场战略, 而不是创新战略(Tang and Hull, 2012), 因为激烈的市场竞争环境下, 生存下来永远是第一位的。

从企业内部层面延伸至外部网络层面, 小微企业不是在真空中以原子状态存在的, 而是镶嵌于与供应商、客户、同行企业、大学、中介机构等形成的创业网络中, 因此创业网络对小微企业的创业行为有影响。其影响机理表现为:①创业网络放大了小微企业可资整合的创业资源(Boso et al., 2013);②高品质的网络关系促发了小微企业的创业行为, 如创业群组的形成、创业惯例的突破等(Slotte-Kock and Coviello, 2010);③创业网络的存在加速了创业信息的流通, 放大了小微企业创业学习的平台(Kreiser, 2011)。此外, 在中国转轨情景下, 小微企业的创业网络还包括基于各种政治关系形成的创业网络(Fuller, 2010)。

马歇尔、波特、萨克森宁等学者的研究都证实了区域创业氛围对于小微企业创业行为的影响效应(Saxenian, 1996; Porter, 1998), 尤其萨克森宁对于硅谷区域蓬勃创业行为的解读获得普遍认可(Saxenian, 1996)。硅谷区域区别于"128地区"的一个显著特质就是硅谷具备促发创业的区域软氛围, 这种软氛围的存在激发了隐形知识的转移、创业行为的扩散。在半导体工业时代早期, 硅谷区域流传着许多关于知识共享的经典段子。例如, 你如果解决不了程序中的问题, 就到马车轮酒吧找个人问问好了(Saxenian, 1996)。以上研究成果多是从创业者、企业或者网络等某一层面展开, 整合创业者、企业、网络, 甚至政府行为等多个层面的研究文献还较为少见。

三、简要述评

从以上文献可以看出现有研究的几点不足:首先, 新经济地理学较好地回答了新创建的小微企业为何会聚集在狭小的区域内, 即小微企业的区域创业聚集现象, 但对于小微企业创建后为何蓬勃开展微创新、战略更新等创业行为关注不足。其次, 西方成熟的市场经济环境下, 政府行为只是解释创业行为的外生变量, 并没有纳入到模型的内生变量中, 而中国转轨经济体的典型特征就是政府行为在区域创业聚集的强势角色, 即使在小微企业创业行为发达的浙江也不例外, 由此政府行为的内生效应需要强化。最后, 较多的研究提出了创业者/创业团队、创业网络等单一层面的影响因素, 但对于整合个体、企业、区域、政府等多层面的影响因素框架还比较缺乏，尤其下沉到中国独特产业集群情景下的研究成果较为少见。基于以上分析，中国产业集群在实践领域的蓬勃发展，为集群情景下小微企业创业行为的涌现机理研究提供了独特素材。采用规范的质性分析技术，提炼原生态的创业行为研究命题，对于丰富集群情景下小微企业创业行为研究具有理论价值。

第二节　研究方法与数据来源

一、研究方法

本书的核心议题是集群情景下小微企业创业行为的涌现机理，即产业集群缘何普遍拥有发达的小微企业创业行为，属于典型的探索性问题研究，基本解决思路是植根某一区域产业集群的真实创业经验，提炼原生态小微企业创业命题。上述研究议题特别适合扎根理论（grounded theory）的技术路径，自 Glaser 和 Strauss 在 1967 年首次提出扎根理论以来（Glaser and Strauss，1967），扎根方法在企业管理领域中的应用研究日益增多。本书旨在通过研究者的理论触角（theoretical sensitivity）挖掘证据链，进而提炼植根于独特集群情景下的小微企业创业行为影响因素模型（Glaser，1978）。

扎根方法的主要流程包括：问题界定；文献讨论；资料收集和整理；开放、主轴和选择编码；初步建立理论；理论饱和度检验（检验通过，进入研究结论和建议环节；检验未通过，进一步补充资料，重新进入开放、主轴和选择编码环节）。为保证研究的规范性，本书严格按照以上流程进行。其中，开放、主轴和选择编码是保证研究品质的核心环节（Strauss and Corbin，1994，1998）。

二、数据来源

1. 案例选择

鉴于浙江在产业集群以及小微企业创业两方面的典型性，本书将案例区域首先界定为浙江。其次，为避免案例数量过多，影响研究的深度，本书选择 10 个浙江镇域产业集群作为案例样本。根据 2011 年，国务院批准同意的《浙江省城镇体系规划（2011～2020）》，浙江区域经济被划分为杭州湾、温台沿海和浙中 3 个城市群，其中，城市群内的杭州、宁波、温州、金华-义乌4个都市区是参与全球竞争的国际门户地区。根据案例样本的典型性和调研的便利性等指标，本书最终选择的案例是义乌佛堂小商品集群、温州柳市电器集群、湖州织里童装集群等。

10个案例产业集群普遍具备两个典型特征：其一，集群形态成熟。以温州柳市电器集群为例（温州模式的发祥地之一），被称为中国电器之都，具备成熟的电器产业集群，产值占全国电器行业的1/3（施翼，2013）。其二，小微企业的创业数量、创业质量在浙江居于前沿位置。

2. 实地调研

实地调研是数据获取的重要来源，相对于二手数据而言，实地调研的数据质量更高，数据的时效性也更强。根据调研目标集群情景下小微企业创业行为的涌现机理，设计访谈提纲、半结构化访谈问卷等调研工具，组织调研团队，收集原生态数据。

针对以上10个产业集群，进行了为期3年的跟踪调研（2011-01～2013-12），调研方法主要有面对面访谈、参与式体验、倾听会议发言3种路径，累计收集一手语句1862条，具体见表3-1。

表 3-1　实地调研基本情况

面对面访谈	参与式体验	倾听会议发言
佛堂等镇政府领导、工作人员13人次，累计10小时；佛堂等镇小微企业创业人员56人次，累计48小时	参与小微企业内部培训、柳市镇/佛堂镇等创业氛围感受、小微企业发展总体现状，8次，累计25小时	佛堂镇政府扶持小微企业会议、织里镇农民网上创业会议等，7次，累计12小时

为提升数据收集的质量，访谈提纲提前一周发送给访谈对象，提纲分为针对镇政府人员和小微企业创业者两个版本，一些开放性问题包括：为何创业？列举几个创业关键事件？政府层面促发小微企业创业方面有哪些针对性举措？

3. 二手数据

二手数据是辅助手段，来自网络、报纸及各产业集群的统计资料等渠道，其中，网络渠道313篇，报纸报道186篇，统计资料30多万字。为保证二手数据的准确性，采用多证据来源的交叉验证方法，对于不能交互验证的予以删除。可以交互验证的文本资料整理成语句，并经过所涉及产业集群工作人员或小微企业创业人员的审核、确认，共整理二手数据688条。

通过实地调研和二手数据两种途径，共收集语句 2550 条，其中，一手数据占比 73.02%，二手数据占比 26.98%。

第三节　集群情景下小微企业创业行为的涌现机理

资料分析采取两阶段渐进型编码策略：第一阶段是单案例编码，即选取最为典型的产业集群作为编码起点，以获得初始框架模型；第二阶段是多案例编码，即在初始模型框架的基础上，依次累加案例，不断得到新的初始概念和范畴，直至模型饱和（Yin，2009；刘志成和吴能全，2012）。采取渐进型编码策略的优点是不容易遗漏范畴和新的关系路径，并且便于进行理论饱和度检验。

一、义乌佛堂小商品集群的单案例编码

第一个产业集群案例需要具备最大的典型性，即基本能够代表样本的总体特征，进而有可能以此为基础提炼初始框架模型。根据典型性特征，选择义乌佛堂小商品集群为编码起点，理由如下：其一，义乌佛堂镇在小微企业创业行为方面走在全国前列，业已形成小微创业的义乌经验；其二，2011 年，国务院批复同意《义乌国际贸易综合改革试点总体方案》，业已形成镇域集群经济的义乌试点；其三，在政策促发下，佛堂镇在集群发展、产城融合方面先行先试，业已形成浙江特色的义乌模式；其四，依托国际商贸城的辐射效应，业已形成支撑产业集群创业聚集的小微企业义乌商圈。

基于义乌佛堂镇的资料语句，开放编码严格按照三个步骤进行（Strauss and Corbin，1998）：首先，对语句进行现象识别，即识别出语句所描述的关键事件；其次，将材料上升为概念，即仔细分析原始资料中的句子、段落或篇章，对从中发现的类似现象加以概念化（conceptualizing）；最后，将概念上升为范畴并命名，即将概括相同或类似现象的那些概念集中起来，统一归到相应范畴之下。

例如，访谈语句"他原来只是一个修自行车的，现在倒腾汽摩配件，开的店面规模很大，雇了 10 多个伙计，我感觉我不比他差，还得自己创业（1-33）。"首先，现象识别为"别人创业成功"；其次，提炼初始概念"榜样作用"；最后，结合其他语句提炼的初始概念"扩散效应""知识溢出""明星企业快速成长"等，最终上升为"明星示范"的范畴。表 3-2提供了义乌佛堂的部分单案例编码过程。

表3-2　义乌佛堂的单案例编码过程（部分）

个案语句	现象识别	初始概念	范畴
农民总觉着网上开店对技术要求比较高，参加了义乌工商学院的网店短训班，发现并没有想象中那么难（1-87）	高校短训班 短期培训经历	培训经验	先前经验
亲戚年终聚会时，大家都知道别人在具体搞什么，开的好车，就知道创业的行业很有前景，喝几杯酒，聊一下创业机会（1-90）	亲戚关系网络 创业机会交流	信息来源	机会感知
他原来只是一个修自行车的，现在倒腾汽摩配件，开的店面规模很大，雇了10多个伙计，我感觉我不比他差，还得自己创业（1-33）	别人创业成功	榜样作用	明星示范
我是独子，从小就在饰品信息的包围下成长，虽然不喜欢做饰品这个行业，但觉着父辈创下了这么大一个家业，丢了很可惜（1-32）	父辈创业 饰品行业熏陶	家庭熏陶	家族传承
饰品行业虽然义乌制造的量大，但真正高端的还是在欧美，我们设计理念不行，环保材料标准没有他们高，因此要多出国、多观察（1-86）	行业差距 出国观察	行业观察	模仿改进
善于向自己过去的经验学习，向别人成功的经验学习，向书本上的经验学习，创业要多学习，尤其行业更新换代快的情况（1-56）	过去经验 别人经验	经验学习	创业学习
村镇银行开业后，对小微企业的融资是个支持，此外，阿里的小额贷款我们也努力争取，解决了融资才能有发展可能（1-43）	村镇银行 小微贷款	参与主体	协同情景
义乌国际商贸城国内外名气很大，我们近两年调整思路，开拓对非市场，义乌也有针对非洲的专门展馆，用好这个平台（1-12）	义乌商贸城	实体平台	平台情景
义乌政策方面，国家层面的、浙江省层面的都给了很大权限，在有利条件下，探索真正有质量的市场政策，需要不断尝试（1-23）	有质量的市场政策	创新质量	政策创新
效能改善不能只是一个形象工程，从基层的镇政府做起，培训基层员工的服务理念，打造服务型政府，方便创业者办事（1-80）	服务型政府	效能改善	服务理念

二、多案例编码

为进一步丰富初始框架模型，对温州柳市低压电器集群等9个产业集群继续进行编码分析，得到新的范畴如表3-3所示。表3-3显示，编码进行到第7个嘉兴崇福镇域集群时，不再产生新的范畴，即嘉兴崇福集群和绍兴钱清集群产生的初始概念"人员速度意识""知识学习""政府引导""成长速度"等都可以归结到前面6个集群所产生的范畴。

此外，为保证范畴提炼的稳定性和效度，东阳横店集群和台州杜桥集群用作验证案例，以检验模型的理论饱和度。为清楚起见，将单案例编码和多案例编码结果整理为表3-4。表3-4显示了多案例编码得到的先前经验、机会感知、明星示范、家族传承等16个初始范畴，每个范畴还列出了 3 个出现频率最高的初始概念及支撑语句。例如，反映初始范畴"先前经验"的初始概念包括创业经历、工作经验、培训经验等，并提供了相应的精简后的语句。

表3-3 后续案例分析得到的新范畴（部分）

序号	产业集群	新的范畴	初始概念及支撑语句
02	温州柳市集群	快速响应价值治理	看准了就要马上做，不要等（快速执行）；信息系统代替人工系统处理（信息处理） 生态是核心价值观（价值观提炼）；拒绝山寨，抵住诱惑，转型升级（高端升级）
03	杭州瓜沥集群	进化情景	希望企业能存活 10 年（生存时间）；老是贴牌，不可能有进步，无含量（技术含量）； 大家都想着进步，这是压力（外部压力）；高成长性小微企业是榜样（明星企业）
04	温州龙港集群	生态系统	有一种创业的氛围（创业氛围）；同行之间愿意交流，乐于交流（同行沟通）；大企业、小企业形成共生系统（共生系统）；有快速成长的、有淘汰掉的（企业差异）
05	宁波溪口集群	战略更新	行业环境变化了，企业战略也要更新（战略匹配）；树立持续创业理念（持续创业）；通过二代接班，实现战略更替（代际更新）；微小的创新是法宝（微创新）
06	湖州织里集群	包容情景	面向农村市场的童装（低收入目标市场）；积极开展非洲市场（合作）；员工职位有提升、收入有提升、知识有提升（共享企业成长）；非精英创业群体（非精英）
07	嘉兴崇福集群	—	人员要培训，具有快的意识（人员速度意识）；鼓励员工读在职 MBA（知识学习）
08	绍兴钱清集群	—	有了好的价值观，政府需要引导（政府引导）；跑得慢了，就是退步（成长速度）
09	东阳横店集群	验证案例1	用于理论饱和度检验，验证模型稳定性，是否产生新的影响因素和关系路径
10	台州杜桥集群	验证案例2	用于理论饱和度检验，验证模型稳定性，是否产生新的影响因素和关系路径

表3-4 多案例的比较分析结果（部分）

序号	范畴	初始概念及支撑语句
01	先前经验	创业经历（原来和朋友合伙创业，后来失败了，赔了 10 多万元）；工作经验（我前几年在上海打工，外资企业管理很规范，但强度大）；培训经验（在义乌工商学院参加过几次网店短期培训班）
02	机会感知	机会感知超前性（你要比别人快，快了才有优势，慢了只能模仿）；机会感知独特性（别人认为不是机会，你有独特眼光，这也厉害）；信息来源网络（渠道多了，才能多听、多看、多想、多尝试）
03	明星示范	扩散效应（精英创业者发现了新的创业机会，可以带动一个村，甚至几个村）；榜样作用（明星创业成功个人生活品质的改善，是最大的榜样作用）；创业配套（避免竞争，可以只做别人的配套产品）
04	家族传承	家族网络（一个家族近百口人，都在小饰品这个行业，年轻人也从事这个行业）；家庭熏陶（从小就在经商的氛围下长大，潜移默化）；父辈支持（父辈艰苦创业积累的经验有传帮带的作用）

续表

序号	范畴	初始概念及支撑语句
05	模仿改进	观察（关起门来搞创新不行，眼光向外）；同行交流（不能只与本村同行交流，放大到杭州、上海等大城市）；试错探索（多试几次，小批量推向市场，客户不喜欢这个样式，再尝试其他的样式）
06	创业学习	经验学习（多看别人失败的故事，比成功的经验有时候更有作用，这样可以避开很多陷阱）；认知学习（多停下来反思、领悟，才能总结、进步）；实践学习（爱迪生的故事很有启发，失败中学习）
07	快速响应	敏锐感知环境（及时收集市场信息，感知环境变化）；快速执行（看准了，马上去做，光想不行）；非常规突发事件学习（行业环境变化很大，受政策的影响也很大，非常规突发事件是否有预案）
08	战略更新	战略更新及时性（时间节点很重要，快了、慢了都不行）；创新性战略执行（创新是企业成长之源泉，全员创新）；战略与环境匹配（小微企业成长迅速，阶段不同，战略自然不同，需要匹配）
09	协同情景	多主体参与（小微企业要生存，需要供应商、客户、中介机构等）；多要素融合（人才、资金、信息等诸多要素，小微企业如何解决资金瓶颈）；多属性涌现（竞争、合作、共生、共荣）
10	进化情景	小微迭代（每天前进一小步，累积起来就是大变化，要有耐心）；渐进寻优（一口吃个胖子不可能，慢慢寻找最优路径）；持续成长（做持续成长的百年企业，不进则退，退了就会被淘汰）
11	平台情景	实体平台（义乌国际商贸城是世界级的，小微企业创业平台要用好）；虚拟平台（淘宝网降低了创业门槛，义乌有很多淘宝村）；平台思维（小微企业要有平台思维，像大数据，不是大企业的专利）
12	包容情景	非精英创业群体（大部分农民等非精英创业者如何创业成功）；金字塔底层市场（面向农村市场的产品区别于城市市场）；包容理念（政府要有包容理念，让每一个人分享到经济增长的果实）
13	政策创新	创新质量（创新的政策对创业是否有促发效应）；创新频率（先行先试，大胆探索，鼓励创新，把创新变成常态）；创新效果（政策出台以后，要有执行性，像义乌的四个允许，很小但有大效果）
14	价值治理	核心价值观提炼（我们镇的核心价值观是责任、生态、共赢、发展）；社会责任（鼓励企业做有信仰的创业资本，树立社会责任感）；价值观引导（核心价值观是区域软实力，和硬实力一样重要）
15	服务理念	民生优先（聚焦民生、改善民生，民生是第一要务）；流程管理（流程把每一件任务分解，必须列出任务清单）；效能改善（效能是否改善要由老百姓说了算，他们是最好的监督环节）
16	生态系统	宜居宜业（田园小城市、创业小城市，城乡融合的节点城市）；生态考评（天要蓝，水要清，生态考评体系要建立并完善）；文化传承（做独一无二的镇域集群，而不是千镇一面，文化是独特的）

接下来，首先检视初始概念之间的逻辑关系，从逻辑学上分析，初始概念之间的关联关系反映了范畴之间的关联性，是划分凝聚子块的分析线索。两个概念之间的关系主要有全同关系、交叉关系、种属关系、反对关系、矛盾关系和因果关系 6 种。而交叉关系、种属关系和因果关系 3 种类型，是下一步形成凝聚子块的主要基础。凝聚子块的析出条件为"more than three，strong"，低于 3 次的弱连接关系不予显示。

根据每个范畴对应的初始概念确定范畴之间的关联网络，由此形成 4 个大的凝聚子块 Block，分析工具为 UCINET 网络分析软件。根据凝聚子块的含义，将其分别命名为个体创业认知、企业适应行为、集群创业情景和善治有为政府，分别表征个体、企业、区域和政府 4 个不同的分析层次，即个体创业认知凝聚子块 Block 1=（先前经验，机会感知，明星示范，家族传承）；企业适应行为凝聚子块 Block 2=（模仿改进，创业学习，快速响应，战略更新）；集群创业情景凝聚子块 Block 3=（协同情景，进化情景，包容情景，平台情景）；善治有为政府凝聚子块 Block 4=（政策创新，价值治理，服务理念，生态系统）。

为清楚起见，用图 3-1 表征集群情景下小微企业创业行为的涌现机理模型。图 3-1 的涌现机理模型回答了集群情景下小微企业的创业行为缘何普遍发达。换句话说，在产业集群的创业促发效应下，海量的小微企业创业行为如雨后春笋般不断涌现。其背后的涌现机理值得深入挖掘和梳理，图 3-1 概括了 4 类主要因素，分别是善治有为政府、个体创业认知、企业适应行为和集群创业情景，涉及地方政府、创业者个体、小微企业和产业集群这 4 类参与者。4 类主要因素对应 16 个二级细分因素，分别是先前经验、机会感知、明星示范、家族传承、协同情景、进化情景、平台情景、包容情景、政策创新、价值治理、服务理念、生态系统、模仿改进、创业学习、快速响应和战略更新。

涌现机理模型的效度是否稳定有待下一步的技术验证，接下来，第三部分将以东阳横店集群和台州杜桥集群为例进行理论饱和度检验。

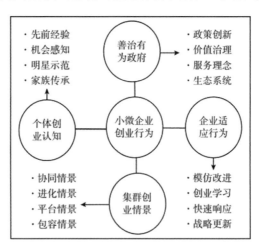

图 3-1　小微企业创业行为的涌现机理模型

三、理论饱和度检验

对于图 3-1 的涌现机理模型，通过东阳横店集群和台州杜桥集群两个验证案例进行饱和度检验。饱和度检验基于两个准则进行：其一，基于验证案例，不产生新的影响因素；其二，基于验证案例，影响因素之间的关系路径不发生改变（Strauss and Corbin，1998）。满足以上两个准则，则称模型的饱和度通过验证案例检验。表 3-5 给出了基于东阳横店集群和台州杜桥集群的 420 条访谈语句的模型饱和度检验过程。简单起见，表 3-5 只给出部分语句。

表 3-5　模型饱和度检验过程

项目	访谈语句	检验	结论
东阳横店集群	开始的时候也不知道做什么，朋友圈做什么，我也就跟着做什么，看到他们做汽摩配，我也就从事了这个行业，后来，陆续一些朋友也加入进来（10-19）	机会感知（朋友圈/人际关系网络+行业选择/汽摩配）	没有产生新的影响因素
	影视制作美国技术更新太快，有时候跟都跟不上，很多设备、高精尖硬件我们不具备，技术不行，产品的质量就打折扣，需要持续的学习，更新快（09-87）	创业学习（持续学习/更新快、设备落后、产品质量）	
	2013 年，杜桥镇拿出近 200 万元重奖创新型企业，目的就是在全镇范围内营造一种创新氛围，鼓励小微企业不断升级、进步、快速成长（10-12）	进化情景（创新型企业+升级、进步、快速成长）	
	横店影视城是一个大的生态系统，产业链上下游聚集的小微企业非常庞大，经过长时间的发展，竞争合作的良性机制已形成（09-13）	生态系统（产业链上下游、小微企业数量、竞合机制）	
台州杜桥集群	别人创业成功了，自己还没有创业的想法，就感觉很没有面子，别人变得很有钱，讲起话来一套一套的，觉得自己必须也要创业（10-53）	明星示范→个体创业认知	没有产生新的关系路径
	小微企业不能光靠自己，这样发展慢，要学会依托大企业，做它们的配套企业，核心企业的先进管理流程会使小微企业很快变得规范起来（10-65）	创业学习→企业适应行为	
	小微企业的共同特征就是小、弱、散，短期行为比较多，我们设立的横店影视文化产业实验区的目的就是提供一个高端平台，促进小微企业的发展（09-32）	平台情景→集群创业情景	
	浙江镇域集群的蓬勃发展依赖于不断地放权、扩权；同时，依赖于基层镇政府服务理念的执行，全省范围内打造有为政府已成共识（09-36）	服务理念→善治有为政府	

表 3-5 的第一部分说明，验证案例没有产生新的影响因素，仍然是机会感知、创业学习、进化情景、生态系统等 16 个影响因素。例如，检验语句（10-19），"开始的时候也不知道做什么，朋友圈做什么，我也就跟着做什么，看到他们做汽摩配，我也就从事了这个行业，后来，陆续一些朋友也加入进来"。主体语词是朋友圈、汽摩配的行业选择，可以上升为"机会感知"影响因素，并不是新的影响因素。

再例如，检验语句（09-13），"横店影视城是一个大的生态系统，产业链上下游聚集的小微企业非常庞大，经过长时间的发展，竞争合作的良性机制业已形成"。主体语词是产业链上下游、小微企业数量、竞合机制，可以上升为"生态系统"影响因素，并不是新的影响因素。

表 3-5 的第二部分说明，验证案例没有产生新的关系路径。例如，检验语句（10-53），"别人创业成功了，自己还没有创业的想法，就感觉很没有面子，别人变得很有钱，讲起话来一套一套的，觉得自己必须也要创业"。主体语词之间的关系是"别人创业成功→自己必须也要创业"，表示为"明星示范→个体创业认知"，并不是新的关系路径。

再例如，检验语句（09-36），"浙江镇域集群的蓬勃发展依赖于不断放权、扩权；同时，依赖于基层镇政府服务理念的执行，全省范围内打造有为政府已成共识"。主体语词之间的关系是"放权、扩权，基层镇政府服务理念的执行→打造有为政府"，表示为"服务理念→善治有为政府"，并不是新的关系路径。

第四节　涌现机理模型的语义阐释

一、个体创业认知

1. 先前经验

先前经验是指创业者在先前工作、培训、创业经历中所积累的创业知识、技能与经验，先前经验对于个体创业认知和创业行为有正相关作用（Toft-Kehler et al.，2014）。很多时候，个体的先前经验与后期的创业行为之间尽管差异很大，但并不影响先前经验对创业认知的正向影响效应。像柳市电器集群的南存辉在创立正泰集团之前，只是一个普通的修鞋匠，先前的工作经历对于后期的求精开关厂创立同样起了巨大作用。在义乌佛堂小商品集群的调研记录也证明了先前经验对于个体创业认知的正向作用，"我们几个人开始都是给别人打工的，后来感觉创业没有想象的那么难，筹了一些钱，就都走上了自主创业的路（1-08）。""看到别人淘宝上开店赚了很多钱，我就去义乌工商学院，上了淘宝开店培训班，尽管收获没有预期的大，但这段培训经历起码降低了我对于网上开店的神秘感（1-44）。"显然，以上语句中的打工经历、培训经历都属于典型的先前创业经验。

2. 机会感知

由于先前经验的差异性，每一个创业个体都是一个独特个体，从而影响创业机会的感知（Garud and Giuliani，2013）。一种常见情况是精英个体比别人感知更快，即机会感知的超前性，像柳市电器集群的吴迎春。1966年，年仅 24 岁的吴迎春在柳市雨伞厂（乐清市的一家集体企业）当主任，但当时生产雨伞的效益很差，也不知道有什么好的创业机会。偶然的机遇，通过夏存钱（温州市区的一位供销员）7000 只 XL2A 形程开关的订单，吴迎春比别人超前地识别出了生产开关的创业机会。另外一种情况是能识别别人感知不到的创业机会，如横店影视集群的徐文荣。横店镇被称为东方的好莱坞，与徐文荣的超强机会感知能力密不可分。绝大多数人认为，在没山没水的横店，是不可能搞好旅游的。而徐文荣却认为这是一个很大的创业机会，"风景是人工可以造出来的（9-15）""正如费孝通所言，农民被土地束缚着，中国被土地束缚着。出路就是发展乡村工业，徐文荣在横店把它变成了现实（9-44）"。

3. 明星示范

明星的创业示范就相当于产业集群起飞的第一粒树种，在创业扩散效应下，会带动成千上万的周边创业者进行小微企业创业（Plummer and Acs，2014）。典型案例有南存辉之于温州柳市集群，徐文荣之于东阳横店集群等。"南存辉是一个非常具备社会责任感的企业家，自己创业成功了，还想着如何扶持大量的小微企业快速成长起来，他从鞋匠起家，创立商业帝国，精彩的创业故事感召了很多年轻人（2-32）。""东阳横店镇的发展很大程度上就是一个农民和一座城的故事，但这个农民是有超前创业眼光和视野的农民，这个农民就是徐文荣（9-11）。"在 10 个产业集群的多个访谈记录显示创业明星示范的巨大促发效应，"我们从小一块长大，上学的时候成绩还不如我，他创业都能成功，我也能够成功，想到这里好像人一下子自信起来（9-56）。""别人先创业两年，日子过得红红火火，盖上了洋楼，开上了汽车，对于没有创业的人而言，是一种巨大的压力（9-87）。"

4. 家族传承

对于上一代创业者而言，早年艰苦的创业经历使他们对于家族企业凝结着厚重的感情，非常希望家族二代能够尽快成长，自己开创的事业能传承下去（Pazzaglia et al.，2013）。家族经商文化的熏陶使得二代创业者早早地丰富了自己的创业认知，即家族的优秀创业基因在年轻的二代创业者身上得到了传承，第一代创业者通过艰苦奋斗积累的技术经验、人际网络、营销技巧等通过持续创业得到了动态传承（Shepherd and Patzelt，2011）。嘉兴市崇福镇是一座有着 6000 多年文明史和 1100 多年建镇史的江南古镇，是全国最大的集皮草设计、研发、生产、出口于一体的产业基地，业已形成较为完整的皮草产业集群。"我们初步调查，全镇大量的小微企业，很大一部分这两年都实现了二代接班，成功地进行了家族传承（7-15）。""儿子最初不喜欢这个行业，嫌太辛苦，在外面闯荡了几年，又回到自家的企业里面，跟着我做了几年，慢慢就有兴趣了，脑子接受新事物比我快（7-18）。"

二、企业适应行为

1. 模仿改进

10 个产业集群的创业经验表明，通过模仿改进，一大批非精英创业群体也走上了成功的创业之路，他们主要的模仿改进手段是观察、交流和试错等（Ozgen and Baron，2007）。观察是模仿改进的基础，"看到了别人生产出的开关，买回家，拆开，就懂个差不多，因为实在没有什么技术含量，主要是材料和零配件，你会组装就行（2-10）"。模仿得多了，你就想着如何改进，"后来柳市的创业农民不断增加交流接触器、信号灯等配件，产品的外观、功能也就丰富起来（2-55）"。交流实际上扩大了创业者的学习空间，"关在家里信息自然不灵通，和同行交流，很多时候事半功倍，在一个村里面，空间本身就不大，大家都熟悉，交流起来也方便（10-11）"。创业自然不能害怕失败，需要不断地试错，"按照买来的图纸组装，就是不能用，非常苦恼，你试错了 99 次，可能第 100 次就成功了，实际上比的是坚持和毅力（3-65）"。

2. 创业学习

创业学习是指创建和管理新企业所需知识的过程，反映了企业持续的更新应变能力（Taylor and Thorpe，2004）。创业学习比较普遍采用的是三种途径：其一是经验学习，基于创业者先前经验，通过思考、归纳、提炼等环节，将经验上升为创业知识。"我原来在意大利做，温州人在意大利有一个很大的商帮，在意大利学到的沟通技巧对于我返乡创业肯定有很大帮助，整个人变得很自信（4-40）。"其二是认知学习，源自交流、观察、模仿他人的创业行为。"大家都乡里乡亲的，他摸透了技术难点，我们一问，亲戚就不好意思不告诉我们，这都是相互的，熟人、亲戚一块摸索，相互学习，创业的乐趣就有了（2-05）。"其三是实践学习，嵌入在社会实践或社会化互动中的学习。"我们原来都是农民，看到别人创业了，也跟着下海了，原来没人懂低压开关，实际上就是不断摸索、鼓捣的过程，失败多了，自然就成功了（2-29）。"

3. 快速响应

快速响应能力是小微企业适应动态变化市场的核心竞争力之一（Choi and Sethi，2010），运用"船小好调头"的优势，及时感知竞争环境，并作出快速响应行为。义乌是台历、挂历生产销售的集散地。"原来是面向银行、政府机关等事业单位，这些是大客户，但中央禁令出台后，这些公款消费的市场都很小了，为应对外部环境的变化，我们需要快速转型，面向家庭的大众消费才是我们未来的主体市场（1-92）。"对于小微企业而言，针对行业突发事件的快速响应能力尤为重要。"我们主打淘宝网上销售，双十一期间，饰品促销，用户的海量订单涌进来，但是小微企业没有经验，后续的人工订单根本来不及处理，发货速度的滞后和货物的误差给企业带来了很多负面评价（1-95）。""这次退货事件后，我们引进了行业领先的订单信息处理系统，从而大幅提升了我们的快速响应能力（1-97）。"

4. 战略更新

小微企业囿于研发资源的缺失，大多数都是以模仿、山寨起家的，采用模仿战略的企业具备脆弱性，需要及时地进行战略更新。优秀的小微企业成长实践表明，由模仿战略更新为微创新战略是一种成功的战略模式转换。以"遍闻机杼声"而知名的湖州织里童装集群，目前已经成为阿里巴巴小企业业务事业群打造的"中国童装产业示范基地"。织里镇现有童装小微企业 6000 多家，一大批优秀的小微企业走出了一条"模仿→微创新→快速迭代创新"的战略更新之路。"童装这个行业非常容易模仿，但优秀的企业是不怕被竞争对手模仿的，没有模仿，我们也不会有这么大的前进动力，凡事都有两面性（6-32）。""我们非常欣赏七格格的快速创新模式，以时尚、独立、女性为主题，专注于小众市场，七格格的外包生产企业可以做到 3～5 天出版样，首单 10 天出货，翻单 7 天出货，我们离这样的速度还有很远的距离（6-54）。"

三、集群创业情景

1. 协同情景

协同情景是基于协同理论，通过创业要素的耦合及网络关联作用，产生单个构成元素所不能实现的整体协同效应，具备多主体参与、多要素融合、多属性涌现等系统特质（Miles et al., 2005）。例如，温州柳市镇围绕集群核心企业的协同情景，理念可概括为"在困难时候帮一把，在关键时刻拉一下，在刚起步时送一程"。截至 2013 年年底，核心企业正泰集团的供应链上已拥有 2000 多家供应商和 2000 多家经销商，其中超过 90%是小微企业，构建了完整的小微企业协同创业生态系统①。再如，佛堂镇与民营银行泰隆银行、互联网金融阿里小贷等金融机构合作的协同情景。"对于佛堂的小微企业贷款，我们的不良率很低，不到 1%，通过大数据模型，发展互联网金融，让小微企业的诚信真正变得有价值（1-46）。""泰隆银行义乌佛堂小微企业专营支行成立只有 3 年时间，我们将新增贷款指标的90%用于支持小微企业创业（1-49）。"

2. 进化情景

基于商业生态系统理论（business ecosystem theory），进化情景提供了小微企业快速迭代、渐进寻优、持续成长的创业理念（Schaltegger and Wagner, 2011）。"一个村庄内，大家都在创业，但创业模式都是低端模仿，价格低取胜，这只能叫伪创业（6-10）。"伪创业行为不能塑造一种进化的创业情景，大家都锁定在价值链低端，小微企业的创业命运只能是"各领风骚三五年"。通过提供公共检测平台，湖州织里镇提供了童装采用新型环保材料的进化情景。按照欧盟对于童装的最新标准，织里童装存在 NPE、塑化剂等化学物质的超标现象，但按照国内标准，童装只检测 pH、色牢度、甲醛含量等 22 个检测项目。织里镇 7000 多家小微企业，并没有能力去建设技术和资金都要求很高的检测平台。由镇政府组织，织里镇完善了3000 多平方米的省级童装检测中心，作为一个第三方公共检测平台，为小微企业采用新型环保材料提供了技术进化情景，"国内标准比国外标准滞后，要求我们小微企业主动跟进（6-43）"。

3. 平台情景

基于开放、分享、共赢的创业理念（Hall et al., 2010；Lichtenthaler, 2011），平台情景提供了极佳的小微企业创业生态系统，分为实体平台和虚拟平台两种。以义乌佛堂镇为例，截至 2013 年年底，共有企业 2699

---

① 数据来源于 2013 年 7 月针对温州柳市镇正泰集团的访谈资料，语句编码：2-44。

家，从业人员超过 12 万人，其中，超过 99%的是小微企业①。佛堂小微创业井喷现象依赖于两大平台情景的促发效应。其一是义乌国际商贸城。佛堂镇距离小商品城仅 10 千米，具备天然的实体平台创业优势。"小微企业不怕创业死亡，生生死死，大浪淘沙，总会有一批小微企业闯出一片天空，最终成长为大企业，甚至行业的标杆企业（1-71）。"其二是淘宝网、义乌购等虚拟平台。虚拟平台的出现大幅度降低了小微企业的创业门槛，出现了创业能量惊人的若干"淘宝村"。"像马云所言，假设我是'90 后'重新创业，前面有个阿里巴巴，有个腾讯，我不会跟他挑战，心不能太大；在阿里的大平台下，我们希望越来越多的小而美的企业出现（1-77）。"

4. 包容情景

包容性增长（inclusive growth），由亚洲开发银行于 2007 年首次提出，包容性增长倡导机会平等的增长，最基本的含义是公平合理地分享经济增长（Ali，2007）。基于包容性增长理论，产业集群提供了面向非精英创业群体的包容情景。浙江的产业集群大都是草根创业推动的原发性内生型集群模式，草根创业相对于大学生、海归、白领等精英创业群体，非常缺乏资金、技术、经验等创业要素。浙江产业集群的创业经验表明，产业集群提供包容创业情景，可以大幅提升这些非精英群体的创业成功率。宁波溪口集群的一些典型做法包括：开展退耕还林农民就业创业转移技能培训班，对农民进行现代农业实用技术培训；在可行性试点基础上，启动经济合作社股权和农村住房等的抵押贷款项目，拓宽农村融资渠道；学习网络营销知识，鼓励农民网上闯市场等。"对于这些非精英群体创业技能的提升，目的就是使农民创业变得有底气（5-50）。"

四、善治有为政府

1. 政策创新

在鼓励小微企业创业方面，浙江有很多政策层面的全国第一次，这些具备执行性的政策创新对于小微企业创业起到了极大的促发效应。以温州为例，现为全国唯一的金融改革综合试验区，出现了全国第一份营业执照、全国第一家股份合作制企业、第一座中国农民城等，为镇域产业集群的发展提供了源源不断的鲜活经验和民间答案。再以义乌为例，早在1982 年，

---

① 数据来源于 2014 年 5 月针对义乌佛堂镇的访谈资料，语句编码：1-14。

义乌县委、县政府就发布了全国最早的"四个允许",即允许转包责任田、允许带几个学徒、允许议价销售、允许长途运销。并在实践中不断提炼,4年后,将"四个允许"进一步概括为:允许农民经商、允许从事长途贩运、允许开放城乡市场、允许多渠道竞争。这些敢为天下先的政策创新是镇域产业集群发展走在全国前列,进而形成浙江经验的最有力保障,"一些先行先试探索成功的试验成果,由于上升为创新性政策,而得以快速扩散和复制(2-11)"。

2. 价值治理

政府提供核心价值观层面的价值治理,通过核心价值观的培育引导小微企业的创业行为,打造善治有为政府的集群软实力。浙江集群层面的价值治理重点关注四个环节:其一,责任,做有社会责任感的创业资本,小微企业的慈善捐赠行为在浙江民间较为活跃,"资助一个贫困大学生,事虽小,但属于正能量(5-62)"。其二,生态,关注集群生态环境,打造美丽经济,"经济上去了,环境也要上去,引导小微企业关注生态建设(5-67)"。其三,创新,引导企业积极开展创新引领的持续创业行为,通过创新向价值链高端转移(Holweg and Pil,2006),"集群打造创新公共平台,并积极引导创新氛围建设(4-23)"。其四,协同,通过抱团取暖、协同创业,构建共生型创业生态系统(Hall et al.,2010),"和阿里巴巴打造的中国童装产业示范基地,就是一种网络平台的协同创业模式,把织里的童装专业市场进一步规范,积累品牌效应(6-05)"。

3. 服务理念

"小政府、大社会"的服务理念是集群善治有为政府的灵魂。温州龙港镇被媒体称为中国小城市化的标本,由农民投资、农民规划、农民治理形成的"中国农民第一城",与龙港镇政府的服务理念密不可分。由建镇之初的五个小渔村,到中国农民第一城是龙港镇的第一次跃迁;由农民城到工业化与城市化良性互动的新型产业城是第二次跃迁;再到鳌江流域中心城市、城乡一体化的战略节点城市是龙港镇的第三次跃迁。三次跃迁的平稳过渡都离不开龙港镇政府的服务型政府理念,服务理念贯穿于龙港镇的发展历程。无论是1983年建镇之初,农民进城、经商的审批权,能搞股份制经营,还是后来龙港镇成为城乡一体化发展试验区,龙港镇政府都非常关注民生优先、流程管理、效能改善、宜居宜业等关键环节。

4. 生态系统

生态系统是由核心企业、小微企业、中介机构等异质性主体组成的复杂适应系统（Jack et al.，2010），以小微企业为主体的创业生态系统培育是浙江打造善治有为政府的重要着力点。"创业生态系统培育是打造和谐社会，实现浙江梦的最好路径，是全省创业富民、创新强省战略在镇域层面的具体执行（8-82）。"钱清镇以纺织业为主体，以原料市场为依托，是绍兴98个城镇中综合实力最强的镇之一，该镇在打造创业生态系统的实践中，共积累了四点基本经验：一是民生优先，"通过建立亚洲最大的轻纺原料中心，确保民生优先，让老百姓实实在在地感受到实惠（8-16）"；二是宜居环境，"田园智城、生态小城是我们的发展目标（8-25）"；三是生态考评，"除经济指标体系外，还建立了生态考核体系，两套体系综合考评，不能单看GDP（8-27）"；四是人文元素，"钱清于北宋设镇，建镇历史已逾千年，具备经商基因的文化传承（8-40）"。

综合上述分析，得到表3-6所示的产业集群评价结果，可以直观反映10个产业集群对个体创业认知、企业适应行为、集群创业情景、善治有为政府4个维度的支持程度，同时，表3-6还给出了10个产业集群的总体评价结果。

观察表3-6，有以下基本发现：①个体创业认知维度支持程度较强的是义乌佛堂、温州龙港、嘉兴崇福和台州杜桥；②企业适应行为维度支持程度较强的是温州柳市、杭州瓜沥、湖州织里和绍兴钱清；③集群创业情景支持程度较强的是义乌佛堂、温州柳市、温州龙港、绍兴钱清和东阳横店；④善治有为政府维度支持程度较强的是杭州瓜沥、宁波溪口和东阳横店；⑤总体评价结果支持程度较强的是义乌佛堂、温州柳市、杭州瓜沥、温州龙港、绍兴钱清和东阳横店。

表3-6　产业集群的案例比较

序号	产业集群	支持程度				
		个体创业认知	企业适应行为	集群创业情景	善治有为政府	总体评价结果
01	义乌佛堂集群	☆☆☆	☆☆	☆☆☆	☆☆	☆☆☆
02	温州柳市集群	☆☆	☆☆☆	☆☆☆	☆☆	☆☆☆
03	杭州瓜沥集群	☆☆	☆☆☆	☆☆	☆☆☆	☆☆☆

续表

序号	产业集群	支持程度				
		个体创业认知	企业适应行为	集群创业情景	善治有为政府	总体评价结果
04	温州龙港集群	☆☆☆	☆☆	☆☆☆	☆☆	☆☆☆
05	宁波溪口集群	☆☆	☆☆	☆☆	☆☆☆	☆☆
06	湖州织里集群	☆☆	☆☆☆	☆☆	☆☆	☆☆
07	嘉兴崇福集群	☆☆☆	☆☆	☆☆	☆☆	☆☆
08	绍兴钱清集群	☆☆	☆☆☆	☆☆☆	☆☆	☆☆☆
09	东阳横店集群	☆☆	☆☆	☆☆☆	☆☆☆	☆☆☆
10	台州杜桥集群	☆☆☆	☆☆	☆☆	☆☆	☆☆

注：星形符号表示产业集群对相应变量的支持程度，☆一般支持，☆☆比较支持，☆☆☆非常支持

第五节　结语与讨论

一、基本结论

基于浙江 10 个产业集群的小微企业创业实践，采用扎根理论方法，本章研究系统回答了集群情景下小微企业创业行为的涌现机理这一关键议题。研究的基本结论有二：第一，提炼得到四个层面的影响因素模型。四个层面分别是个体层面、企业层面、区域层面和政府层面，个体层面对应个体创业认知维度；企业层面对应企业适应行为维度；区域层面对应集群创业情景维度；政府层面对应善治有为政府维度。第二，对四个维度的细分因素作了进一步识别，形成 4×4 影响因素组合，对应关系如下：个体创业认知=（先前经验、机会感知、明星示范、家族传承）；企业适应行为=（模仿改进、创业学习、快速响应、战略更新）；集群创业情景=（协同情景、进化情景、平台情景、包容情景）；善治有为政府=（政策创新、价值治理、服务理念、生态系统）。

二、理论贡献

浙江集群情景下小微企业的创业实践表明，海量小微企业的发达创业

实践已经远远超出了克鲁格曼等学者的新经济地理学解释框架
（Krugman，1991，1993）。本书不仅关注了小微企业区域创业聚集的创业
发生问题，而且关注了和小微企业蓬勃创业行为的创业成长问题，研究的
理论贡献主要体现在两点：首先，西方成熟的市场经济环境下，政府行为
只是解释创业行为的外生变量，并没有纳入到模型的内生变量中（李世杰
等，2014），而中国转轨经济体的典型特征就是政府行为在区域创业聚集
的强势角色，本书将政府行为视为影响区域小微企业创业行为的内生因
素，并提炼为善治有为政府维度。其次，本书下沉到镇域产业集群经济体
内，构建了个体、企业、区域和政府 4 个维度的小微企业创业行为影响因
素模型，并进一步细分为 16 个二级因素，将单层面研究扩充至多层面研
究（Shepherd，2011），拓展了现有小微企业创业行为的相关议题研究。

三、研究意义

本书的理论意义在于丰富了现有创业管理研究，增加了集群情景下小
微企业创业行为涌现机理这一新鲜议题。同时，对于小微企业的创业实践
也有启示价值，尤其对于地方政府而言，应树立三种思维：一是主体性思
维，个体创业认知和企业适应行为属于企业主体性层面，小微企业的持续
创业行为依赖于时间导向下的企业主体行为过程，即嵌入在时间轴中的社
会化行动过程（Emirbayer and Mische，1998）。二是情景思维，个体创业
认知、企业适应行为植根于区域情景（集群创业情景）和政府情景（善治
有为政府），提供给政府两个具体的创业促发着力点。三是协同思维，集
群下小微企业的创业行为应从个体、企业、区域和政府四个层面协同推进，
兼顾企业内部（个体创业认知和企业适应行为）和企业外部（集群创业情
景和善治有为政府）两类因素。

四、未来展望

未来可以在以下两方面继续深化本议题的相关研究：其一，本书只是
选用了 10 个案例的截面数据，下一步可以收集时间序列数据，开展针对
具体案例 5～10 年的纵向跟踪研究。集合截面数据和时间序列数据，进一
步丰富研究模型。其二，模型的稳定性需要更多样本的数据验证，未来可
进一步扩展到 30 个案例集群的数据资料，通过更多案例来源的一手数据
进行统计学意义上的模型稳定性检验。

第四章　集群情景下小微企业创业行为的类属呈现

理论层面,中国蓬勃发展的小微企业创业实践催生了大量具备典型本土特质的创业热词,如草根创业、微商创业、大众创业等,这些植根中国情景的原生态创业概念丰富了现有的创业研究框架体系。实践层面,以浙江大学科技园孵化小微企业为例,桑尼能源作为全国唯一的系统集成商,走横向整合路线。桑尼能源的创业行为带有典型的协同属性,可以在学术上提炼为小微企业的协同创业行为,类似的小微企业创业案例不胜枚举。

本章拟采取规范的话语分析方法对集群情景下小微企业的创业行为进行类属呈现(Vaara and Tienari,2008;Hardy and Maguire,2010)。话语分析按照浅层话语分析(thin discourse analysis)和深层话语分析(thick discourse analysis)两个层面展开。浅层话语分析包括语境、语篇、语素和语型四个环节,分别对应话语环境描述、话语叙事展现、话语要素描述和话语模型提炼,旨在识别集群情景下小微企业创业行为的类属呈现;深层话语分析包括语度、语系和语景三个环节,分别对应话语效度检验、话语构件关联和话语情景适用,旨在对集群情景下小微企业的创业行为类属进行语义阐释。

第一节　基本问题说明

一、类属呈现

类属呈现是一种定性分析范式,目前已经在管理学、经济学、社会学和心理学的研究领域得到了广泛应用。类属呈现属于学术研究的基本分析工具,以要素、环节、构件、情景、意义等为基本元件,系统性描述某一核心论题的类型都有哪些。类属呈现需要首先界定类属呈现对象,如本书中的类属呈现对象为集群情景下小微企业的创业行为。其次,需要基于类属呈现对象,进行模型建构,以清晰展现研究对象的类属呈现是什么的问题。

类属呈现的内核是模型构建，现有研究主要覆盖原型模型、样例模型和解释模型三类。原型模型（prototype model）中的原型（prototype）一般针对客观世界存在的实体（object），如企业、集群、区域等。由实体可以映射为原型模型，如集群的创业生态系统模型、区域的小微企业孵化系统模型等。样例模型（example model）则通过相似性原则，将数据彼此建构起来，它通过在特定线索背景下，从记忆库中提取实例的机制进行泛化。例如，针对软件集群情景下小微企业的协同创业行为可以建立协同创业行为模型。解释模型（explanation-based model）认为，人们对某一论题进行建构，是因为人们的知识、经验、偏好、选择等作用于概念之间的各种逻辑关联。本章主要选取解释模型进行集群情景下小微企业创业行为的类属呈现，并用图示化的形式展示类属呈现的解释模型。

二、方法选择

根据研究问题，选择话语分析方法作为主体研究方法。话语是指构成一个客体的陈述体系，包括书写文字、口头语言，甚至表情和手势等（Hardy，2001）。话语分析（discourse analysis）发轫于美国语言学者哈里斯（Harris）在1952年的研究，随后，被管理学、经济学等其他社会学科借鉴，并日益引起关注。国内基于话语分析方法的文献也日益增多，如吕源、彭长桂在《管理世界》2012年第10期发表《话语分析：开拓管理研究新视野》一文，对于话语分析的起源、发展以及符号学、言语行为等理论来源做了文献综述。再如，彭长桂和吕源在《管理世界》2014年第2期发表《组织正当性的话语构建：谷歌和苹果框架策略的案例分析》一文，采用话语分析技术，进行了两案例的对比研究，结果发现话语是构建组织正当性的重要手段，同时也是企业战略实质行为的有效识别途径。

本书选取话语分析方法进行，基于以下三个理由：第一，话语分析方法匹配研究论题性质。本书的论题是集群情景下小微企业创业行为的类属呈现，探索性较强，采取结构方程建模技术，效果欠佳，而采取话语分析技术则可以发挥最佳效力。第二，话语分析方法在分析程序上日渐成熟。随着众多学者的努力，话语分析方法的程序规范性日渐得到认可，可以保证探索性研究的模型稳定性。第三，对人来说，现实在语词的水平上成像（陈嘉映，2003），关于集群情景下小微企业创业行为的一手话语和二手话语较多，可以在话语素材上保证研究的高品质。

三、话语样本

选取浙江小微企业作为话语收集对象，主要原因有三。第一，满足地理邻近原则。可以较为便利地进行实地调研，获得大量的第一手数据；同时，对于二手数据也便于进行交叉验证。第二，案例典型性原则。浙江小微企业的创业行为在全国具备典型性，业已形成易于复制和扩散的浙江小微企业创业经验，具备高品质的理论研究价值。第三，案例企业的充裕性。浙江区域经济发展均衡，各个区域普遍具备海量的小微企业创业行为，可以保证大样本访谈的顺利开展。

采取一手数据和二手数据两种方法收集话语样本，累计收集语句650条，其中，一手数据200条，占比为30.77%；二手数据450条，占比为69.23%。涉及一手数据和二手数据的小微企业合计110家，其中，地域分布为杭州60家，占比为54.55%；义乌42家，占比为38.18%；绍兴8家，占比为7.27%。行业分布为饰品、服装、软件、汽摩配零部件等。其中，直接访谈对象，全部为企业的中高层管理者，每个访谈对象电话、网络或面对面访谈时间为30～120分钟。为检验研究的话语效度，预留5家小微企业的50条话语。

第二节　集群情景下小微企业创业行为的类属呈现

一、语境：话语环境描述

30多年的发展历程，产业集群业已成为浙江经济的最大特色，浙江产业集群的发展现状简述如下：①浙江业已形成了数量众多的产业集群，如杭州的软件产业集群、温州的低压电器产业集群、义乌的饰品产业集群等。②浙江产业集群的主体是小微企业，小微企业与大企业协同形成具备活力的创业生态系统。③在竞争激烈的市场环境下，浙江产业集群面临转型升级的多重压力，正在进行政府引导、企业为主体的主动升级行为。

在浙江义乌的调研发现，浙江义乌小微企业的海量创业行为是多方利好因素综合叠加的结果。访谈语句表明：①浙江义乌长期发展形成的创业基因促发了义乌的小微企业创业行为；②义乌善治有为的政府，敢为天下先，提供了好的便于执行的小微企业创业政策；③马云等浙商创业明星的出现，极大地促发了全民创业热情；④微商、网商等新型创业形式使得小微企业创业变得越来越容易。这些丰富的小微企业创业实践为小微企业创业研究提供了充裕的素材，并构成了研究的话语环境。

二、语篇：话语叙事展现

话语样本的语句可以分为四类，分别为事实语句、价值语句、行动语句和后果语句。例如，在表 4-1 中，语句"小微企业的创业行为需要资金、技术、人才、原材料、信息等各种要素的协同，缺一不可"属于事实语句，描述客观存在的现实事态；语句"小的创新也是美好的，不要老想着如何改变世界，改变产品的一点点就足够了"属于价值语句，评价现实事态，带有话语主体的主观价值判断；语句"积极吸收粉丝的意见，学习小米的粉丝文化，产品一定要真正符合用户的需求"属于行动语句，语句的重点在于企业采取的某种竞争性行为；语句"每次改进一点，累积起来，时间长了，就是一个大的创新，小创新累积形成大创新"属于后果语句，用来表征采取某种行为的企业后果。

对于每一条语句可以首先进行语词抽取。例如，对于语句"小微企业的创业行为需要资金、技术、人才、原材料、信息等各种要素的协同，缺一不可"，可以抽取语词资金、技术、人才、原材料、信息等；接下来，对抽取的语词合并成初始概念创业要素；最后，对于概念之间进一步聚类，形成 16 个子范畴，子范畴的支持语句如表 4-1 所示。为清楚起见，每个范畴只列出一条语句。

表 4-1　原始语句叙事展现

原始语句	范畴
小微企业的创业行为需要资金、技术、人才、原材料、信息等各种要素的协同，缺一不可	要素协同
大学、孵化器、客户等共同构成小微企业生存的创业生态网络，每个参与者都有自己的生态位	主体协同
在集群内部、集群与集群之间，不同区域之间要打造无边界的知识网络、创业网络，嵌入到创业网络中，放大小微企业的成长空间	空间协同
营销、生产、研发、管理各个部门的行为要协同起来，才能取得 1+1>2 的效果，各自为政，势必会削弱小微企业的竞争力	行为协同
小的创新也是美好的，不要老想着如何改变世界，改变产品的一点点就足够了	小微创新
小微企业的创业战略不要老是想着山寨，要敢于超越，敢于创新，引领行业的潮流	战略更新
吸收大企业的风险投资，一方面资金进来了，更重要的是可以向大企业学习先进的技术开发经验	风险投资
模仿别人的产品设计，根据用户体验，改进设计，打造爆款产品，适合小微企业的发展战略	模仿学习
互联网+背景下，小微企业一切都要网络化，购买先进的软件，管理企业的客户，不断学习	网络感知

续表

原始语句	范畴
积极地参与到创业网络生态系统的建设中去，不要老是被动地适应，积极主动，拥抱互联网	网络发起
定期的监督、考评，对于质量不合格、管理不规范的供应商及时清除出去，形成动态的考评机制	网络重构
创业网络的参与者多了，你如何管理、如何治理，非常考验领导人的智慧，要不断充电，学习再学习	网络控制
积极吸收粉丝的意见，学习小米的粉丝文化，产品一定要真正符合用户的需求	用户思维
快速响应用户、快速响应市场、快速响应行业，慢了机会就丧失了，小微企业的优势就是快	快速响应
不鼓励员工提出大的想法，鼓励员工从小处做起，重点在于可以执行，立即实现	小微迭代
每次改进一点，累积起来，时间长了，就是一个大的创新，小创新累积形成大创新	累积优化

三、语素：话语要素描述

基于表 4-1 得到的 16 个子范畴，可以进一步聚类为 4 个主范畴，分别是协同创业行为、进化创业行为、网络创业行为和迭代创业行为，具体见表 4-2。4 个主范畴和 16 个子范畴的对应关系如下：协同创业行为=（要素协同、主体协同、空间协同、行为协同）；进化创业行为=（小微创新、战略更新、风险投资、模仿学习）；网络创业行为=（网络感知、网络发起、网络重构、网络控制）；迭代创业行为=（用户思维、快速响应、小微迭代、累积优化）。

表 4-2 共分为三列，其中，第一列是话语结构，如协同创业行为→小微企业创业行为；第二列是话语规则；第三列是话语证据。以上三列共同构成本部分的话语要素描述。

表 4-2　话语要素描述

话语结构	话语规则	话语证据
协同创业行为→小微企业创业行为	要素协同、主体协同、行为协同、空间协同协同创业行为是小微企业创业行为的类属之一	小微企业资源少，创业空间有限，需要和大学、中介机构、行业的标杆企业协同起来，才能不断成长（主体协同→协同创业行为） 技术行为不是孤立的，必须要和管理行为结合起来，管理跟不上，技术老是模仿别人，最终肯定要被淘汰（行为协同→协同创业行为）
进化创业行为→小微企业创业行为	小微创新、战略更新、风险投资、模仿学习进化创业行为是小微企业创业行为的类属之二	苹果手机这是大的创新，小微企业肯定搞不来，没有这种人才，小打小闹式的创新还是可以搞的（小微创新→进化创业行为） 模仿别人的技术、模仿别人的外观设计，在模仿的基础上积累产品开发经验，学习失败案例（模仿学习→进化创业行为）

续表

话语结构	话语规则	话语证据
网络创业行为 → 小微企业创业行为	网络感知、网络发起、网络重构、网络控制 网络创业行为是小微企业创业行为的类属之三	创新需要上下游环节的参与，供应商的参与对于小微企业的创业行为非常重要，需要识别好的供应商（网络感知→网络创业行为） 主动和竞争对手结成战略研发联盟，共同推动行业的进步，打造小微企业的创业生态系统（网络发起→网络创业行为）
迭代创业行为 → 小微企业创业行为	用户思维、快速响应、小微迭代、累积优化 迭代创业行为是小微企业创业行为的类属之四	及时关注用户的真实需求，吸收用户的创新想法，让用户参与进来，才能更好地关注用户体验，改进产品细节（用户思维→迭代创业行为） 快鱼吃慢鱼，快了就比竞争对手先获取进一步的竞争优势，慢了很多时候就很被动，一直追赶别人（快速响应→迭代创业行为）

四、语型：话语模型提炼

基于话语叙事展现和话语要素描述，进行话语模型提炼，如图4-1所示。图4-1表征集群情景下小微企业的类属呈现，可进一步细分为小微创新、战略更新等16个子范畴。类属呈现与子范畴之间的对应关系如下：进化创业行为对应小微创新、战略更新、风险投资和模仿学习；协同创业行为对应要素协同、主体协同、空间协同和行为协同；网络创业行为对应网络感知、网络发起、网络控制和网络重构；迭代创业行为对应用户思维、快速响应、小微迭代和累积优化。

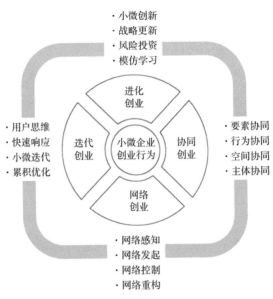

图4-1　集群情景下小微企业创业行为的类属呈现

第三节　小微企业创业行为类属呈现的语义阐释

一、语度：话语效度检验

话语效度检验是否通过需要满足两个准则：准则 1，检验预留的 50 条话语语句，并不产生要素协同、行为协同、用户思维等新的子范畴，则可判定要素效度检验通过；准则 2，检验预留的 50 条话语语句，子范畴与主范畴之间没有产生新的隶属关系，则可判定隶属效度检验通过。

首先，检验新的话语证据并没有产生新的范畴，仍然是小微创新、累积优化等 16 个子范畴。例如，检验语句，"每年我们都组织企业的研发人员、中高层管理人员去参观行业的标杆企业，感受他们的创业文化，学习他们的先进经验，认识到差距，企业才能成长得更快"。主体语词是模仿学习，并没有产生新的子范畴。

其次，检验新的话语证据并没有产生新的隶属关系。例如，检验语句，"对于供应商，我们有一整套考核标准，确保零部件的质量满足我们的产品要求，有缺陷的零件一旦进入市场，对于小微企业的品牌形象就是一个很大的打击"。隶属关系是"网络控制→网络创业行为"，并不是新的隶属关系。

基于以上两部分的话语效度检验，说明小微企业创业行为的类属呈现具备理论饱和性，模型的稳定性和普遍性得到了技术上的验证。

二、语系：话语构件关联

根据访谈语句之间的逻辑关系，发现 16 个子范畴之间并非孤立存在，而是存在明显的构件关联性。一些典型的因果关系有：网络感知→模仿学习、网络发起→小微创新等。为清楚起见，以下通过 2 段话语证据阐述"网络感知→模仿学习"和"网络发起→小微创新"两条关系路径。显然，这些构件关联可以进一步升华为小微企业创业行为优化升级的间接路径。

话语证据 1（网络感知→模仿学习）："我们是一家成立仅 5 年时间的小微企业，但也建立了初步的学习网络。饰品企业同质化竞争严重，要想取得差异化竞争优势，需要关注同行业的竞争者，尤其是行业标杆企业，在义乌，我们要关注新光饰品；有时，还需要关注国外的优秀企业，学习国外的先进设计理念；最后，我们还要和研究机构建立联系，饰品行业也是技术、知识密集型行业（浙江义乌访谈语句）。"

话语释义 1：上述话语证据体现了"网络感知→模仿学习"的构件关联性，网络感知的对象包括同行业竞争者、国外优秀企业、研究机构等，针对以上感知对象进行模仿学习，取得差异化竞争优势。"网络感知→模仿学习"的理论机理如下：其一，网络感知的合作伙伴越多，意味着拥有更多的学习机会，增加了企业学习的可能性；其二，处于信息汇聚点的企业，学习资源自然丰富，特别是向行业标杆企业学习的渠道明显增多；其三，网络感知的实践对于小微企业的学习能力本身就是一种探索性锻炼，在渐进的过程中，不断提升小微企业的学习能力，获取差异化竞争优势。

话语证据 2（网络发起→小微创新）："互联网+背景下，特别强调用户体验，用户参与到产品的设计中来，成为企业的战略合作伙伴。对于用户的反馈及时作出回应，不断地改进产品，不强调大的创新、大的突破，达到乔布斯所说的，小的创新足以改变世界（浙江杭州软件园访谈语句）。"

话语释义 2：上述话语证据体现了"网络发起→小微创新"的构件关联性，网络发起表现为用户参与到产品设计中来，小微创新体现在不强调大的创新、大的突破，专注于小微创新。"网络发起→小微创新"的理论机理如下：首先，网络关系扩大了企业知识运用的有效空间，降低了创新风险（Boso et al.，2013）；其次，网络发起体现了企业的一种主动性适应行为，可以先于竞争对手获得先发优势，这对讲究快速出击的小微企业尤显关键；最后，由于隐形知识的不可编码性，强关系网络基于高情感型信任特征，利于隐性知识的交流和运用（Larraneta et al.，2012）。

三、语景：话语情景适用

图 4-1 的话语模型可以适用于小微企业技术能力的意义建构情景。技术能力（technological capability）的概念最早出现在 20 世纪 80 年代中期，技术能力需要在企业持续的创业行为中建构、活化和提升。国内外学者对技术能力的概念进行了大量的研究。技术能力的研究大致存在职能、过程和本原三种视角，在本原意义上，技术能力是指企业为获取竞争优势，在持续的技术变革过程中，以技术学习为手段，有效利用外部技术知识，并与内部技术知识结合创造新知识，从而生产产品或服务的累积性知识、技能和经验（魏江，2006）。简言之，技术能力就是企业理解、利用、适应、变化和发展技术的能力。由技术到技术能力是一次形态的跃迁：技术是科技成果的固化形态，而技术能力则是融于企业的成果活化形态，两者之间需要学习、转化、融合等多个关键环节的过渡。在技术能力的构成要件上，

学者们从不同的视角进行了多样化分类。例如，有些学者认为技术能力是学习能力、创造能力和搜索能力的综合；另一些学者则将技术能力分为创造技术能力、采用技术能力和修改技术能力三个维度。

意义建构（sense-making）起源于20世纪70年代Dervin（1979）的相关研究，后经美国学者Weick教授发扬光大。意义建构以认知、属性为基本元件，是一种解释沟通、知识与意义之间关系的概念性工具，属于建构主义本体论观点。Weick（2005）认为意义建构首先需要倾听当事人，收集话语样本，识别当事人嵌入的情景、过去的经验以及未来可能面临的情形，进而形成集合问题回答、概念形成和资源获取三个环节的解释方案。意义建构体现在个体、团队和组织三个层次，但近年来随着研究外延的进一步拓展，网络层次的意义建构日益引起关注，如基于产业集群情景的小微企业创业行为意义建构。

一个完整的意义建构系统包括影响因素、建构过程和结果呈现三个构件，如研究命题——集群情景下小微企业创业行为类属呈现的意义建构涉及的三个构件分别是：①哪些因素影响类属呈现的意义建构？即意义建构的认知维度；②建构过程中形成哪些意义属性？如渐进性、开放性等，即意义建构的属性维度；③意义建构结果，形成认知-属性整合框架，即小微企业创业能力在持续的创业行为中得以活化和提升。

基于本部分的分析逻辑，本书运用小微企业技术能力的意义建构表征话语情景，接下来的第四节将针对意义建构作进一步的讨论。

第四节　类属呈现模型的意义建构

根据话语资料，类属呈现模型的意义建构分为四个属性，分别是独特性、价值性、渐进性和开放性，结合话语资料分别阐释如下。

一、独特性意义建构

1. 语境：话语情景描述

A企业是位于浙江义乌的一家饰品企业，成立于2009年，企业现有员工80多人，分布于设计、营销、生产等各个部门。浙江义乌具备数量众多的饰品企业，有些是行业龙头企业，如新光饰品等。饰品行业竞争激烈，主要是价格竞争，模仿现象严重。但A企业树立持续创新的竞争理念，靠不断地进化创业走出了一条差异化竞争之路。被访谈者信息：A企业的总经理，大学本科，35 岁，自己创业，具备 10 年饰品行业的从业经历，以下为访谈话语片段（访谈时间：8：30～10：00，2012-09-19）。

2. 语篇：话语叙事展现

Q1：饰品行业竞争激烈，您是如何塑造企业竞争优势的？

A1：这个行业当时我们进入，就是看好广阔的市场前景，但如您所言，竞争确实惨烈。行业内很多企业存活不到 3 年，我们靠差异化、独特性，取得了暂时的竞争优势。

Q2：企业是如何做到差异化、独特性的，设计出来不怕被模仿吗？

A2：靠不断地创新，研发经费的持续投入。这个行业模仿非常严重，你推出一个新的设计款式，第二天市场上就有了一模一样的产品，因为没有研发成本，价格还比你低。但我坚信苹果公司的一直被模仿，但从未被超越的经营理念。只要你持续地推出差异化、独特性的产品，消费者总会认可你的。当然，你也要会用专利申请、知识产权、行业协会等渠道保护自己。

Q3：能举出几个典型创新例子吗？

A3：我们这个行业很难有突破性创新，很多都是一些小的外观、功能等的局部改进，每周都有超过 100 款新产品推向市场。例如，我们丝巾的图案，目前已经有基于信息系统的个性化订制业务，完全由客户自行设计，快乐 DIY，非常受"90 后"欢迎。

Q4：像这种小的微创新，对企业的技术能力提升有什么意义？

A4：企业不能一直锁定在山寨、模仿的低端，否则迟早会死掉。由于是新创企业，我们的技术能力还很薄弱，与行业知名企业，如新光饰品等还有很大差距。但我们相信，通过持续地创新，企业技术能力总会不断成长，做到独特性。

Q5：对行业龙头企业新光饰品如何评价？

A5：感谢新光，新光每年都研发出 10 000 多件新产品。行业龙头企业或者说标杆企业一直是我们公司学习的榜样，同时也给我们以巨大的生存动力。只有不断进行小的创新，才能扩大被挤压的生存空间。只有自己的技术能力形成了独一无二的优势，才能成为下一个新光。

3. 语论：话语关键发现

在以上话语叙事中，发现如下命题。命题 1：企业通过进化创业行为，可以实现技术能力的独特性意义建构，话语叙事中，通过"差异化""独特性""独一无二""个性化订制"等概念体现。命题 2：独特性技术能力，外化为差异化的产品/服务，内化为企业的核心竞争优势。竞争性行业中，消费者用脚投票，只有不断推出具备技术含量的差异化产品/服务，才能取得消费者认可，获得持续竞争优势。话语中，"非常受'90 后'欢迎"，体现了这一关系。命题 3：技术能力的独特性保护可以通过知识产权、行业协会等渠道得到激励。只有尊重企业的创新性劳动，行业才能由低端向高端演化，企业才能转型升级。话语中，"扩大被挤压的生存空间"，"一直被模仿，从未被超越"的经营理念都展示了独特性的意义建构过程。

4. 语义：话语意义建构

分析发现，小微企业创业行为的独特性意义建构是指小微企业基于差异化、独特性创业行为能够支持企业生产出差异化的产品或者提供差异化的服务，并且这些产品或服务具备高端知识含量，别人短期内难以模仿，并获得消费者认同。它是对企业核心竞争能力在质化水平的多维度描述，从意义建构的角度，独特性创业行为、差异化产品/服务与核心竞争能力三者具备一致性。在质态测度上，集群情景下小微企业创业行为独特性具备低度、中度和高度三种不均匀质态，并且在时序上是动态演化的。

二、开放性意义建构

1. 语境：话语情景描述

B 企业是位于浙江绍兴的一家服装企业，成立于 2006 年，企业现有员工 150 多人，分布于研发、采购、营销、生产等各个部门。浙江绍兴是中国纺织业集群的聚集地，具备数量众多的服装企业，行业同质化竞争激烈。B 企业通过数字化系统设计、用户参与创新等一系列先进的开放性创新理念，取得了每年递增 20%的辉煌业绩。被访谈者信息：B 企业的总经理，MBA 学历，40 多岁，具备 15 年服装行业的从业经历，从事过研发、销售、战略等多种工作，以下为访谈话语片段（访谈时间：13：00～14：00，2012-10-11）。

2. 语篇：话语叙事展现

Q1：你们企业的创新与其他服装企业有什么不同？

A1：服装企业是一个高度细分的行业，每一家企业都需要找准自己的目标定位，在一个小的目标市场里，针对特定客户群体做精、做专、做好。我们企业的创新传递给客户的就是一种开放、合作的做人理念。用户认可了这种品牌故事，我们的创新也就成功了。

Q2：能详细说一下体现创新开放性的例子吗？

A2：例如，我们推出的数字化系统服务，实体店的服务人员测量客户身体的基本数据，交给设计部的数字化系统，让客户从1000多种组合中选出自己最喜欢的样式，可以做出针对客户自己最真实数据的裤子和上衣。尽管采取这种方式的销售量较少，但对于一些体型偏瘦或偏胖的特定人群来说，他们非常满意，用顾客的话说，就是"做出来的裤子像手套一样合适。"

Q3：技术的合作方面呢？

A3：我比较欣赏你所说的微创新，原来我们不知道这个名词，企业内部提倡的是小改进、小革新，意思和微创新是一致的。我们是新创企业，创新研发力量不足。为了弥补它，我们注意和大学科研机构合作，和国内外知名服装企业合作，也就是说，利用外部技术资源，提升自己的技术能力。你不开放，肯定死亡。

Q4：企业产品创新中，比较困惑的是什么？或者说，一些创新障碍因素是什么？

A4：主要还是设计理念的落后，像法国、意大利这些设计强国，可以有很新的设计理念，我们还不能达到这个层次。但是，你走出去，学习别人，就意味着技术能力的提升。

Q5：能不能总结一下开放创业行为对于企业技术能力提升的意义？

A5：我说的可能不太专业，但是我想开放、合作、共生，应该是这个行业良性发展、转型升级、走向高端的路径。创新不单是企业自身的事情，如让客户参与进来，让供应商参与进来，和竞争对手合作，吸收大学、科研院所的技术成果这些创新方法都对于我们技术能力的提升有重要作用。

3. 语论：话语关键发现

在以上话语叙事中，发现如下命题。命题4：企业通过开放创业行为，可以实现技术能力的开放性意义建构，话语叙事中，通过"开放""合作""共生""走出去"等概念体现（Dahlander and Gann，2010）。命题5：创业行为的开放性利益相关者涉及供应商、客户、大学、科研院所、竞争机构等知识节点。这些蕴涵丰富异质性知识的网络节点构成了一个复杂的知识网络、创业网络，企业只有善于挖掘，才能丰富小微企业的创业资源。

例如，被访者通过走出去，认识到设计理念的落后，远比技术的落后更为可怕，而通过与国外标杆服装企业的合作可以有效提高技术能力。命题6：开放性对于企业技术能力的提升有正向效应。话语中，客户感觉"做出来的裤子像手套一样合适"，从用户满意的角度体现了这一关系。

4. 语义：话语意义建构

分析发现，小微企业创业行为的开放性意义建构是指小微企业囿于自身资源的约束，与大学、客户、供应商、竞争者等外部知识节点保持信息、知识等技术要素的互动。例如，小微企业与大学保持创业互动以提升知识库更新能力，在大学衍生企业中表现尤为明显（Lockett and Wright，2005）。大学衍生企业自诞生起，就天然地与母体大学形成了以R&D支持为骨架的创业网络，这种创业网络自然扩大了企业的创业学习空间。这一意义的发现与以往国外学者对创业网络的研究是一致的，即小微企业通过与异质性知识节点之间的合作、提高产品与用户的契合度、杠杆式（leveraging）扩大创业行为等优点。

三、价值性意义建构

1. 语境：话语情景描述

C企业是位于浙江杭州的一家物联网技术应用企业，成立于2009年，企业现有员工60多人，是一家具备高成长预期的科技型新创企业。杭州已将物联网列为战略性新兴产业重点支持项目，形成了具备一定规模的物联网产业集群，诞生了阿里巴巴、家和智能、中控集团等一大批品牌企业，在工业与自动化控制、环境与安全检测领域在国内领先。C企业在无线传感网络技术R&D方面具备核心技术，依靠创新意识、创业精神被业界看好。被访谈者信息：C企业的副总经理，计算机博士，36岁，领导了一系列物联网技术应用的创新项目开发，以下为访谈话语片段（访谈时间：10：00～12：00，2012-10-11）。

2. 语篇：话语叙事展现

Q1：你听说过网络创业行为这个词吗？

A1：我在网络媒体上注意过这个词，尤其我们物联网、软件技术领域，业界动态我还是比较关注的。大意是指小微企业的创业资源是非常有限的，要想着如何运用别人的资源进行创业，才能取得事半功倍的效果。平时在公司里我也是对员工做这种培训的。每天前进一小点，累积下来就是一个大的竞争优势。

Q2：企业这几年的创业实践，最大的感受是什么？

A2：最大的感受，企业的技术创新区别于原来在高校里的学术技术创新，技术非常前沿、超前，可能没有市场，这样的创新对企业的价值贡献就是 0，或者是负值。你的创新可能非常小，技术也不先进，就是一个应用领域的创新，但可能市场很大，也就是说，对企业的价值贡献就很大。

Q3：小企业的创新理念是不是可以概括为不提倡大创新、提倡小创新呢？

A3：可以这么认为，小企业有小企业的创新定位，大企业有大企业的创新定位。对于我们小规模的新创企业而言，无论资金还是技术，大创新都是不现实的。而通过小创新，找到市场的空白点，则对企业的技术能力提升有大的价值。

Q4：能说出几个物联网领域网络创业行为的例子吗？

A4：由于网络创业行为这个概念的内涵确实很难界定，我们公司的绝大部分创业行为都是微创新。例如，我们提供给客户的一套解决方案，过去是我们开发，交给客户。现在，我们完全从客户体验的角度进行，提升软件使用界面的满意度。否则，你提供的产品不会有市场，对企业没有价值。

Q5：企业有哪些措施可以做到创新的价值性保证？

A5：物联网领域技术发展非常快，新技术的诱惑也非常大，如果没有一个严格的创新流程，技术的狂想主义很快就会把小企业拖垮。所以，我们在开始一个新的创新项目时，总是预先进行客户、市场的价值预评估。

3. 语论：话语关键发现

在以上话语叙事中，发现如下命题。命题 7：企业通过网络创业行为，可以实现技术能力的价值性意义建构。话语叙事中，通过"一个小的问题解决完美""单点突破""每天前进一小点""小企业的创新定位"等概念体现。命题 8：网络创业行为的价值体现可通过对企业的价值贡献、市场的接受程度、客户的满意度等外显指标表征。话语中，"通过小创新，找到市场的空白点"体现了这一关系。命题 9：企业技术能力的价值意义建构需要企业建立规范的创新流程予以保证，即话语中提及的"价值预评估"。

4. 语义：话语意义建构

分析发现，集群情景下小微企业创业行为的价值性意义建构是指创业行为对小微企业的价值增长有正的贡献,提供的独特性产品能够接受市场的检验。从建构路径上,主要表现为垂直(vertical)路径、水平(horizontal)路径和对角(diagonal)路径三种形式的价值意义建构。在价值链的上游或下游延伸是创业行为垂直路径架构的典型表现,如并购互补性技术资产;与异质性技术资产结成创新联盟则是水平路径的表现形式;而垂直路径则是集成水平路径与垂直路径的混合质态,如区域创业生态系统构建。

四、渐进性意义建构

1. 语境:话语情景描述

D 企业是一家位于浙江金华的电动车零配件供应企业,成立于 2005年,企业现有员工 100 多人,分布于生产、研发、销售、HRM 等多个职能部门。金华具备浙江典型的汽摩配产业集群,分布有大量的新创企业,围绕龙头企业形成了典型的零配件供应等产业链上下游企业。D 企业树立了创新、质量、共赢的经营理念,靠提供稳定的高质量产品通过了知名企业供应商资格认证。被访谈者信息:D 企业的副总经理,大学本科,40多岁,具备 15 年的汽摩配行业管理经验,以下为访谈话语片段(访谈时间:16:30～17:00,2012-10-23)。

2. 语篇:话语叙事展现

Q1:成为知名企业的零配件供应商,非常有难度,是怎么做到的?

A1:我觉得有两点非常关键:首先是你能否持续、稳定地提供高质量的零配件产品,质量不稳定,忽高忽低,说明你技术不过关。其次是你的技术能力,从你的人员、工艺、流程、管理、细节等方面体现出来的创新意识、创新能力,可以推动和战略伙伴的共同进步。

Q2:你们企业成立仅有 7 年时间,能介绍一下企业的技术能力情况吗?

A2:成立之初,技术非常薄弱,主要是缺乏研发人员,企业的竞争最后还是人才的竞争。后来通过人才的引进、技术的合作,技术能力慢慢提高,现在在电机等关键零配件领域已得到行业的普遍认可,主要是认可我们的性价比,我想技术能力的提升是打动别人的最大后盾。

Q3:听说过迭代创业行为这个词吗?

A3:还没有听说过,听得比较多的是自主创新,但我理解就是一些小的创新,针对零配件的某一具体问题,如应力分布问题、掉漆问题进行的技术革新。企业不要幻想一口吃个胖子，这是不现实的。企业缓慢地进步，技术能力的循序渐进、缓慢提升则更为现实。很多新创企业不是由于走得太慢而死掉，恰恰是因为跑得太快而死掉。

Q4：企业对于鼓励迭代创业行为，有哪些具体的措施？

A4：我们的具体措施非常多，如工人对于一个工艺流程做了革新，提高了零配件的质量，我们就以他的名字进行命名，这是一种无形的激励。此外，我们还提倡全员创新，让员工们清楚地知道创新不仅仅是技术部门的工作，营销人员、生产人员等都应该参与进来，提供创新的点子。

Q5：企业成长进程中，对技术能力的提升有什么感悟？

A5：一个大的感悟就是技术能力的提升是一个很长的过程，需要有耐心，因为一个微创新活动的开展，并不都是导致企业技术能力的提升。有时候会有反复，由于一个新点子的实施，零配件的质量倒下降了，这种情况也会出现。企业要耐得住寂寞，我们总是坚信办法总比问题多，通过创新向客户提供高质量的产品是我们的使命。

3. 语论：话语关键发现

在以上话语叙事中，发现如下命题。命题 10：企业通过迭代创业行为，可以实现技术能力的渐进性意义建构。话语叙事中，通过"慢慢提高""循序渐进""缓慢提升""一个很长的过程""需要有耐心"等体现。命题 11：企业技术能力的渐进性提高可以通过引进核心技术员工、与外部技术源合作、全员参与创新等多种途径实现。话语中，"研发人员引进""推动和战略伙伴的共同进步""以创新人员的名字命名"等都体现了这一关系。命题 12：企业技术能力的演化方向不单单是从低级到高级的进化，很多时候伴随有技术能力的退化。这也说明了企业技术能力提升的长期性和复杂性，即话语中提及的"有时候会有反复""新点子的实施导致零配件质量的下降"。

4. 语义：话语意义建构

分析发现，集群情景下小微企业的渐进性意义建构是指时间维度上，小微企业核心竞争能力提升是长期的过程；速度维度上，竞争能力提升是循序渐进的；趋势维度上，竞争能力提升是两种质态的混合，一种是由低级到高级、由简单到复杂的进化，另一种是竞争能力的相对退化。Corso 和 Pellegrini（2007）对创新分类的研究，也证实了渐进性属性，即企业的主体创新形式是渐进性创新。在计算机、新能源、生物医药、先进制造等行业的创新实践，也证实了渐进式创新（incremental innovation）是连续的，而突破式创新（radical innovation）是间断的，连续性的渐进式创新与间断性的突破式创新构成了企业技术能力的提升图谱。

五、意义建构模型提炼

基于前面两节的研究发现，集群情景下小微企业的创业行为具备协同创业行为、进化创业行为、网络创业行为和迭代创业行为四种创业类属。本节的研究发现是集群情景下小微企业的创业行为具备四种类型的意义建构，分别是独特性、开放性、价值性和渐进性。两部分的研究成果整合起来，构成意义建构的模型表示，如图4-2所示。其中，反映价值性的核心关键词包括完美解决、价值链高端、核心价值、创新定位、单点突破等；反映独特性的核心关键词包括个性化订制、客户定位、服务特色、人无我有、独一无二等；反映渐进性的核心关键词包括要素联动、慢慢提升、能力反复、循序渐进、长期过程等；反映开放性的核心关键词包括技术互补、政府部门、异质主体、共生、共同进步等。

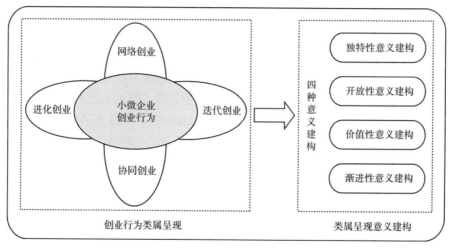

图4-2　意义建构的模型提炼

第五节　结语与讨论

一、基市结论

基于话语分析方法和浙江小微企业，聚焦集群情景下小微企业创业行为的类属呈现，本章的基本发现有三：首先，协同创业行为、进化创业行为、网络创业行为和迭代创业行为是集群情景下小微企业的四种典型创业行为类属。其次，通过话语分析技术，进一步总结了针对以上四类的16个子范畴，分别是小微创新、累积优化、模仿学习、网络感知等。最后，运用类属呈现模型，对于小微企业成长命运的迥异表现进行阐释，说明一些常见的典型话语适用情景，并对类属呈现模型的意义建构从四个方面进行阐述。

二、理论贡献

本章的理论创新体现在如下三点：第一，植根浙江小微企业情景，识别并提炼一个基于真实话语世界的好问题，即集群情景下小微企业创业行为的类属呈现问题，在创业领域提供一个崭新切入点，下一步可以针对协同创业行为、进化创业行为等具体创业类属展开实证研究。第二，对小微企业的创业行为类属做了清晰梳理，得出一些具备小微企业特质的新颖变量，如小微创新、网络感知等，为下一步的多变量研究提供概念基础。第三，方法层面属于话语分析在创业领域的探索性尝试，基于大量一手和二手数据，采用话语分析技术识别创业行为的类属呈现，完整展现浅层话语分析和深层话语分析两个层面的分析过程。

三、实践价值

本书对于集群情景下的小微企业创业实践具有指导价值。对于集群情景下的小微企业而言，启示企业应系统推进，注意进化创业行为、协同创业行为、网络创业行为和迭代创业行为的整体推进。小微企业应具备四种典型创业思维：①进化思维，体现小微企业由低级到高级、由初创到成熟的渐进成长过程；②协同思维，合则强，孤则弱，注意与大企业、大学、研究机构、客户等合作伙伴的协同创业；③网络思维，从创业网络的更大空间内寻求创业资源；④迭代思维，小微企业针对自己的产品或商业模式，不断修补和完善，提供更好的产品用户体验和价值获取模式。

四、研究局限

本章的研究局限主要有二：一是话语样本数量有限，未来应进一步收集更大数量的话语样本，以增加研究模型的稳定性；二是未能开展浙江与江苏、上海等区域的对比研究，未来可以进一步扩大样本调研空间范围，开展多个区域的案例对比研究。

第五章　集群情景下小微企业的
进化创业行为

第四章的研究结果表明,进化创业行为是集群情景下小微企业创业行为的一种重要类属。在实践层面,一大批小微企业由小到大、由弱到强的快速成长实践,表明进化属性业已成为高品质小微企业的卓越创业基因。

以阿里巴巴为例,由小微企业快速成长为电商领域的世界级企业,离不开大量进化创业行为的支撑。例如,支付宝不断提升用户体验、智慧物流的大数据支撑、云计算技术的应用、农村电商生态系统的培育等。再以浙江正泰集团为例,同样由小微企业快速成长,现已成为低压电器领域的行业标杆企业,一些典型的进化创业行为包括行业标准的制定、产业链上下游环节的完善、持续的产品微创新、电器集群共生型生态系统的构建等。

第一节　进化创业行为的理论框架

进化创业行为融合进化与创业双重理论,是一个较为新颖的创业学术概念,清晰梳理进化创业行为的现有理论对于提炼探索性命题具有重要价值。本节主要从三个方面建构进化创业行为的理论框架:①进化创业行为的内涵及基本特征;②进化创业行为的驱动因素;③产业集群与进化创业行为。

一、进化创业行为的内涵及基市特征

(一)进化创业行为的内涵

创业行为(entrepreneurial behavior)是指企业创业过程中一系列基于事项的动作集合,一些常见动作包括:对原有产品/服务的质量改进、对核心 R & D 流程的优化、企业组织柔性的架构、向供应链上游企业的股权投资、在国外市场建立新的营销分支等(Ucbasaran et al.,2009;McKendrick et al.,2009)。与创业行为紧密相关的一个概念是创业导向(entrepreneurial orientation),两者的区别是明显的。创业导向只是一种倾

向，并不必然导致创业行为的发生，两者具备正相关效应。

不同的学者基于相异的研究视角，针对创业行为又提出了多元化的细分概念（Buenstorf，2009），如机会创业行为、生存创业行为、战略创业行为、协同创业行为、裂变创业行为、包容创业行为等。近年来，将创业行为视作一个有机生态系统，与进化理论相结合，又出现了进化创业行为的新概念。简言之，进化创业行为是以进化理论为审视视角的创业行为（evolution-based entrepreneurial behavior）（Howard and Martha，2010；Vladas et al.，2012），关注对创业行为经过改变的继承以及一个完整的变异改良过程，创业行为的微小变异逐渐累积，企业的高品质形态得以形成。进化创业行为强调行为的渐变性，认为无跳跃式的平滑性是创业行为的主要属性，即企业有机体在适应外部环境的进程中，需要一系列阶梯性创业行为的平滑移动（Zahra et al.，2006）。

（二）进化创业行为的基本特征

进化创业行为的特征主要有三：

其一，渐进寻优。创业过程就是不断地进行方案制订、寻优和执行过程，小微企业基于无数次的渐进寻优，实现了创业行为的分阶段改良。Morris 详细描述了澳大利亚 Dennis 家族在代际传承之间的渐进创业行为，基于创业的渐进性，Dennis 家族企业开始了职业化进程，并确保了创业精神的内化（Morris，2011）。

其二，持续迭代。每一次创业行为的执行并不是一步到位，而是及时响应外部情景扰动，在动态竞争中不断进化、持续蜕变（Schaltegger and Wagner，2011）。对持续创业进程的一个基本描述就是：一次创业→二次创业→三次创业→持续创业，表现为创业进程的持续性，创业战略的迭代性，涉及产品、技术、流程、模式等要素。

其三，多维交织。进化创业行为表现为多维行为的动态交织和复杂嵌套，即创业行为不是孤立片段，而是和创新行为、战略行为等知识行为形成复杂的行为集合。以创业行为和创新行为为例，企业产品的局部改进、新产品的推出、商业模式的完善等典型创新行为也属于广义创业行为的范畴（Bird and Schjoedt，2009；Gartner et al.，2010）。

二、进化创业行为的驱动因素

专门针对进化创业行为，研究驱动因素的文献较为少见，但有大量的文献讨论了关于创业行为、创新行为的驱动因素，这些相关成果皆可提供有益借鉴。系统梳理驱动因素，发现有三个层面的研究较为常见。第一个层面是关于创业者或创业团队，即考虑人的因素，涉及性别、年龄、创业经验、团队认知、失败经历等；第二个层面是关于企业维度，即考虑组织的因素，如组织学习、动态能力、创新战略等；第三个层面是关于企业外部维度，即考虑环境的因素，如生态系统、创业氛围、创业文化、制度设计等。以上三个层面中，以第二个层面的研究成果最为丰富和精彩。

关于企业维度的驱动因素主要有：①创新战略，创新战略的设计流程、目标定位、规划背景等在不同的文化背景下表现出差异性（Alam，2006）；②企业资源，企业拥有的差异性资源不同，会导致企业不同的竞争优势（Barney，1999；Barney et al.，2011）；③网络能力，企业并非孤立地存在，而是嵌入于集群网络内的企业，企业通过网络能力，可以获得多样性的创业资源（Bell，2005）；④创业导向，该构念表明企业的一种高创业行为倾向，可以有更大可能发生创业行为（Boso et al.，2013）；⑤创业网络，创业网络与知识网络、创新网络、生产网络、物流网络等交织在一起，形成多重网络嵌套，创业网络的规模和成熟程度影响企业创业行为（Stephens，2013）。

三、产业集群与进化创业行为

中国长江三角洲、美国硅谷等区域保持蓬勃活力的关键在于海量小微企业充满生命力的持续创业行为，小微企业的创业行为与大企业的创业行为交织在一起，形成共生型的集群创业生态系统。马歇尔（2014）曾将企业比作树木进行了形象描述："许多新生的树木中途夭折了，只有少数得以生存；这些少数生存的树木一年比一年壮大，它们的高度每增加一点，就可多得一些阳光和空气，终能高出邻近的树木，似乎它们会永远这样生长下去，随着它们这样生长，似乎永远壮大下去。但是，它们却不是这样。一株树比另一株树能维持活力较久和较为茂盛；但是，迟早年龄对它们是有影响的。较高的树木比它的竞争者虽能得到较多的阳光和空气，但它也逐渐失去生命力，相继地让位于物质力量虽较小而青春的活力却较强的其他树木。"

产业集群对小微企业进化创业行为的驱动机理表现在：①产业集群营造了创业区域氛围：鼓励创新冒险和技术革新、营造了容忍失败的区域创业氛围，激发了大量新企业的加入和不断成长（Saxenian，1990）。②产业集群构建了创业生态系统：有些企业衰退、死亡，更多新生企业加入进来，注入集群新的血液，形成一种共生型生态系统（Engler and Kusiak，2011）。③产业集群提供了创业孵化机制：孵化器是集群的重要一环，不同的孵化器共同形成区域孵化网络，提供多样性的创业知识服务助推企业创业行为（Aerts et al.，2007）。④产业集群构建了创业知识网络：创业是知识密集型的高智力性活动，集群提供了便于新企业模仿学习的区域知识网络，放大了新企业的创业成功率，这一点在高新技术领域表现尤为突出（Smith and Lohrke，2008）。

四、简要述评

基于以上三部分的理论框架构建，可以发现：①进化创业行为作为一种创业现象在大量的集群企业中广泛地存在，硅谷、长江三角洲等区域业已形成了进化创业行为的高品质案例库和关键事件集。②现有文献更多地将进化创业行为作为一种自明的现象加以描述，并未明确提出进化创业行为的准确内涵与适用边界。③对进化创业行为的一些基本构件，如影响因素、驱动机理等还缺乏结合案例研究方法的准确提炼和系统梳理。基于以上三点研究局限，本章拟针对进化创业行为的驱动机理作重点突破。

第二节　话语分析方法的选择

话语分析（discourse analysis）是一种相对比较新鲜的定性分析技术，最早见于语言学的研究领域，后来扩展至经济学、管理学的研究领域，并取得了较好的研究效果，提出了一些具备穿透力和解释度的管理命题。话语分析方法的基本假定是话语是行为的逼真反映（Khaire and Wadhwani，2010），分析真实的话语体系可以获得行为的逻辑解释链条。话语分析的基本分析构件包括语篇、语系、语型和语度，分别对应话语叙事展现、话语构件关联、话语模型提炼和话语效度检验。

一、方法选择依据

本章选择话语分析方法的理由主要有以下三点：

其一，研究议题的新鲜性。本章的核心研究议题是集群情景下小微企业的进化创业行为，属于进化理论与创业行为的交叉性研究领域。文献检索结果表明，小微企业的进化创业行为属于新鲜议题，适宜采取话语分析等质性研究方法。

其二，研究议题的探索性。集群情景下小微企业的进化创业行为蕴涵多层面学术问题，如进化创业行为的影响因素、驱动机理、关系路径等，这些细分问题的框架尚不清晰，实践尚不成熟，研究议题的探索性契合话语分析方法的质性特质。

其三，研究议题的情景性。话语是行为的镜像，集群情景下小微企业的进化创业行为，自然蕴含在真实案例情景的话语世界中。这些话语逼真地反映了进化创业行为的复杂过程，对于这种情景与行为交织的复杂议题，话语分析方法具备独特解释力。

二、话语背景描述

本书选择浙江义乌的小微企业作为话语背景，主要基于以下三点考虑：

首先，浙江义乌具备海量的小微企业，满足调研样本的大数据要求。义乌是小微企业的创业聚集地，小微企业在企业数量中的比例超过 99%[①]。义乌小微企业依托小商品市场、国际商贸城、电子商务、物流网络等支撑要素，已成为小微企业创业的典型样本，梳理和升华义乌小微企业创业经验，对于复制和扩散义乌样本具备重要价值。义乌人的血脉中，流淌的是强烈的创业基因和从商文化。

其次，浙江义乌的小微企业具备进化创业行为的典型特质。在义乌青岩刘村的访谈发现，迭代、创新、学习、持续、渐进、快速等核心理念业已成为小微企业创业行为的高频词汇。大量小微企业的创业行为支撑青岩刘村渐成农村电商第一村，这些小微企业创业者关注用户体验，善于分析用户需求，并能快速响应，善于模仿学习优秀企业的创新经验，这些都是进化创业行为的典型特质。深入梳理浙江义乌小微企业的进化创业行为特质，对于其他区域小微企业的创业实践也具备借鉴意义。

最后，浙江义乌具备关系邻近性和调研便利性。前期的多次调研合作关系，使课题组和义乌多个产业集群以及大量小微企业建立了调研关系，可以有多样化的渠道获得学术研究的高质量数据。义乌的产业集群发展时间长、小微企业数量众多，满足大样本数据调研的要求。以饰品产业集群为例，成千上万家小微企业支撑了饰品产业的繁荣，就产品创新而言，每天都有数千种新款饰品投入市场，全年的新产品数量超过 30 万款[②]。

---

① 数据来源于 2014 年义乌年度经济统计数据。
② 数据来源于课题组 2014 年浙江义乌饰品集群调研数据。

三、话语收集途径

充足的话语语句是保证高品质话语研究的前提。采用半结构化访谈和开放式问卷调研收集一手数据，并辅之以二手数据整理，形成研究话语池。话语池中，语句条目数共计 2871 条，其中，半结构化访谈收集语句 633 条，占比为 22.05%；开放式问卷调研收集语句 506 条，占比为 17.62%；二手数据整理 1732 条，占比为 60.33%。话语池中，一手数据合计 1139 条，占比为 39.67%。二手数据文章共计 352 篇，例如，来自于义乌小商品市场官方网站的资料《再扛"鸡毛换糖"大旗，创业创新风采展示——见证义乌市场从微小到壮大的 30 个经典案例》，编号为 N21。

对于收集的话语进行了编号处理，话语示例如下：

（1）在义乌，从事饰品生产的小企业数量确实很多，也许是进入门槛低，每天都有上百家饰品企业诞生，企业数量多了，大家肯定感受到压力（10-21）[①]。

（2）靠近浙江师范大学，这是一个巨大宝库，聘请浙江师范大学的行业专家成本就低很多，但是性价比却很高，小企业的持续成长离不开高校的智力支撑（11-05）。

（3）企业有没有活力，从员工的办公环境、精神面貌很容易看出来，"90 后"的超前思维，我们"70 后"有时候就很难理解，但市场是试金石（30-28）。

第三节　进化创业行为的驱动机理

进化创业行为的驱动机理是本章的研究重点，在技术路线上严格遵循话语分析方法进行。研究流程主要包括以下四个基本环节。

一、语篇：话语叙事展现

表 5-1 提供了部分原始语句示例，见表中第 3 列。如语句"在义乌，从事饰品生产的小企业数量确实很多，也许是进入门槛低，每天都有上百家饰品企业诞生，企业数量多了，大家肯定感受到压力（10-21）"。这条

[①] 括号中，第一个数字表示企业编号，第二个数字表示针对该企业的语句编号。

语句的关键词语包括：小企业数量、进入门槛低、新企业创设，结合其他语句，融合为初始学术概念为节点数量。接下来，节点数量和节点异质、节点活性等其他概念融合为初始范畴网络节点。再例如，对于语句"小微企业的商业运营模式一定要创新，有了好的商业运营模式，自然有好的利润，而好的商业运营模式来自于我们对国外同行的借鉴、学习和本土化改造（44-22）"。这条语句的关键词语包括：商业运营模式创新、好的商业运营模式、国外同行的借鉴、学习和本土化改造，结合其他语句，融合为初始学术概念为模式创新。接下来，模式创新和有机组织、知识获取等其他概念融合为初始范畴刻意学习。

表 5-1 中的第 1 列展现了网络节点、关系氛围、集群认知、刻意学习等 10 个初始范畴。每个初始范畴列出了 3 个出现频率最高的初始概念。例如，关系氛围对应的 3 个初始概念为交互信任、政商关系和流程规范，用符号标记为：关系氛围=‖交互信任+政商关系+流程规范‖。

运用编码者一致性系数考察 10 个范畴的聚类科学性。10 个范畴的一致性系数如下：网络节点=65.32%；关系氛围=67.27%，集群认知=70.11%，刻意学习=61.210%，网络挤压=70.01%，知识过滤=66.89%，价值治理=64.40%；微创新行为=63.39%；战略更新=80.07%，风险投资=68.89%。

同时，统计了 60 个初始概念的出现频率，将出现次数超过 50 次的定义为高频概念；将出现次数低于 20 次的，定义为低频概念；介于 20 次与 50 次之间的定义为中频概念。具体如表 5-2 所示，其中，局部改进、快速出击、微创新、创新联盟等为高频概念；声誉维护、管理创新、战略联盟、学习组织等为中频概念；节点活性、共同愿景、股权投资、共享机制等为低频概念。

表 5-1 原始语句叙事展现

初始范畴	初始概念	原始语句
网络节点	节点数量	在义乌，从事饰品生产的小企业数量确实很多，也许是进入门槛低，每天都有上百家饰品企业诞生，企业数量多了，大家肯定感受到压力（10-21）
	节点异质	靠近浙江师范大学，这是一个巨大宝库，聘请浙江师范大学的行业专家成本就低很多，但是性价比却很高，小企业的持续成长离不开高校的智力支撑（11-05）
	节点活性	企业有没有活力，从员工的办公环境、精神面貌很容易看出来，"90后"的超前思维，我们"70后"有时候就很难理解，但市场是试金石（30-28）

续表

初始范畴	初始概念	原始语句
关系氛围	交互信任	小企业的资源有限，虽然我们的产品很小，但也有几家供应商，和供应商构成生存联盟，其实信任是很重要的，离开了信任，大家就都别玩了（22-03）
	政商关系	小企业特别怕和政府部门打交道，牵涉过多精力，非常影响企业的创业判断，义乌政府的"放水养鱼"给了我们很大鼓舞，政策的激励使大家的创业热情高涨（02-06）
	流程规范	企业虽然小，但"麻雀虽小，五脏俱全"，流程不规范影响企业的成长，我们初期都是跟行业的大企业学，我们只有2年历史，但都跟员工讲，要做百年企业（49-05）
集群认知	共同愿景	大家都不创新，这个行业最终肯定不行，必须形成不断推出新产品的氛围，才能持续下去，一荣俱荣，形成良性生态圈（11-09）
	共享价值	大家都按规则办事，这个行业就很有前途，有些规则并不是硬性的，而是心照不宣，如行业的开放性，封闭意味着落后和死亡（14-05）
	创业理念	饰品行业虽然企业众多，竞争激烈，但大家都在一条船上，捆绑在一块，形成一个利益共同体，都需要具备创业的危机意识，每天大量死亡的小企业就是最好的警钟（50-12）
刻意学习	模式创新	小微企业的商业运营模式一定要创新，有了好的商业运营模式，自然有好的利润，而好的商业运营模式来于我们对国外同行的借鉴、学习和本土化改造（44-22）
	有机组织	小企业开始的时候组织结构一定不要死板，搞等级制肯定不行，而是要有机、扁平，这样有利于创业决策，像娃哈哈，虽然是大企业，但宗庆后与底层员工的沟通却没有距离，值得学习（22-01）
	知识获取	一个区域内的氛围应该学习硅谷，不同企业的员工在休息的时候，大家在一起喝着咖啡就把程序学会了，没有任何信息封锁（09-10）
网络挤压	声誉维护	你要做百年企业，肯定要处处维护自己的声誉，大家都在一个小圈子里，你不守信用，口碑就把你搞坏了，这样你很难再有订单（07-12）
	长期博弈	博弈不是一次性的，而是长期的，一次欺骗客户，下次客户就会用脚投票，只有死路一条（09-57）
	协会治理	行业协会成立以后，今年做了几件大事，大家评价都很高，提供了集群正能量（11-10）
知识过滤	知识挖掘	区域内的知识很多，各种各样，尤其互联网这么发达，面对知识的宝库，你一定要善于挖掘，嗅觉一定要敏锐，要学会运用新的技术手段学习新的知识（02-09）
	传递障碍	很多知识不能够用语言直接描述，但你可以感知，还有一种情况是竞争对手有保护措施（08-11）
		知识不单单在企业之间转移有障碍，在团队与团队之间、个人与个人之间也有障碍（40-15）
	客户驱动	客户是上帝，或者说客户永远是对的，这不是空话，你首先要贴近客户，了解客户，客户参与到产品设计中来，我们称为客户驱动产品设计，有完整的操作流程（08-18）
价值治理	资产保护	小企业的核心资产是人才，留住核心人才对于小企业是很大的挑战（11-25）
	解决方案	提供的解决方案，我们都需要评价，优中选优，我们没有失败的资格，只许成功（33-25）
	治理模式	治理模式应该是多元的，而不是单一的，并且又是动态变化的（11-18）一个区域的创业生态治理，政府一定要在合适的时机发挥关键作用，良性循环（49-10）

续表

初始范畴	初始概念	原始语句
微创新行为	局部改进	小微企业搞原创性创新，基本没有可能，企业消耗不起，在别人创新的基础上，搞一些局部的改进，如增加一些实用功能，这是非常有效的创业路径（38-37）
	快速出击	船小好调头，小有小的好处，优势就是灵活性，四条腿都在地上，老板直接接触顾客，客户有什么新的需求，晚上就可以搞出来，第二天就推向市场，以快制胜（20-05）
	二次创新	同一个产品，创新要一直持续下去，二次创新，三次创新，不断地给客户创造新鲜感（05-21）
战略更新	业务外包	业务外包这种模式能够使小企业快速壮大，单靠自己你可能发展得很慢，要学会保留自己最核心的那一点，如我们非常注重研发，这是我们的发展之本（33-14）
	创业联盟	我们这几个小电器企业的创业者，都是一个村的，从小关系就非常好，老大先创业了，我们就跟着学，现在我们都抱团发展，组成小联盟，共享信息，大家都轻松（40-09）
	多元延伸	我们并不排斥多元化，但是一定要遵循科学发展观，一个业务做好了，再进入下一个业务，同时注意相关性，而不是一边生产袜子，一边还玩高科技（25-22）
风险投资	分支设立	我们起源于义乌，但布局于浙江，每年都有几个分支出来，这样利于品牌扩散（09-08）
	上游收购	收购上游企业，而不是自己从头开始，要的就是快，快鱼吃慢鱼，一年之内我们收购了2家上游企业，还有1家也在谈（10-15）
	股权投资	投资同行企业，占有一定的股权，是一种好的创业行为，但是你一定要看准，要有眼光，关键要看对方是否具备高成长性（18-17）

表 5-2　基于语词抽取的初始概念出现频率

分类	初始概念/出现频率
高频概念	局部改进/85、快速出击/73、微创新/70、创新联盟/70、多元延伸/69、创业行为/67、快速成长/67、模仿学习/65、创业战略/63、人力资源/63、学习文化/61、产业集群/61、区域软环境/59、团队精神/55、激励机制/55、政府支持/53、信任交互/51、知识获取/50、客户驱动/50、创业网络/50
中频概念	声誉维护/49、管理创新/48、战略联盟/47、学习组织/47、传递障碍/47、模式创新/45、创业理念/43、政商关系/43、企业定位/41、孵化网络/40、标杆企业/38、知识扩散/36、网络能力/36、知识挖掘/30、评价流程/30、持续成长/30、指标体系/29、大学支持/27、协会治理/21、长期博弈/21
低频概念	节点活性/19、共同愿景/18、股权投资/18、共享机制/17、有机组织/16、创业传承/14、协调规则/14、集群治理/14、创业传承/13、网络适配/11、过滤速度/11、集群约束/8、创业基因/8、家族认知/7、网络演化/5、界面渗透/5、服务绩效/5、逆向选择/3、博弈规则/3、知识网络/2

二、语系：话语构件关联

网络节点、关系氛围、集群认知、刻意学习等 10 个范畴属于高维空间，需要结合初始概念，做进一步的降维处理，形成若干凝聚子块。在话语分析中，称为语系，反映话语构件关联。根据语词关系绘制初始概念和初始范畴聚类网络，形成 3 个大的凝聚子块 Block，绘制工具为 UCINET 关系网络分析软件，析出条件为 "more than 3，strong"，绘制结果如图 5-1 所示。图 5-1 也列出了初始范畴的部分初始概念。3 个凝聚子块和初始范畴的对应关系如下：Block1=（网络节点，关系氛围，集群认知）；Block2=（刻意学习，网络挤压，知识过滤，价值治理）；Block3=（微创新，战略更新，风险投资）。根据语系属性，上述 3 个凝聚子块，分别命名为集群情景凝聚子块、驱动因子凝聚子块和进化创业行为凝聚子块。

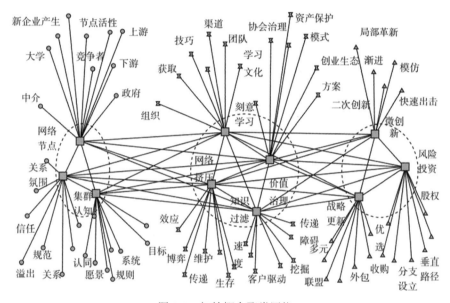

图 5-1　初始概念聚类网络

三、语型：话语模型提炼

话语模型提炼的目的是进一步发现范畴之间的关联脉络，整理驱动机理模型的实质理论构架。本项研究的核心范畴是企业进化创业行为，研究背景是产业集群，内核问题是驱动机理模型，涉及的前置范畴是集群情景和驱动因子，其中，集群情景包括网络节点、关系氛围和集群认知三个；驱动因子包括刻意学习、网络挤压、知识过滤和价值治理四个。为此，继续进行话语分析，重点提炼范畴之间的典型关系结构。为清楚起见，表 5-3 中，C（cluster context）、D（driving factors）、E（evolutionary entrepreneurial behavior）分别表示集群情景、驱动因子和进化创业行为。同时，C1、C2 和 C3 分别表示集群情景中的网络节点、关系氛围和集群认知；D1、D2、

D3、D4 分别表示驱动因子中的刻意学习、网络挤压、知识过滤和价值治理；E1、E2、E3 分别表示进化创业行为中的微创新、战略更新和风险投资。

表 5-3 中的第 1 列给出典型的关系结构，第 2 列则进行关系描述。第 1 列和第 2 列共给出 24 条关系路径，包括反映集群情景→驱动因子的 12 条关系路径，如网络节点→刻意学习、关系氛围→知识过滤等；以及反映驱动因子→进化创业行为的 12 条关系路径，如刻意学习→微创新、网络挤压→风险投资等。表 5-3 中的第 3 列也提供了反映具体关系路径的 2 条话语证据。例如，反映网络节点→刻意学习的话语证据是"我们每年送 1～2 位高管到浙江高校的管理学院去读 MBA，分享教授的最新案例和研究成果，回来以后再跟我们的员工分享"。

表 5-3 范畴之间的典型关系结构

关系结构	关系描述	话语证据
网络节点→驱动因子 C1→D	网络节点影响刻意学习、网络挤压等驱动因子，共有网络节点→刻意学习等 4 条关系路径	我们每年送 1～2 位高管到浙江高校的管理学院去读 MBA，分享教授的最新案例和研究成果，回来以后再跟我们的员工分享（网络节点→刻意学习） 现在的数据软件非常厉害，每天都能收集大量的客户反馈信息，但很多是碎片形式的无效信息，必须要去粗取精才能使用（网络节点→知识过滤）
关系氛围→驱动因子 C2→D	关系氛围影响刻意学习、网络挤压等驱动因子，共有关系氛围→刻意学习等 4 条关系路径	我们的理念是和供应商结成命运共同体，而不是单纯的利益共同体，供应商要学习我们的质量标准、技术标准，达到我们的要求（关系氛围→刻意学习） 大家都在一个狭小的区域内，都从事的是饰品行业，可以说都在一条船上，都搞低价、模仿，整个行业就不可能转型升级（关系氛围→价值治理）
集群认知→驱动因子 C3→D	集群认知影响刻意学习、网络挤压等驱动因子，共有集群认知→刻意学习等 4 条关系路径	义乌饰品集群名声很大，每个月都有大量的企业加入进来，也有很多企业退出，形成一种无形的优胜劣汰的生态竞争性机制（集群认知→网络挤压） 你不能把饰品理解成一个低端的行业，这也是高技术，需要快速的技术创新，促进产业转型，要及时进行知识的收集和整合（集群认知→知识过滤）
刻意学习→进化创业 D1→E	刻意学习影响微创新、战略更新等进化创业行为，共有刻意学习→微创新等 3 条关系路径	小微企业主要采取的创新形式就是跟进式创新，是一种小微创新，但要求持续，支撑这种创新形式的动力就是专注地学习（刻意学习→微创新） 小微企业成长的原罪就是模仿，或者说简单的复制，但这种模式显然不能持久，必须要过渡到创新驱动战略的主航道上来（刻意学习→战略更新）
网络挤压→进化创业 D2→E	网络挤压影响微创新、战略更新等进化创业行为，共有网络挤压→微创新等 3 条关系路径	别的同行企业都转型搞创新，你还在搞山寨，搞模仿，打价格战，就没有出路，只能是被别人挤出去，死路一条，最终被淘汰（网络挤压→微创新） 要学习行业的领先企业以及高成长性小微企业，关注他们是如何快速成长的，肯定有一些共性的东西，如善于学习、创新导向等（网络挤压→战略更新）

续表

关系结构	关系描述	话语证据
知识过滤→进化创业 D3→E	知识过滤影响微创新、战略更新等进化创业行为，共有知识过滤→微创新等3条关系路径	互联网+背景下，要求小微企业更应该具备互联网思维，善于处理用户的数据和信息，通过数据驱动企业的频繁创新，获取竞争优势（知识过滤→微创新） 现在的小微企业要求是商业模式的竞争，而不单单是产品的竞争，学习其他企业的商业模式知识，不断更新自己的商业模式（知识过滤→战略更新）
价值治理→进化创业 D4→E	价值治理影响微创新、战略更新等进化创业行为，共有价值治理→微创新等3条关系路径	行业协会在义乌饰品集群的发展中起到了很大的作用，行业协会的创新引导、高端产品转型都对小微企业的成长有促进作用（价值治理→微创新） 市场是无形的手，应该和政府这只有形的手结合起来，促进集群的转型升级，否则有时候会劣币驱逐良币，形成创新者劣势（价值治理→战略更新）

　　根据以上关系结构，形成基于网络节点、关系氛围、集群认知、刻意学习、网络挤压、知识过滤等10个主体范畴的驱动模型，如图5-2所示。图5-2形成的故事线可知识化为"集群情景→驱动因子→进化创业行为"，在这个传导链条中，刻意学习、网络挤压、知识过滤和价值治理4个因子起到关键的传导作用。

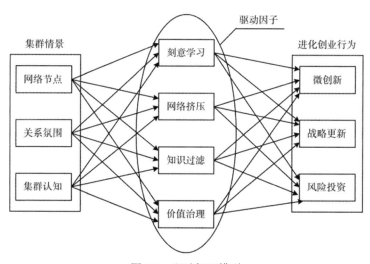

图5-2　驱动机理模型

四、语度：话语效度检验

　　表5-4选取部分话语，列出了话语效度检验的过程。

表 5-4　话语效度检验过程

话语	检验	结论
我们和浙江大学、上海交通大学等研究机构都有联系，同时和国外的企业也有联系，你联系的伙伴多了，获取信息的渠道就多，搞起企业来，灵感也来得快些	概念：大学研究机构、国外企业。范畴：网络节点	
利益的交换是相互的，你不给别人有价值的信息，你也不能获得别人的认可，自然也就得不到有价值的信息，帮助竞争对手进步也是一种境界	概念：信息价值、帮助竞争对手。范畴：关系氛围	没有产生新的范畴
前有大企业，后有小企业，还有新加入者，每天早晨醒来，首先想到如何组织员工，如何赢得客户，压力确实比原来打工大多了，创业难，创业成功更难	概念：大/小企业、新加入者。范畴：网络挤压	
比较欣赏日本人的匠人文化，创业者专注于改进产品的一点一滴，产品可以做几代人，我们就是太浮躁，小的不愿意搞，大的搞不来，形成行业的恶性循环	概念：专注于改进产品的一点；范畴：微创新	
大家都做低端，行业最后就只能衰退，走向消亡，要有优秀的小微企业，敢于走向价值链高端，敢于同大企业竞争，敢于创新，敢于引领行业升级，获得高的利润空间	路径：网络节点→网络挤压	
这是一个学习制胜的时代，讲究学习速度和学习质量，通过学习别人的成功经验和失败教训，改进自己的产品，不断追求产品的完善，客户体验的提升	路径：集群认知→价值治理	没有产生新的路径
大数据时代，数据和信息非常丰富，很多保存在硬盘上，但是不知道如何处理，信息量太多需要提纯，才能为企业的战略更新提供数据储备和决策依据	路径：刻意学习→微创新；路径：知识过滤→战略更新	

　　话语效度检验主要讨论所产生模型的稳定性问题，稳定性通过检验需要满足两个标准：其一，当基于新的话语证据时，并没有产生新鲜范畴，即话语的初始概念都隶属于网络节点、关系氛围、集群认知、刻意学习等10个子范畴；其二，当基于新的话语证据时，并没有产生新的围绕范畴之间的路径关系。对预留的100条语句，作为话语效度样本进行检验。基于表5-4，可以得出结论：驱动机理模型效度通过检验，集群情景、驱动因子和进化创业行为构成了故事线的三个关键词。

第四节　进化创业行为模型的进一步阐释

　　第三节的研究表明，进化创业行为模型共包括三个核心范畴，分别是集群情景、驱动因子和进化创业行为。三个核心范畴之间形成两个前后联系的递进路径：一是集群情景→驱动因子；二是驱动因子→进化创业行为。以下结合话语资料进一步阐释，具体通过语素（话语要素描述）、语义（话语意义阐释）和语景（话语适用情景）三个部分拓展。

一、语素：话语要素描述

驱动机理模型的逻辑故事线共涉及集群情景、驱动因子和进化创业三个重要范畴，三个范畴又分解为网络节点、关系氛围等十个语素。此处，为节省篇幅，以驱动因子的四个语素为例，作进一步描述。

（1）刻意学习。刻意学习主要包括知识伙伴选择、知识吸收和知识运用三个环节，知识伙伴选择要求企业根据现有知识缺口，选择合适的知识伙伴；知识吸收要求企业通过直观感受、案例整理、小组讨论等多种手段学习先进研发知识；知识运用要求企业将更新过的知识库与进化创业实践紧密联系起来。典型话语证据为"这是一个学习制胜的时代，消费者的购买偏好变化很快，要及时跟踪，并迅速作出反应[①]。""你不学习，而你的竞争对手一直在学习，这样，你不进步，就会被淘汰。"

（2）网络挤压。产业集群作为小微企业生存、成长的外部环境，提供了一种典型的压力传导机制。例如，大企业创新→获得市场份额→确立竞争优势→小企业被挤出，在这种挤压路径下，小微企业要主动适应，采取进化创业行为更智慧地生存与成长。典型话语证据为"小微企业失败率高，死亡率也高，大家都一样聪明，你不努力，就被别人挤出了。""大企业下面不长草，生活在大企业的阴影里，人才没有优势，技术没有优势，只能靠特色化生存，最终拼的是创意。"

（3）知识过滤。知识过滤是时间敏感的，要求企业能够快速响应。诚如 McAfee 和 Brynjolfsson（2012）所言，实时或近似实时的信息处理与运用能使一个企业比其竞争对手更加机敏。计算机硬件、数据挖掘技术的发展使得企业快速知识过滤成为可能，"快鱼胜过慢鱼"的商业竞争属性愈发突显。典型话语证据为"及时过滤的知识，如果不能够在实践中快速应用，就会过时，对企业反而是负担。""大数据、互联网、云端等新的名词不断出现，小微企业要敢于拥抱新技术，运用新技术过滤领先知识。"

（4）价值治理。价值治理要求小微企业具备比较强的要素联动视角，需要将差异化的利益相关者视为一个创业生态系统，单一的个体生态位的改变有联动效应。要素联动需要人、机、物三元世界的诸要素协同，涉及信息流、资金流、管理流程、人力资本、外部实体、联系属性等要素单元。典型话语证据为"义乌饰品行业存在海量的小微企业，单纯依靠小微企业的力量进行转型升级、价值引领不现实，这个时候，就要发挥新光饰品

---

① 本部分话语来源于案例企业罗兰饰品。

等行业领先企业的引领作用，向价值链高端转移。"

二、语义：话语意义阐释

驱动机理模型提炼以后，需要对其关系路径，结合话语证据进行意义阐释，进一步描述驱动模型的细节。驱动模型映射的一些关键路径包括网络节点→刻意学习、网络节点→价值治理、网络节点→网络挤压等。以下首先给出两个关键话语证据，分别说明网络节点→刻意学习和网络节点→价值治理；然后对话语意义进行小结阐释。

关键话语证据 1：（网络节点→刻意学习）。"软件企业不能只局限于义乌这个小的区域，眼光要放到杭州、上海等软件企业。学习他们的软件开发流程、软件开发经验，对于小企业的发展事半功倍。杭州有全国知名的软件企业集群，浙大网新、中控集团等都是行业的标杆企业。杭州优时是我们的重要合作伙伴，也是国内最早从事行业化及可重构性研究的 ERP 软件供应商。合作的一些典型项目对于我们工作人员技术的提高有很大帮助。通过引入分布式处理技术平台，极大提高了我们的技术能力，解决了大型项目 ERP 平台的搭建问题（华睿软件关键话语证据）。"

关键话语证据 2：（网络节点→价值治理）。"世界饰品看中国，中国饰品看义乌！在饰品行业，大多数小微企业受困于原材料成本的限制依然在使用含有铅、镍等有毒元素的合金材料，长期使用会对客户的健康有威胁。随着人们环保意识的提高，有毒材料的使用可能成为饰品行业发展的一颗定时炸弹。义乌的饰品制造企业和饰品流通企业有近万家，这些海量企业的竞争需要自上而下的价值治理，引导行业的良性发展。2012 年审定通过的《环保型金属饰品锌合金材料》联盟标准，是我国审定通过的首个环保型饰品标准（义乌康盛饰品关键话语证据）。"

本部分的话语意义阐释如下：其一，小微企业进化创业行为中，网络节点等集群情景因子得到广泛认同。多家小微企业的进化创业行为实践提供了网络节点→刻意学习等关系路径的现实佐证。例如，和大学紧密联系→学习大学技术知识、和领先企业结成战略联盟→学习先进管理流程等。其二，网络节点对驱动因子的影响程度存在差异，统计条目数可以发现：网络节点→刻意学习在话语池中出现 32 次；网络节点→网络挤压出现 35 次；网络节点→知识过滤出现 29 次；网络节点→价值治理出现 18 次。其三，企业家对驱动因子有清醒且深刻的认知，但如何执行较为模糊。以知识过滤为例，中国目前还处于大数据时代的萌芽期，不具备大数据思维的企业较多，客观上限制了知识过滤等语素的实践操作。

三、语景：话语适用情景

模型来源于企业的进化创业实践,但其生命力在于模型对现实世界真实情景的解释和指导。对于集群情景下,小微企业进化创业行为所表现出的迥异图景,驱动机理模型具备解释力。模型在适用于话语情景时,获得新的话语"碎片",同时又可以进一步修正和丰富驱动模型,在解释与充实的过程中,不断升华和提升模型的品质。以下给出两种典型适用情景,展示模型的解释力。

适用情景1:企业做大以后,就感觉到知识不够用,这个时候就要持续学习。通过学习将企业打造成流行饰品领域的标杆企业、领导品牌和国际著名品牌。企业小的时候没有战略,创业的想法只是为了赚钱改善家人生活。学习的渠道很多,国外的标杆企业、国内的标杆企业,通过不断的学习完成企业的战略转型。一些典型的措施包括由家族式管理向现代企业制度的转变、美国战略投资开辟国际市场(新光饰品关键话语证据)。

适用情景2:现在的义乌小商品大多是低附加值产品,创新性明显不足。大家卖的东西都差不多,最常用的竞争手段就是降低价格,赚一点辛苦钱,这样下去路就会越走越窄,企业越做越辛苦。我们提倡微创新,靠微创新向微笑曲线转移。例如,我们设计的新品三角阀,把更加牢固的生料带直接与三角阀主体结合,既方便,也实用。小的贴心设计大大提高了产品的附加值。自己研发的新产品,显然具备价格优势,我们不怕别人搞山寨,因为我们的创新脚步迈得很快,人家想跟都跟不上(伊凌诺关键话语证据)。

针对以上情景,驱动模型至少提供了两种解释思路:其一是驱动因子→进化创业行为等关系路径视角。进化创业行为是"果",是一种复杂的创业处理进程,而这种企业行为的持续发生需要刻意学习→微创新等关系路径的畅通。第一种适用情景可以用刻意学习→战略更新予以解释;第二种适用情景可以用价值治理→微创新予以解释。其二是聚焦刻意学习、网络挤压等驱动因子视角。企业对于刻意学习、网络挤压等语素的关注不足,势必影响集群情景下小微企业进化创业行为的发生。例如,不关注价值治理,只注重于山寨商业模式的企业,势必造成熊彼特式竞争环境下的企业生存脆弱性。

综合上述话语证据,得到表5-5所示的变量评价结果,可以直观地反映上述5家典型企业对变量的支持程度。

表 5-5　变量评价结果

变量情况		案例企业				
		罗兰	华睿	新光	康盛	伊凌诺
语素	集群情景	☆	☆☆	☆☆☆	☆☆	☆☆☆
	驱动因子	☆☆	☆☆	☆☆	☆☆☆	☆☆
	进化创业	☆☆☆	☆☆	☆☆	☆☆	☆
路径	集群情景→驱动因子	☆☆	☆☆	☆☆	☆☆	☆
	驱动因子→进化创业	☆☆	☆☆☆	☆☆	☆	☆☆
	整体研究	☆☆	☆☆☆	☆☆☆	☆	☆

注：星形符号表示案例企业对相应变量的支持程度，☆一般支持，☆☆比较支持，☆☆☆非常支持

第五节　结语与讨论

一、基本结论

这是一个大进化的时代，面对汹涌的"互联网+"浪潮和激烈的市场竞争环境，小微企业唯有依靠持续的进化创业行为，才能健康生存和持续成长。本章将话语分析方法引入进化创业行为的研究领域，系统研究了驱动机理模型这一内核问题，基本结论有四：其一，揭示了集群情景→驱动因子→进化创业行为的完整故事线，提出了集群情景下小微企业进化创业行为的驱动机理模型。其二，对集群情景、驱动因子和进化创业行为又精细化为 10 个语素，如集群情景细分为网络节点、关系氛围和集群认知；驱动因子细分为刻意学习、网络挤压、知识过滤和价值治理；进化创业细分为微创新、战略更新和风险投资。其三，提出具体的驱动机理模型，明示若干可执行的关系路径，如网络节点→刻意学习、知识过滤→微创新等。其四，在驱动模型效度检验的基础上，又描述了话语要素，阐释了话语意义，并给出了适用情景。

二、理论贡献

本书的理论贡献如下：首先，产业集群是企业进化创业行为的外部情景变量，本书系统识别了创业领域的一个好的问题：问题变量是产业集群；问题边界是企业进化创业行为；问题内核是驱动模型；问题方法是话语分析。其次，引入话语分析方法，揭开了集群情景下小微企业进化创业行为的驱动模型黑箱，明确了集群情景→驱动因子→进化创业行为的完整故事

线，并揭示了各范畴之间的关系路径。最后，话语分析方法应用于进化创业研究的国内外文献还不多见，本书进行了探索性尝试，在方法层面，丰富了现有以结构方程建模为主体的研究方法库。

三、实践价值

本书的管理启示有三：首先，小微企业应具备集群思维。产业集群是小微企业镶嵌的外部竞争环境，不论是传统产业的小微企业，还是新兴产业的小微企业，所有企业都应具备集群思维，善于运用外部集群资源。其次，重视进化创业行为。进化创业行为是集群情景下小微企业应具备的卓越成长基因，是高成长性企业的优秀品质。企业进化创业行为应综合关注微创新、战略更新和风险投资，明悉具体关系路径，强调可执行性。最后，培育刻意学习、网络挤压、知识过滤和价值治理等驱动因子。以知识过滤为例，大数据时代，企业不是知识孤岛，而是一个复杂的知识生态系统，每个企业都根植其中，并占有相应的知识生态位。每个企业都应参与进来，关注知识溢出、知识共享、知识转移和知识挖掘等，构建进化创业行为的和谐知识环境。同时，这也是政府部门应该关注的一个重要政策取向。

四、未来展望

本书的未来展望如下：一是进化创业行为的复杂性，对于话语样本的厚度要求较高，本书有限的话语样本势必丢弃某些"碎片"信息，未来应继续积累相关案例，丰富话语池，或者进行针对某一典型案例的动态跟踪研究，刻画时间轴上的纵向序列属性。二是本书忽略了进化创业行为的行业异质性，未能考虑行业之间的横向比较，下一步拟进行基于特定行业的精细化研究，如选取移动互联网行业拓展命题的研究深度。三是提炼刻意学习、网络挤压、微创新、战略更新等范畴的量表，进一步收集大样本资料，对研究命题进行统计学意义上的验证，增加命题的稳定性。

第六章 集群情景下小微企业的 协同创业行为

第四章的研究结论表明，协同创业行为是集群情景下小微企业创业行为的一种重要类属。在实践层面，阿里巴巴、新光饰品等一大批小微企业的快速成长历程表明，协同属性业已成为高成长性小微企业的优秀创业基因。

以浙江义乌新光饰品为例，这家饰品企业创建于 1995 年，现已成长为饰品行业的标杆企业。新光饰品成长历程中的一些典型协同创业行为包括：人员、资金、信息、技术等多要素集合的协同创业；联合多家研发机构的主体协同创业；与上游供应链结成战略联盟的协同创业；注意收集客户反馈，对饰品不断进行微创新的协同创业，等等。本章采用话语分析方法，深入挖掘以上小微企业协同创业的发生机理，对于提升协同创业实践的相宜性认识，具有重要意义。

第一节 基本概念界定

清晰地对相关概念进行界定是理论研究的基础性环节，本章涉及的基本概念主要有：①协同理论；②创业行为与协同创业行为；③小微企业、集群情景与协同创业行为，分述如下。

一、协同理论

德国学者哈肯于 1971 年最早提出协同的学术概念，并系统地论述了协同理论。哈肯认为，协同理论主要包括协同效应、伺服原理和自组织原理三部分内容（Haken，1983），三部分内容相互支撑构成完整的协同理论分析框架。在哈肯的论述中，协同是指各子系统的相互协调、合作或同步的联合作用及集体行为，结果产生了 1+1＞2 的协同效应。协同理论的特点主要有四个：①整体性，各独立要素形成的整体大于各部分的简单累加，即系统涌现整体大于部分之和的协同效应；②网络性，系统的协同基本表现为结构与关系的网络协同,对于复杂系统协同尤其如此;③演化性,系统的结构与关系协同随着时间的推移,发生相应的进化与退化行为;④适应性,协同效应随着外部环境参数的改变,也会发生动态的改变,具备较强的环境适应性。

协同理论在物理学领域提出后,由于对诸多问题具备强大的解释力,逐渐在社会科学领域取得广泛应用。例如,在创新领域,一个广泛传播的概念就是协同创新。Freeman(1991)以企业为对象,指出协同创新的主要联结方式是不同企业之间的创新合作关系,是企业应对系统性创新的一种基本制度安排。Miles 等(2005)认为,协同创新是指通过共享创意、知识、技术专长和机会,实现跨越企业边界甚至产业边界的创新模式。除了协同创新外,其他一些常见的交叉性学术概念包括协同创业、协同网络、协同运营、协同治理、协同联盟等(Spriggs et al.,2013;Yu,2013)。

二、创业行为与协同创业行为

Sharma 和 Chrisman(1999)对于创业行为(entrepreneurial behavior)的界定较具代表性,他指出,以下三类活动属于较典型的创业行为:其一是创新活动,如推出新的产品;其二是风险投资,如设立分支机构,开拓新市场;其三是战略更新,如由山寨驱动战略向创新驱动战略迁移。与创业行为相关的另一个概念是创业导向(entrepreneurial orientation),表示企业进行创业行为的倾向性(Covin and Miller,2014)。显然,创业导向并不必然导致创业行为的真实发生,创业导向到创业行为之间还有更为复杂的中介传导链条。

由 Sharma 和 Chrisman(1999)对于创业行为的概念推演,协同创业行为自然包括协同创新行为、协同风险投资和协同战略更新三个维度。协同创业行为的主要特征如下:①多主体参与,产业集群中的各个参与者都是协同主体,包括竞争者、行业协会、小微企业孵化器、大学研发机构等;②多要素融合,创业行为是一种多要素的输入过程,协同创业行为需要融合人才、知识、资金、制度等多种投入要素;③多行为交织,企业进入新兴市场、推出新的商业模式、构建战略联盟等多种行为交织在一起,形成协同创业行为嵌套;④多属性涌现,进化、适应、生态、转移、网络、共享等复杂系统属性不断涌现(Franco and Haase,2013;Hartley et al.,2013)。

三、小微企业、集群情景与协同创业行为

小微企业的创业资源有限，约束了小微企业进行复杂的创业行为，而进行协同创业行为可以较好地弥补小微企业创业资源的不足，即协同创业行为的属性与小微企业创业资源的特质高度契合。小微企业通过协同创业行为可以有效放大小微企业的创业资源，便于小微企业杠杆式运用外部集群创业网络的价值性资源（Stephens，2013）。影响小微企业协同创业行为的因素主要有两类：一类是企业自身的因素，涉及创业战略、组织结构、团队认知、管理流程等（Kotey et al.，2013；Covin and Miller，2014）；另一类是企业外部的因素，涉及创业氛围、信任情况、创业网络、政府干预等（Boso et al.，2013）。

产业集群的存在与繁荣为小微企业的协同创业行为提供了绝佳的现实载体与广阔舞台（Saxenian，1996），其理论机理如下：①产业集群存在多个利于协同的参与主体。在狭小的区域空间内，聚集了大量的异质性知识节点，主体协同具备地理和关系邻近性。②产业集群弥漫着信息、知识、技术等多种协同要素，并在集群空间内快速扩散，为协同创业行为的发生提供了输入要素。③产业集群内存在着知识溢出、知识转移、知识分享等多种知识行为，高密度和高频率的知识行为利于协同创业行为的发生。

四、研究动态

随着小微企业竞争强度的增加以及高成长性小微企业的示范效应，可以预见，协同创业行为将成为集群情景下小微企业创业的一种重要模式。利用协同创业行为，一方面，小微企业可以基于创新驱动战略，实现内涵式增长与差异化竞争优势构建；另一方面，小微企业所根植的产业集群可以实现转型升级与提质增效。该领域的研究动态主要体现在：集群情景下小微企业协同创业行为的发生机理、演化机制、干预策略等；运用新型质性分析方法，提炼原生态协同创业研究命题，指导企业实践等。

第二节　研究方法与数据来源

一、研究方法

集群情景下小微企业的协同创业行为具备较强的探索性与不确定性，采取传统的基于问卷调研的结构方程建模技术，容易遗漏碎片信息，并不

能高效获得协同创业行为的原生态认知。而近年来，逐渐兴起的话语分析技术则能有效联结话语资料与创业命题，由此，本章采取话语分析方法系统展开，旨在透过理论感知触角提炼完整证据链和故事线，获取小微企业协同创业行为的驱动机理模型。

本书选用话语分析方法的理由主要有：首先，集群情景下小微企业的协同创业行为是一个较为新鲜的概念，具备较强的探索性和不确定性，采取结构方程建模技术，需要首先对概念建构高品质的量表，采取话语分析方法则可以避开量表构建这一环节，直接进行原生态话语提炼。其次，小微企业的协同创业行为在实践上经过多年的蓬勃开展，已经积累了大量的话语资料。另外，海量的小微企业也可以不断收集新的话语资料，更新话语库，由此，植根话语库，可以保证研究的本土性。最后，话语分析方法经过多位学者的努力，在国际主流期刊上的研究成果逐渐扩散，一些新型的分析工具，如话语构件关联、话语模型提炼、话语效度检验等可以保证研究的规范性。

二、案例选择

2014 年，《国家新型城镇化规划（2014～2020 年）》发布，标志着新型城镇化正式上升为国家战略。就全国而言，浙江是目前城镇化发展最为活跃，也最具特色的省份，业已形成强镇扩权、中心镇发展的经验样本。早在 2007 年，浙江就颁布了《中心镇发展规划（2006～2020 年）》，明确重点支持 200 个左右的中心镇。2010 年，浙江出台《进一步加快中心镇发展改革的若干意见》，明确义乌佛堂等 27 个中心镇作为小城市培育试点。基于浙江 27 个试点中心镇的创业实地考察，发现浙江试点中心镇快速发展的一个基本经验就是成熟产业集群的创业支撑。

基于以上新型城镇化背景，本书选取中心镇视域下的产业集群作为案例样本。为避免过多的案例数量影响研究深度，本书选择佛堂镇小商品集群、柳市镇工业电器集群、分水镇制笔集群、横店镇影视企业集群和织里镇童装集群，选择理由如下：其一，佛堂镇小商品集群等 5 家集群起源时间早，经过多年发展，集群形态已经较为成熟，具备样本典型性。其二，5 个镇域集群都有海量的小微企业持续孕育和成长，并践行着多样化的协同创业实践，具备特色和推广价值。其三，调研对象位于浙江，满足地理邻近性，可以方便地获得大量的话语资料，利于话语分析方法的展开。

三、数据来源

数据来源包括一手数据和二手数据两种类型。一手数据的来源有：

①设计包括 30 个开放性问题的访谈提纲，选取典型小微企业的中高层管理者进行话语收集。问题示例：如何认知协同创业行为？协同创业行为对于企业竞争力的提升有何作用？列举几个协同创业行为的关键事件？贵企业是如何组织协同创业行为的？等等。②采取直接体验法，直接参与小微企业的协同创业过程，并注意话语文本的收集和整理。③发放半开放式调研问卷，被访谈者填好后，收集整理一手话语资料。以上三种渠道，共收集一手数据 580 条，三种渠道的来源分别是 140 条、90 条和 350 条，分别占比 24.14%、15.52% 和 60.34%。二手数据通过整理报纸、网络等二手资料得到，共计 720 条。一手话语和二手话语构成话语分析的话语池，包含话语数 1300 条，其中，一手话语 580 条，占比 44.62%，二手话语 720 条，占比 55.38%。1300 条话语池随机分为两部分，一部分用作话语模型提炼，包括 1100 条；另一部分用作话语效度检验，包括 200 条。

第三节　协同创业行为的发生机理

协同创业行为的发生机理是本章的研究内核，在技术路线上严格遵循话语分析方法进行。研究流程主要包括四个基本环节：①语篇：话语叙事展现。②语系：话语构件关联。③语型：话语模型提炼。④语度：话语效度检验。

一、语篇：话语叙事展现

语篇部分需要完成两项任务：一是通过语句的形式给出清晰的话语叙事展现；二是在话语叙事展现基础上，给出语句的初始概念和初始范畴。初始概念和初始范畴通过开放编码技术得到，开放编码遵循的原则是：头脑中不能有任何预先形成的初始概念，尽量搁置个人偏见，按照话语叙事最原生的状态展现。表 6-1 展现了话语叙事过程，一些出现频率较高的概念包括集群萌芽、产业集群、集群升级、家族网络、人情关系、利益关系等，将初始概念进一步聚拢，形成 20 个重要的初始范畴，包括镇域集群、协同引导、核心节点、生态系统等。为避免初始概念的归类混乱，通过计算两位编者的一致性系数检验，最终形成的归类见表 6-1。

表 6-1 中共有 60 条原始语句，即表中第 3 列，括号内数字为集群编号和语句编号，其中，1 表示佛堂镇小商品产业集群，2 表示柳市镇工业电器集群，3 表示分水镇制笔产业集群，4 表示横店镇影视产业集群，5 表示织里镇童装产业集群，6 表示不特指某一集群。例如，语句"浙江小

微企业的创业、集群的形成基本上是自下而上自发的,政府在开始时候的
介入很有限(6-82)"并不特指某一集群。

表 6-1　原始语句叙事展现

初始范畴	初始概念	原始语句
镇域集群	集群萌芽	30 年前,在义乌小商品市场开始萌芽时,佛堂人就有了饰品、相框等小商品集群的萌芽(1-12)
	产业集聚	产业集群是浙江经济发展的特色模式,很多中心镇的快速发展同样是建立在产业集聚基础上(6-30)
	集群升级	织里镇的童装一定要转型升级,否则只能锁定在价值链低端,靠模仿和山寨,利润很低(5-16)
关系网络	家族网络	依靠夫妻店、父子店、兄弟店等小微企业快速成长,10 多个小微企业有时都属于一个家族(2-23)
	人情关系	大家创业来自于同一个村庄,有很多小微企业主小时候都是玩伴,人情关系也是把双刃剑(4-40)
	利益关系	亲情关系、利益关系等很多时候都纠缠在一块,冲突的时候又很难处理得好,利益太强势(1-32)
创业氛围	创业信息	创业的机会很多,哪个合适,项目如何与资金对接,我们通过网站会定期把创业信息发布出去(3-61)
	优惠政策	中心镇的发展需要土地、资金、税收等一系列优惠政策,门槛低小微企业的创业激情就高(1-53)
	容忍失败	失败了并不丢人,怕的是不敢尝试,只有社会形成容忍失败的氛围,年轻人才敢闯(3-46)
协同引导	协同政策	中心镇一定要出台人才、资金、技术的协同政策,引导小微企业的协同创业,这是外力(4-86)
	创新基地	佛堂企业创新基地一期研发大楼可以聚集 150 多家研发机构和 1800 名以上的高素质人才(1-90)
	研发合作	很多中心镇尽管发展很快,但很难吸引高水平研发人才,要引导他们参与研发合作(6-37)
主体规模	海量企业	正泰是柳市的龙头企业,围绕正太的小微企业有成百上千家,形成了海量的小微企业群(2-43)
	产业历史	佛堂生产小商品的企业历史可以追溯到很久以前,素有"千年古镇"之称,也是浙江四大古镇之一(1-15)
	成熟集群	发达的中心镇一般都有较为成熟的产业集群作支撑,类似织里镇的童装,分水镇的制笔等(6-87)
主体异质	中介机构	清宣统二年,佛堂成立了义乌范围内第一家商会,故有"千年佛堂,百年商会"之说(1-07)
	政府部门	浙江小微企业的创业、集群的形成基本上是自下而上自发的,政府在开始时候的介入很有限(6-82)
	高等院校	佛堂距离最近的高等院校是义乌工商学院,这所大学里面的"淘宝创业班"办得很有名气(1-29)
核心节点	骨干企业	只有小微企业不行,最好有大企业带动,小微企业围绕在骨干企业的周围容易存活(2-40)
	合作联盟	小微企业要和骨干企业形成一个创业生态系统,配套骨干企业的一个零件,就可以生存下来(1-08)
	创新战略	绝大多数小微企业不创新,只模仿,龙头企业的快速创新、大量创新可以盘活一个产业(4-52)

续表

初始范畴	初始概念	原始语句
主体涌现	新创企业	新创企业前仆后继,倒下一批,又起来一批,一浪推一浪,产业总是能够保持青春活力(4-28)
	竞争机制	浙江的经济俗称小狗经济,规模不大,但完全竞争,竞争能够搞活一个产业,大家都有压力和动力(6-13)
	快速成长	小微企业每年创立的很多,但是几年下来,你再看,能实现快速成长的不多,做大做强很艰难(2-62)
架构要素	融资渠道	融资渠道几乎没有是小微企业生存成长的最大障碍,阿里巴巴的小额贷款帮了我们一把(3-74)
	人才培训	童装要上档次,靠现有工人、设计人员的素质肯定不行,一定要培训他们,但这对企业而言就是成本(5-20)
	技术合作	小饰品发展到现在,客户更加注重环保材料的使用,这对技术要求很高,小企业要技术合作(1-26)
功能要素	信息平台	小微企业压力大,人工成本上升,原材料成本上升,缺乏有效信息,通过信息平台集中发布(4-63)
	资源协调	税收优惠、用地指标、优惠政策、企业认定,这些资源如何协调,必须要有规范的操作流程(3-84)
	功能配置	中心镇的土地资源很有限,权限很小,有限的土地如何优化功能区设置,很考验管理层的智慧(4-32)
耦合机制	耦合要素	理论上很简单的东西,现实中有时很复杂,硬要素好搞,难的是软要素,人文的要重点考虑(4-10)
	主体界面	职能之间的界面、企业之间的界面、集群之间的界面、镇与镇之间的界面,如何沟通要做实验(6-14)
	试点运作	首先小范围试点,没有大的问题了,再大规模推广,这样风险可控,推广起来也容易(6-32)
生态系统	生态行为	对中心镇考评的时候,不能只关注 GDP,企业的生态行为一定要树立正确的导向,引导企业(4-33)
	进化机制	企业每年都要做战略评估,是否有进步,是否有提升,缓慢的进步也是一种进化(5-25)
	社会责任	小企业也要有社会责任,提倡大家做有信仰的创业资本,和谐社会要和谐发展,可持续战略(2-32)
集群挤压	客户选择	客户是否选择你的产品,形成了一种倒逼机制,你的价格、质量、性价比,横向要比较(1-52)
	市场挤压	生产出来产品容易,难的是在大企业的挤压下,你是否有市场空间,要找准市场缝隙(2-71)
	区域传导	人才、原材料、信息、技术都在一个密集的区域内,像热传导一样,速度很快,来不及反应(4-23)
网络驱动	知识驱动	原来的粗放经营,依靠劳动力的富裕,人海战术,取得了量的扩张,但现在必须要靠核心知识(2-13)
	创新驱动	大家都创新,创新的企业获得了快速的发展,取得了好的经济效益,对于不创新者是榜样(3-77)
	品牌驱动	柳市经过多年的发展,已经形成了很多的柳市低压电器品牌,对于小微企业创业品牌有驱动(2-90)
创业学习	学习渠道	学习渠道多样化,如镇里组织的创业导师进企业、产学研协作联盟、企业在职员工培训等(4-15)
	学习来源	一些小微企业主的下一代在国外的名牌商学院毕业,带来好的经商思路(5-08)
	学习理念	小微企业主,很多没有上过大学,高中或者初中毕业,要树立他们的学习理念,需要引导(6-17)

续表

初始范畴	初始概念	原始语句
协同治理	治理机制	中心镇、产业集群发展到一定的时间段，必须要优化治理机制，像童装产业，劳资纠纷问题（5-06）
	协会治理	商会、行业协会要起到好的作用，商会的人员配置非常关键，商会的遗传基因也是考量因素（6-60）
	骨干治理	再小的区域，都有自己的恺撒。骨干企业，龙头企业的引领对于产业治理可起到很好的作用（6-73）
集群协同	集群规模	集群必须要发展到一定规模以后，才能考虑协同的问题，几千上万家企业，集群就协同起来（5-63）
	企业战略	企业的战略不能只追求模仿，那样企业永远是一个平庸的企业，要有苹果公司的战略思维（1-30）
	研发平台	小微企业规模小，创新资源有限，镇政府建立创新基地，或协同研发平台，是很好的思路（1-65）
镇域协同	发展战略	佛堂镇的发展战略日渐清晰，依托义乌国际商贸城，注重企业创新能力的培养，产业升级（1-39）
	产业支撑	有一个或几个优势产业作支撑，这个镇是有发展前景的，否则，不容易产生效益（1-16）
	空间效应	一个镇的产业如何布局，如何追求空间效应最优，管理层必须了解（4-41）
镇际协同	城镇集群	单独的一个中心镇是很小的区域，必须要和附近的镇、村庄、城市联合起来，融入大的区域（2-56）
	功能定位	每个中心镇都有自己历史积淀形成的优势产业，一定不要盲目跟风，找准自己的定位很重要（2-85）
	快速提升	中心镇发展一要追求质量，二要追求速度，又好又快发展，没有速度，百姓尝不到甜头（3-32）
区域协同	区域战略	围绕义乌，形成金义都市新区是一个很有前瞻性的区域发展战略，义乌佛堂要参与进来（1-70）
	镇域经济	镇是介于村与城的一个中间状态，镇域经济一定要特色化，找准比较优势，避免一哄而上（6-05）
	总体规划	依托中心镇开展小城市培育试点，并制定了行之有效的分阶段总体规划，浙江走在全国前列（6-40）

二、语系：话语构件关联

首先，统计 60 个初始概念的出现频率，以获得概念的分布情况。表 6-2 反映了初始概念出现频率的分类情况，其中，集群萌芽、利益关系、容忍失败、成熟集群等 15 个概念属于低频概念，出现次数在 10 次以下，产业集聚、家族网络、优惠政策、协同政策等 27 个概念为中频概念，出现次数在 10 次与 20 次之间，集群升级、人情关系、创业信息、研发合作等 18 个概念为高频概念，出现次数在 20 次以上。

表 6-2　初始概念出现频率

分类	初始概念
低频概念	集群萌芽、利益关系、容忍失败、成熟集群、高等院校、创新战略、快速成长、技术合作、功能配置、试点运行、区域传导、品牌驱动、学习理念、骨干治理、研发平台
中频概念	产业集聚、家族网络、优惠政策、协同政策、创新基地、海量企业、产业历史、中介机构、骨干企业、新创企业、人才培训、信息平台、耦合要素、主体界面、生态运行、进化机制、市场挤压、知识驱动、学习来源、协会治理、集群规模、产业支撑、空间效应、功能定位、快速提升、镇域经济、总体规划
高频概念	集群升级、人情关系、创业信息、研发合作、政府部门、合作联盟、竞争机制、融资渠道、资源协调、社会责任、客户选择、创新驱动、学习渠道、治理机制、企业战略、发展战略、城镇集群、区域战略

接下来，对镇域集群、关系网络、创业氛围等 20 个初始范畴进行聚类分析，以反映话语构件关联。根据类属意义，分别命名为集群情景凝聚子块、主体协同凝聚子块、要素协同凝聚子块、行为协同凝聚子块和空间协同凝聚子块。图 6-1 反映了 5 个凝聚子块的分布情况，初始范畴与凝聚子块的隶属关系如下：镇域集群、关系网络、创业氛围、协同引导属于集群情景凝聚子块；主体规模、主体异质、核心节点、主体涌现属于主体协同凝聚子块；架构要素、功能要素、耦合机制、生态系统属于要素协同凝聚子块；集群挤压、网络驱动、创业学习、协同治理属于行为协同凝聚子块；集群协同、镇域协同、镇际协同、区域协同属于空间协同凝聚子块。

三、语型：话语模型提炼

话语模型提炼是话语分析的关键环节，旨在用图形的方式简洁地给出研究提炼的主要观点，以反映话语构件关联。本项研究的核心范畴是企业协同创业行为，研究背景是产业集群，内核问题是驱动机理模型，涉及的前置范畴是集群情景和协同因子共两类，其中，集群情景包括镇域集群、关系网络、创业氛围和协同引导四个范畴；协同因子包括要素协同、主体协同、行为协同和空间协同四个范畴。为此，继续进行话语分析，重点提炼范畴之间的典型关系结构。为清楚起见，表 6-3 中，I、C、E 分别表示集群情景、协同因子和协同创业行为。同时，C1、C2、C3 和 C4 分别表示协同因子中的要素协同、主体协同、行为协同和空间协同。

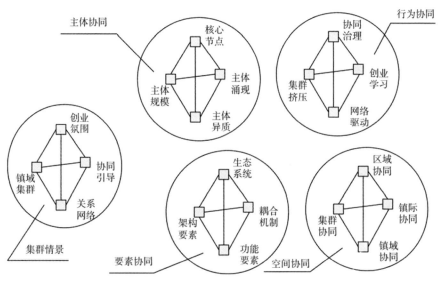

图 6-1　初始范畴之间的关联网络

表 6-3 中的第 1 列给出了典型的关系结构，第 2 列进行了关系描述，第 3 列提供了反应具体关系路径的话语证据。例如，反映创业氛围→生态系统的话语证据是，"义乌佛堂有经商基因，大家都创业，觉着很自然，地理上临近义乌国际商贸城，众多的小企业绑在一块，形成蚂蚁商帮，也是很有意思的协同创业生态系统。"反映架构要素→协同小微创新的话语证据是，"小企业要主动和大企业、高校、研发机构进行技术合作，可以考虑技术入股，购买技术等形式，或者几家小微企业抱团取暖，改善童装的款式和设计质量。"

表 6-3　范畴之间的典型关系结构

关系结构	关系描述	话语证据
集群情景→要素协同 I→C1	镇域集群、关系网络、创业氛围等集群情景影响要素协同	义乌佛堂有经商基因，大家都创业，觉着很自然，地理上临近义乌国际商贸城，众多的小企业绑在一块，形成蚂蚁商帮，也是很有意思的协同创业生态系统（创业氛围→生态系统）
集群情景→主体协同 I→C2	镇域集群、关系网络、创业氛围等集群情景影响主体协同	正泰集团能够由当初的小微企业成长为本地的龙头企业，离不开众多供应商、客户、政府部门的支持、帮助，与供应商的良好关系保证了产品质量，形成了品牌（关系网络→核心节点）
集群情景→行为协同 I→C3	镇域集群、关系网络、创业氛围等集群情景影响行为协同	自发地发展到一定程度，就需要大企业、协会或者政府部门的引导机制，帮助小微企业走出山寨模式，鼓励他们通过学习再创业，持续创业，向创新要效益（协同引导→创业学习）

续表

关系结构	关系描述	话语证据
集群情景→空间协同 I→C4	镇域集群、关系网络、创业氛围等集群情景影响空间协同	中心镇有自己独特的产业群，依靠辐射效应，带动周边区域形成利益共同体，几个镇的集群形成一个区域协同共同体，空间大了，资源多了，发展的选择自然就多了（镇域集群→区域协同）
要素协同→协同创业行为 C1→E	架构要素、功能要素等要素协同因子影响协同创业行为	小企业要主动和大企业、高校、研发机构进行技术合作，可以考虑技术入股，购买技术等形式，或者几家小微企业抱团取暖，改善童装的款式和设计质量（架构要素→协同小微创新）
主体协同→协同创业行为 C2→E	主体规模、主体异质等主体协同因子影响协同创业行为	新的小微企业出现，这些创业者有很多是"80后"，甚至"90后"，他们思想开拓性强，非常擅长网络商务模式，也比较重视创新能力培养，利用网络营销较好（主体涌现→协同战略更新）
行为协同→协同创业行为 C3→E	集群挤压、网络驱动等行为协同因子影响协同创业行为	群里每天都有企业死掉，也都有新的企业出现，大企业留给小企业的市场空间本来就小，你就更要动脑子，找到市场的缝隙，不创新肯定是死路一条（集群挤压→协同小微创新）
空间协同→协同创业行为 C4→E	集群协同、镇域协同等空间协同因子影响协同创业行为	织里镇的发展面临很多问题，如何开拓国际市场，如何突破国外的绿色壁垒并达到他们的材料品质要求，如何塑造国际认可的服装品牌，任重而道远，但总会有办法（镇域协同→协同风险投资）

表6-3中，集群情景→要素协同、集群情景→主体协同、集群情景→行为协同、集群情景→空间协同属于集群情景→驱动因子类别，以上4类关系路径的条目数分别为52条、34条、61条和14条，分别占比为32.30%、21.12%、37.88%和8.70%，大致反映了关系路径的强弱。要素协同→协同创业行为、主体协同→协同创业行为、行为协同→协同创业行为、空间协同→协同创业行为属于驱动因子→协同创业行为类别，以上4类关系路径的条目数分别为94条、56条、78条和47条，占比分别为34.18%、20.36%、28.37%和17.09%，大致反映了关系路径的强弱。

根据以上关系结构，形成基于"集群情景→协同因子→协同创业行为"故事线的话语模型，如图6-2所示。话语模型中，主体协同、要素协同、行为协同和空间协同四个协同因子起到关键作用。①主体协同，小微企业与行业标杆企业、孵化器、研发机构、政府部门等主体之间存在协同；②要素协同，资金、信息、知识、数据等要素之间存在协同；③行为协同，集群挤压、网络驱动、创业学习、协同治理等行为之间存在协同；④空间协同，表现为由集群协同，到镇域协同，再到镇际协同，最后到区域协同的空间拓展和边界延伸。

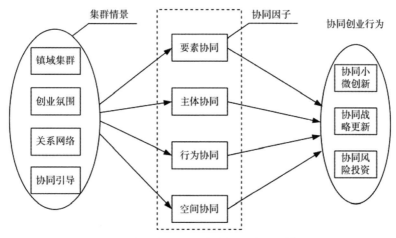

图 6-2　协同创业行为发生机理的话语模型

四、语度：话语效度检验

话语效度检验旨在验证模型的饱和度，即根据新的话语证据，并不能产生新的观点时，话语效度检验就停止了。根据预留的 200 条话语进行效度检验。首先检验是否还有新的范畴，如对于语句"小企业生活在关系中，家族企业的裙带关系较多，如何避免这些裙带关系的弊端，将他们凝聚在一起，非常考验小微企业主的大智慧。"初始概念为企业升级、产业转型，对应的初始范畴为集群升级，并不属于新鲜范畴。

其次，检验是否产生新的关系路径。例如，对于语句"佛堂镇商会的历史比较悠久，也发挥了很好的作用。协会吸收成员的意见，集中处理，共同把小商品的原材料运用引向高等级的环保层次，产生潜移默化的影响。"对应的关系路径为"协同引导（环保层次原材料，潜移默化）→协同治理（吸收）"，也不属于新鲜的关系路径。

综合以上两点，可以判定模型的话语效度检验通过，模型满足饱和性。得出结论：可以停止话语采样，提炼的小微企业协同创业行为模型是有效的。

第四节　协同创业行为模型的语义阐释

第三节的研究表明，模型共涉及两类关系路径，一类是集群情景→协同因子；另一类是协同因子→协同创业行为。其中，驱动因子包括要素协同、主体协同、行为协同和空间协同四个,本节针对以上两类关系路径语义阐释如下。

一、集群情景→协同因子

集群情景包括镇域集群、关系网络、创业氛围和协同引导 4 个子范畴,协同因子包括要素协同、主体协同、行为协同和空间协同 4 个子范畴。由此,集群情景→协同因子共形成 16 个关系路径,分别是镇域集群→要素协同、镇域集群→主体协同、镇域集群→行为协同、镇域集群→空间协同;关系网络→要素协同、关系网络→主体协同、关系网络→行为协同、关系网络→空间协同;创业氛围→要素协同、创业氛围→主体协同、创业氛围→行为协同、创业氛围→空间协同;协同引导→要素协同、协同引导→主体协同、协同引导→行为协同、协同引导→空间协同。

在话语池中,共有 173 个条目反映集群情景→协同因子,其中,排在前 3 位的关系路径分别是:关系网络→行为协同、创业氛围→主体协同、协同引导→行为协同,以上 3 条关系路径的条目数分别是 28 条、26 条、23 条,合计占条目总数为 44.51%。

1. 关系路径 1:关系网络→行为协同

关系网络影响行为协同,通过定性访谈程序,收集的关键证据示例:正泰是柳市低压电器的行业标杆企业,小微企业通过供应链帮扶提升、产销战略联盟、小额贷款提供等手段与正泰形成了和谐的关系网络生态系统;小微企业管理者可以去正泰集团进行参与式体验,学习产品开发流程和行业创新理念,提升自己的管理能力(关系网络/骨干企业→行为协同/创业学习,2-33)。

关系网络影响行为协同的特征表现为:①集群挤压、网络驱动、创业学习和协同治理是 4 种典型的协同行为,关系网络对以上 4 种协同行为有差异性影响。②集群挤压等 4 种协同行为之间存在演化、竞争、合作、反馈、适应等长期合作博弈属性(Welter and Smallbone,2011)。③实践中存在较多证据支撑关系网络对行为协同的影响效应,诸如横店影视集群镇企合谋促进创业学习、佛堂小商品集群商会助推产业转型升级等,话语证据"佛堂商会历史悠久,对于促进小商品上档次,打破价格竞争方面,积累了较多的协同治理经验(1-95)"。

2. 关系路径2：创业氛围→主体协同

小微企业与骨干企业、客户、大学等主体之间形成复杂多元的集群创业网络，弥漫在集群内的创业氛围对于主体协同有促进作用，如图6-3所示。在创业氛围→主体协同的促发效应下，海量的小微企业如雨后春笋般持续涌现。

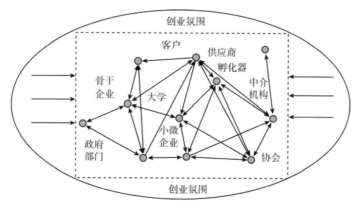

图6-3 创业氛围→主体协同

创业氛围→主体协同的影响机理表现为：①创业信息的共享机制、容忍失败的区域氛围、勇于探索的创新文化等创业氛围形成了利于主体之间协同的适宜环境。②在狭小的空间内，存在大量的小微企业、骨干企业、客户、大学等组织，满足机构稠密性，形成了利于主体之间协同的充裕机构数量。③实践中存在较多证据支撑创业氛围对主体协同的影响效应，话语证据为"正泰、德力西是柳市的低压电器领头羊，围绕这些龙头企业的小微企业成千上万，与骨干企业的协同创业，形成了草根创业的柳市模式（2-86）。""佛堂小商品集群在历史上就有经商传统，崇商氛围较为浓厚，比较强调草根创业之间的团队协同，俗称抱团取暖（1-02）。"

3. 关系路径3：协同引导→行为协同

协同引导影响行为协同主要表现在：①协同政策影响行为协同。集群主管部门出台利于小微企业创业的各项政策，包括融资便利、人才培训、研发信息、平台孵化等，通过协同政策的累加效应，放大行为协同。②创新基地影响行为协同。调研的案例集群，都设置了规模不等的创新基地和创新平台，通过分享机制，助推小微企业的协同创业。③研发合作影响行为协同。研发合作需要大企业和行业主管部门的引导作用，使小微企业认识到大家同在一条船上，单纯的模仿、低价、山寨最终损害的是整个行业的利益，造成劣币驱逐良币的最坏结果。

在义乌佛堂收集的关键证据为，义乌小微企业发展的一个基本经验就是地方政府的善治有为，敢闯敢试，敢为天下先，利用国家商贸区的政策优势，勇于探索，出台各项协同政策，激发大众创业（协同引导/协同政策→行为协同/大众创业，1-40）。小微企业虽然很渺小，但通过合理的组织，利用政府提供的创新基地，抱团取暖，协同作战，最终同样可以取得大的集群效应（协同引导/创新基地→行为协同/协同作战，1-71）。

二、协同因子→协同创业行为

协同因子包括要素协同、主体协同、行为协同和空间协同4个子范畴，协同创业行为包括协同小微创新、协同战略更新和协同风险投资3个子范畴。由此，协同因子→协同创业行为共形成12个关系路径，分别是要素协同→协同小微创新、要素协同→协同战略更新、要素协同→协同风险投资；主体协同→协同小微创新、主体协同→协同战略更新、主体协同→协同风险投资；行为协同→协同小微创新、行为协同→协同战略更新、行为协同→协同风险投资；空间协同→协同小微创新、空间协同→协同战略更新、空间协同→协同风险投资。

在话语池中，共有132个条目反映协同因子→协同创业行为，其中，排在前3位的关系路径分别是：主体协同→协同小微创新、行为协同→协同小微创新、行为协同→协同战略更新，以上3条关系路径的条目数分别是20条、18条、17条，合计占条目数比例为41.67%。

1. 关系路径1：主体协同→协同小微创新

主体协同影响协同小微创新，通过定性访谈程序，收集的关键证据示例：浙江是民营金融发展的一片沃土，泰隆银行是一家民营小银行，因为小额贷款服务的成功典范，被誉为中国版的穷人银行；泰隆银行在佛堂成立了小微企业专营支行，通过与佛堂海量小微企业的零距离接触，提供小微企业协同小微创新的小额贷款资金（主体协同/浙江民营银行→协同小微创新，1-73）。

主体协同影响协同小微创新的机理表现为：①小微企业、骨干企业、小微企业孵化器、民间金融机构等主体的协同效应放大了小微企业的创新空间和创新可能性。②多主体之间的协同提供了小微企业协同小微创新的知识来源和创新学习案例库，降低了小微企业的创新失败率。③实践中存在较多证据支撑主体协同对协同小微创新的影响效应,诸如佛堂小商品集群政府有形之手与市场无形之手的主体协同;柳市电器集群中,小微企业与骨干企业的主体协同等。典型话语证据为"围绕在正泰等行业骨干企业的周围,我们尝试做一些小的改进,形成繁荣的小微创新生态系统(2-22)。"

2. 关系路径2:行为协同→协同小微创新

行为协同→协同小微创新的关系路径可以进一步细分为集群挤压→协同小微创新、网络驱动→协同小微创新、创业学习→协同小微创新、协同治理→协同小微创新4个具体路径,如图6-4所示。对以上4个具体路径说明如下:①集群内聚集了稠密数量的小微企业,先创新的企业具备先动优势,对于小微企业形成挤压效应,逐渐形成协同小微创新的区域氛围。②基于网络视角,集群是一个复杂的协同创新网络,创新要素的便利溢出和共享机制,对于小微企业的协同小微创新具备驱动效应。③集群内大量的高成长性小微企业的标杆创新事件提供了小微企业创业学习的绝佳素材,可以指导具体的创新实践。④行业协会、政府部门、骨干企业等机构主导的协同治理为协同小微创新培育了适宜的创新环境,避免陷入劣币驱逐良币的创新困境。

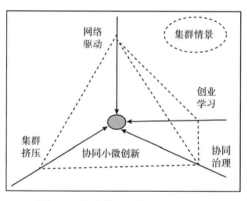

图6-4　行为协同→协同小微创新

3. 关系路径3:行为协同→协同战略更新

5家案例集群的调研表明,协同战略更新与协同小微创新一样,业已得到众多小微企业的普遍重视,尤其在高成长性小微企业中表现较为突出。大量高成长性小微企业已经逐渐摆脱山寨,开始进行蓬勃的小微创新实践,即由山寨模式战略向创新驱动战略转变。典型话语证据为"童装的环保性要求越来越高，价格的权重开始变弱，但小企业的技术力量有限，必须与大企业联合研发，才能摒弃山寨模式，拼创意、拼材料（5-40）。"与此形成对比的是，协同风险投资的发生频率不高，这与小微企业资源少、规模小、创业经验有限等特质完全匹配。

　　行为协同影响协同战略更新的机理为：①通过行为协同，小微企业可以获得战略更新的模式和知识，是协同战略更新的发生前提和知识支撑。②集群挤压、网络驱动、创业学习和协同治理构成了影响协同战略更新的4个关键环节，相互交织、相互影响，形成复杂嵌套的行为协同系统。③行为协同具备演化性，伴随协同战略更新的不同阶段，不同的协同行为起着差异性作用。④协同战略更新是协同创业的结果环节，与协同小微创新和协同风险投资一样，表征着小微企业的协同创业行为绩效。

　　综合上述话语证据，得到表6-4所示的评价结果，可以直观地反映上述5个案例对变量的支持程度。

表6-4　多案例比较情况

变量情况		案例对象				
		佛堂	柳市	分水	横店	织里
语素	集群情景	☆☆	☆☆	☆☆	☆☆	☆☆
	协同因子	☆☆☆	☆☆	☆☆	☆☆	☆☆
	协同创业	☆☆☆	☆☆☆	☆☆	☆☆☆	☆☆
路径	集群情景→协同因子	☆☆☆	☆☆☆	☆☆	☆☆☆	☆☆
	协同因子→进化创业	☆☆☆	☆☆☆	☆☆	☆☆	☆☆
整体研究		☆☆☆	☆☆☆	☆☆	☆☆☆	☆☆

注：星形符号表示案例对相应变量的支持程度，☆一般支持，☆☆比较支持，☆☆☆非常支持

第五节　结语与讨论

一、基本结论

　　研究的基本结论简述如下：第一，提炼得到集群情景下小微企业协同创业行为的驱动机理模型，遵循故事线为集群情景→协同因子→协同创业行为。第二，进一步精炼了集群情景、协同因子和协同创业行为三类主范畴的子范畴，具体说来，集群情景=（镇域集群、创业氛围、关系网络、协同引导）；协同因子=（要素协同、主体协同、行为协同、空间协同）；

协同创业行为=（协同小微创新、协同战略更新、协同风险投资）。第三，对于集群情景→协同因子以及协同因子→协同创业行为两类路径，选择比重最大的 6 个关系路径进行了具体的语义阐释。

二、理论贡献

本书的主要理论贡献在于运用规范的话语分析技术，提炼得到集群情景下小微企业协同创业行为的驱动机理，该模型不仅给出集群情景→协同因子→协同创业行为的完整故事线，而且给出了创业氛围→主体协同、行为协同→协同小微创新等具体的关系路径。该模型提供了一些创新性观点，例如，协同因子包括要素协同、行为协同等 4 类具体因子；针对每一类协同因子，进一步识别了若干子范畴，集群挤压、网络驱动等都带有鲜明的小微企业特质。

三、实践价值

本书对于集群情景下小微企业协同创业方面的实践价值主要有四：一是启示小微企业要具备要素协同理念，尤其关注从植根的集群网络中获取数据资源、创新信息、管理流程等，基于创业学习树立竞争优势；二是启示小微企业要具备主体协同理念，摒弃孤立的原子化创业模式，与骨干企业、政府部门、小微企业孵化器等机构联合起来，培育协同创业生态系统；三是小微企业要具备行为协同理念，基于开放式创业理论，重点关注集群挤压、网络驱动、创业学习和协同治理 4 种典型的创业行为；四是小微企业要具备空间协同理念，将小微企业的协同创业行为搁置于更大的集群和区域空间背景下探索，关注小微企业、产业集群、中心镇、小城市、城乡一体化等多个空间单元的协同推进机理。

四、未来展望

展望下一步研究，未来可以在三个方面继续拓展：其一，协同创业行为的复杂性需要融合多种数据类型，未来可以集成横截面数据、时间序列数据和面板数据进行实证研究。其二，多案例研究和单案例研究各有优劣势，下一步可以跟踪单个案例进行深入研究，以获得更有纯度和厚度的创业研究命题。例如，针对小微企业与互联网金融的协同融资、小微企业与行业标杆企业的协同研发等，进而提炼更有新鲜感的研究议题。其三，对于关系路径的强弱分类需要结合话语证据进行实证判断，在技术上，可以开发稳定的量表进行结构方程建模研究。

第七章　集群情景下小微企业的网络创业行为

　　基于长江三角洲、珠江三角洲等区域小微企业的调研实践,发现网络创业行为业已成为集群情景下小微企业创业行为的一种重要类型。所谓网络创业行为,通俗而言,是指小微企业的创业行为,嵌入到外部创业网络中,克服小微企业创业资源有限的困难,进而放大小微企业的创业空间。滞后于网络创业行为在实践层面的蓬勃开展,学术层面对于网络创业行为的内涵、构成与测量等关键问题还处于探索性阶段。较多的研究视角集中于网络能力视角,即将网络创业行为视为企业的一种网络能力,类似的构念还包括关系能力、协同能力、合作能力、联盟能力等。

　　本章基于 Worthington 和 Whittaker(2006)的量表开发范式,力图建立一个可靠、有效的企业网络创业行为测量工具,以期对后续理论研究和企业管理实践有所裨益。通过现有研究梳理,利用访谈和预备性研究初步确定了企业网络创业行为的测项;通过量表的构建、精炼与检验,最终形成一个包括网络感知、网络发起、网络控制、网络重构、网络学习的五维度结构;对另外 126 份调查问卷的数据处理,确认了上述结构的增值效度和法则效度。

第一节　网络创业行为的内涵与构成要素

　　网络创业行为是一个较为新鲜的学术概念,可以视为一系列引导资源配置的营运惯例或一个完整的营运过程。经过多年的论争,许多学者认为,网络创业行为表征了企业中存在的共同性(commonality)能力,是适应复杂震荡环境的有效路径。该概念主要聚焦于一种架构能力(architectural capabilities),抑或组合能力(combinative capabilities),并通过这样的能力集提升在竞争性市场上的价值。网络创业行为是一项新兴的、有价值的资源整合技术,为最近几年的创业研究注入了许多新鲜的元素,如制度同构、共演机制、知识驱动、边界涌现等。

国外关于企业网络创业行为的实证研究开展于 20 世纪 80 年代,主要展现核心技术演化的轨迹(Hakansson,1987),国内建基于中国企业情景的网络创业行为测量还处于探索性阶段。在对网络创业行为进行测量之前,首先需要明晰网络创业行为的内涵与构成要素,本节主要针对这两个问题展开文献梳理。

一、网络创业行为的内涵

对网络创业行为的关注溯自瑞典教授 Hakansson(1987)发表的经典著作《产业技术发展:一个网络方法》,他将网络分析范式拓展到企业层面,开创性地提出网络能力的概念,即企业优化其网络位置和处理节点关系的能力。由定义推演,网络能力的构建本质上就是一种网络创业行为。德国基尔大学的 Walter 等(2006)更进一步地区分了 network capabilities 和 network competence 两种网络能力,认为 network capabilities 更一般化、抽象化,是与外部伙伴构建、维持并利用关系的能力,涉及企业的流程、管理和模式;而 network competence 更具体一些,是企业在具体的供应链、客户、R & D 关系活动中,开发的映射企业异质性的竞争能力,涉及具体的行为、技能和知识。

根据网络能力的研究成果,可以获得网络创业行为的一些关注要素。第一,网络创业行为响应环境扰动而变化,具有专属性。第二,本质而言,网络创业行为是指企业整合、建立和再构造位置和关系以获取并保持竞争优势的动态能力。第三,网络创业行为的内核是企业高效管理网络关系的能力集(Moller and Halinen,1999)。第四,网络创业行为是一种根植于特定关系网络的内生性优势,因复杂性和难以观测性呈现不连续分布状态。第五,企业的所有价值性活动均嵌入、浮现于关系网络中(Hsueh et al.,2010),具有高度的情景依赖性。第六,突破静态和断面分析的局限,只有体悟网络关系的逻辑演变,才有可能洞悉网络创业行为演化的方向和路径。

秉承上述网络创业行为的概念基础,多位学者更具体地列举了多个有关网络创业行为发生情景的个案,如大众汽车的模块化创新体系、IBM 的界面渗透机制、微软的单边驱动程序,精致地描述了网络创业行为在诸多方面的应用(Sendil et al.,2008)。中国长江三角洲、珠江三角洲等经济发达区域众多的小微企业成长也提供了丰富的案例,如浙江义乌的饰品小微企业,新光饰品企业从小微企业快速成长为行业领导者,相当一部分创业行为带有网络特质。

就国内研究而言,还鲜有学者针对网络创业行为展开研究,但较多地关注了网络能力这一概念。网络能力概念从侧面反映了网络创业行为的一些关注要点:其一,企业通过影响联盟网络结构及成员社会关系,使成员关系对网络具有依赖性和归属性的能力,包含结构嵌入能力和关系嵌入能力两部分(李伟等,2010)。其二,在网络导向驱动下,利用一定的关系技巧和合作技巧,进行一系列网络构建和网络管理活动的能力(朱秀梅等,2010)。其三,企业基于内部组织结构,通过识别外部机会,协调内外部关系,开发、维持与利用各层次网络关系以获取稀缺资源和引导网络升级的动态能力(马鸿佳等,2010)。

因此,学者们分别从联盟、战略、嵌入、结构、关系等角度对网络创业行为进行了界定与描述,对关系资源的关注取得了一致的认可,而各种定义的差异性影响了网络创业行为的构成维度认知。深入研究发现,企业的异质性竞争优势不仅来源于企业的自由资源组合,也来源于嵌入在二元或多元网络关系中难以复制的网络创业行为(Walter et al.,2006)。换言之,企业与其他节点密切合作衍生、演化的关系网络,可以对个人、团队、企业层面的交互式增量学习产生挤压和溢出效应(Rodan,2008;Pahor et al.,2008)。综合以上观点,可以从能力视角,确认网络创业行为的内涵:企业基于学习与响应进程,配置、维持、更新与应用各种网络关系以匹配变动环境,获取竞争优势的一种动态能力。

二、网络创业行为的构成要素

在对企业网络创业行为的内涵界定后,为了更加深入地认识企业网络创业行为,同时便于实证和操作化研究,许多学者对企业网络创业行为的构成要素进行了分类和衡量。早期,大部分学者主要致力于从企业层面、企业间层面、网络层面的演进视角研究企业网络创业行为的构成要素。其中,最具代表性的是 Moller 和 Halinen(1999)的研究,基于网络可管理性是测量网络创业行为的理论前提,他们从四个管理层面提出了如下构成要素:网络愿景(network visioning)、网络管理(net management)、关系组合(portfolio management)和关系管理(relationship management)。但 Moller 和 Halinen(1999)的研究只停留在理论分析层面,构成要素的有效性有待进一步规范的实证检验。

近年来,随着动态能力观的兴起,有相当一部分学者从能力的资质观或行为观两条技术路线分别研究了网络能力的构成要素。从逻辑上而言，网络能力的构成要素可以间接过渡至网络创业行为的构成要素。Ritter 等（2002）认为网络能力可以划分为任务执行（特定关系任务、交叉关系任务）和资格条件（专业资格、社会资格）两个维度。许多学者因为 Ritter 等（2002）的二元分析架构简约和明晰而对其情有独钟，引起了主流研究的极大兴趣，但是，资格条件和任务执行两个维度之间存在的因果关系链被认为是该量表的致命缺陷。Walter 等（2006）从合作活动（coordination activities）、关系技巧（relations skills）、伙伴知识（partner knowledge）和内部沟通（internal communication）四个方面描述了网络能力。Walter 等学者的这种解析思路得到了许多研究者的认可，此后又涌现出许多以此为基础重新部署、修正的构成维度。以网络能力为基础，基于关系租（relational rents）的视角，Ziggers 和 Henseler（2009）确认了三种供应网络创业行为：供应链网络结构、供应商数量精炼和长期合作导向，并指出一个孤立的企业，无论其资源和能力的禀赋，都不能捕获关系租。在 Walter（2006）四维度的基础上，McGrath 和 O'Toole（2010）增加了信任、承诺、多样性、互惠性、嵌入、适应、创新等维度，描述了中小企业的可实现的网络创业行为。

三、简短的评论

回顾已有文献，发现企业网络创业行为构成和测量很少有一致意见，许多学者都认同企业网络创业行为是一个多维度的构念。但在这些研究中，有些传承了社会学中关于个人关系的度量指标，并没有体现企业的关系特征（Floyd and Wooldridge，1999）。因为，社会学的基本分析单位是较为单一的个体，而企业远比个体要复杂、精细得多。其次，在内容上，过分强调资源与能力的共同性，使有关网络创业行为的实证研究因缺少清晰明确的分析框架，而显得分散和零乱。再次，关于网络创业行为的企业类型，对于大企业的关注多于中小企业，尤其对于小微企业网络创业行为的关注更为鲜见。而实践层面，小微企业网络创业行为的蓬勃涌现，有必要在学术层面针对小微企业网络创业行为展开聚焦研究。最后，由于各国企业所处的经济、文化、社会、技术等情景差异性较大，西方学者开发的企业网络创业行为测量指标并不具有普适性，信度和效度还需特定的情景验证。因此，基于中国企业的经验证据，进行网络创业行为的测量工具开发、精炼和检验具有较强的现实和理论意义。

第二节　本土情景下的维度开发与实证分析

一、访谈与维度开发

建基于相关学者的开放式访谈题目,本节设计了一份关于网络创业行为的访谈提纲,选取杭州 15 家软件小微企业进行半结构化访谈。为保证资料获取的真实性,设定访谈对象为企业中与外部组织有较多联结的中高层管理者,包括 8 位总经理、14 位副总经理及其他 21 位 R&D 经理等中层管理者,访谈过程历时一个半月,每次访谈控制在 2 个小时。对受访者首先进行网络创业行为学术语言的解释。其次,分为 4 个部分进行面对面访谈。①基于公司的总体经营情况描述对网络创业行为的理解:过去 5 年贵公司的市场发生了什么变化? 企业如何适应这些变化? 什么因素导致了贵公司具有核心竞争力? 等等。②形成企业联系:典型的关系是如何开始并发展的? 你们使用书面契约吗? 声誉、惯例在其中的作用是什么? 等等。③企业间互动:在关系中权力是如何取得的:可接近(access)/被推举(referrals)/时效性(timing)? 关系什么时候是最脆弱的? 你们怎样保护自己利益? 等等。④网络带来的结果:你们在每种关系中各得到什么好处? 不利的方面有哪些? 在异质性关系中,哪些信息是共享的? 哪些事件或条件会导致密切的企业间关系? 你们是否尝试达到一种特定的混合关系? 什么促进了持续性创新? 等等。

综合理论分析及访谈结果(表 7-1),我们重新划分了网络创业行为的构成维度,细分为 5 种:①网络感知:调查中发现,中国企业家非常强调通过各种途径扫描、寻找、搜索潜在伙伴的相关信息,尤其是对那些能够提供互补资源或独特资源的潜在合作者,如不少企业采取的脑力激荡、咨询或非正式的社交性会谈等感知途径。②网络发起:调查表明,多数企业家注重从战略角度思考网络的构建、运行和演化规律,他们认为企业的成长是内生性的,但企业的成长不完全依赖于企业内部的资源和能力,还依赖于关系网络或联盟伙伴的资源、交互行为等。③网络控制:如何有效地利用企业间的关系与互动,跨越知识边界实现网络创新性合作已经成为构建竞争优势的重要课题,多数企业家意识到实现、优化和协调二元或多元关系的网络控制是网络创业行为的重要一环。④网络重构:本质上讲,网络重构可定义为组织中以一种无形资源创造价值或捕获关系租的行为。中国企业家所强调的网络重构实际上是运用合作规范和冲突解决机制以保证合作活动完美进行的能力。⑤网络学习：中国企业家认为通过网络学习累积的信息和知识有益于企业获取持续竞争优势，这与 Bell（2005）的核心理念是一致的。例如，调查中发现有些企业允许和鼓励员工适度参与合作战略的制定工作等。

表 7-1　深度访谈结果

访谈结果关键点	维度提炼	重要性	项数
网络价值/33、战略识别/50、网络规划/18、网络愿景/58、嵌入环境/21 等	网络感知	重要	6
构建策略/31、关系吸引/43、演化趋势/15、员工责任/92、运作方式/19 等	网络发起	较重要	7
程序规范/84、关系维持/31、潜在冲突/26、解决方案/45、输出评价/43 等	网络控制	很重要	6
资源匹配/39、信任承诺/61、惯例调适/24、结构柔性/15、关系分布/57 等	网络重构	较重要	5
信息交流/53、流程改善/51、知识应用 37、学习渠道/29、解析整合/31 等	网络学习	重要	8

注："/"后面数字为提及次数，据此可提炼指标重要性

表 7-1 中，出现次数超过 50 次的学术概念包括战略识别、网络愿景、员工责任、程序规范、信任承诺、关系分布、信息交流和流程改善等。接下来运用非介入性研究内容分析法对访谈资料进行编码分析，对部分用词加以修改，采用文本挖掘（text mining）软件精炼出 32 个有效语句。为了检验测量语句的表面效度（face validity），把 32 个有效语句与 5 个维度混合排列，邀请 5 位管理专业博士生和 2 位行业专家进行语句归类。结果显示：17 个项目的归类一致性为 100%，6 个项目的归类一致性为 71.43%，4 个项目的归类一致性为 57.14%，5 个项目的归类一致性<50%。删除归类一致性<50%的 5 个项目，形成 27 个条目，问卷设计采用 7 点标度，其中 1 表示完全不同意，7 表示完全同意。

综上所述，本部分形成了表征网络创业行为的 5 个维度，分别是网络感知、网络发起、网络控制、网络重构和网络学习。同时，形成了针对这 5 个维度的 27 个测量条目。据此，可以设计调查问卷，收集大样本数据进行因子结构分析，以进一步检验量表的有效性。

二、样本选取与数据收集

本书的核心范畴是企业网络创业行为，因此研究对象最好具有宽裕的联结关系和企业间合作特征。由此，我们选择高新技术领域的小微企业作为调研对象，主要基于三点理由：第一，高新技术行业技术基础复杂并具有加速动态演化的趋势，专业知识不均匀地分布于各个渠道，各企业比以

往任何时候都加强了彼此之间的合作。第二，随着环境复杂性和不确定性的增加，企业价值链较难全部纳入到企业内部完成，嵌入合作网络以获取知识的行为在高技术行业表现尤为明显。第三，聚焦于高新技术小微企业，可以避免大型企业、传统行业等控制因素差异对研究效度的影响。

经过几年的大力发展，浙江高新技术行业日趋完善成熟，在移动互联网、电子商务、集成电路等多个领域位居全国前列。目前，浙江全省拥有20多个国家级高新区、国家级高技术产业基地和省级高新园区，这些"平滑空间上的黏滞点"积聚了大量的小微企业，其中仅杭州高新区就接近 1万家小微企业。考虑到资料收集的便利性与研究对象的影响力，本书以浙江经济发达区域的小微企业为调查对象。

数据收集采取问卷调查的方式进行，问卷发放过程得到高新区管委会的大力支持。共发放问卷 568 份，回收问卷 327 份，问卷回收率为 57.57%；其中有效问卷 253 份，有效问卷回收率为 44.5%，样本基本情况如表 7-2。表 7-2 的数据表明，成立时间以新创小微企业为主体，其中 5 年以下的占比 67.20%；企业员工人数 100 人以下的小微企业占比 74.31%；产业集中于软件半导体、生物医药、电子信息、光机电一体化和高新技术服务业等领域；地域范围上来自于浙江杭州、宁波、绍兴、金华等经济发达区域。样本企业类型典型、多元，满足集群情景下小微企业网络创业行为的研究需要。

表 7-2 样本数据的描述性统计

特征		样本量/家	比例 / %	特征		样本量/家	比例 / %
成立时间	3 年以下	41	16.21	产业	软件半导体	36	14.23
	3～5 年	129	50.99		生物医药	47	18.58
	5 年以上	83	32.80		电子信息	53	20.95
企业规模	21 人以下	32	12.65		光机电一体化	57	22.53
	21～50 人	70	27.67		高技术服务业	42	16.60
	51～100 人	86	33.99		其他	18	07.11
	100 人以上	65	25.69	区域	杭州	75	29.64
销售收入	11 万元以下	35	13.83		宁波	49	19.37
	11～50 万元	46	18.18		绍兴	27	10.67
	51～100 万元	74	29.25		金华	69	27.27
	100 万元以上	98	38.74		温州	33	13.04

三、因子结构分析结果

将 253 份有效问卷随机分为 2 组，G1 为探索性样本（130 份），G2

为验证性样本（123 份），数据处理软件为 SPSS16.0 和 Amos7.0。对 G1
样本，首先进行内部一致性检验。计算得到 α 系数=0.751，且发现几个问
题项的项总系数<0.5，因此需要使用模型生成方法（model generating）
精炼问题项，最终保留 15 个测项，每个维度 3 个。精炼后的测项：①网
络感知，NP01 辨识网络价值和核心网络、NP03 敏锐识别战略合作机会、
NP04 塑造网络目标与愿景；②网络发起，NI07 利用不同策略建构关系、
NI09 构建有吸引力的关系网络、NI11 网络发起员工责任清晰；③网络控
制，NC15 具备搜集合作伙伴信息的规范程序、NC18 提供解决合作困境
的建设性解决方案、NC19 信息系统评价关系实际与期望差异；④网络重
构，NR21 自身战略与网络资源的匹配，NR23 与合作者相互信任、满意、
承诺，NR24 对不同合作关系分配资源；⑤网络学习，NL26 与网络成员
经常交流流程信息、NL29 学习讨论其他公司的成功经验、NL30 应用知
识学习改善合作流程。

运算结果显示样本的 KMO 值为 0.913，Bartlett 球形检验的显著水平
为 0.000，表明参与因子结构的样本数是宽裕的，数据相关性较强。每个
项目的载荷和误差数据见表 7-3，项目载荷主要分布在 0.2~0.9，误差主
要分布在 0.2~0.5，总方差解释量为 72.21%，说明企业网络创业行为的测
量属性较好。

表 7-3 测量项目的载荷和误差

问题	网络感知		网络发起		网络控制		网络重构		网络学习	
	载荷	误差	载荷	误差	载荷	误差	载荷	误差	载荷	误差
1	0.72	0.23	0.84	0.32	0.80	0.49	0.79	0.36	0.75	0.51
2	0.81	0.31	0.79	0.41	0.85	0.28	0.78	0.33	0.62	0.42
3	0.83	0.19	0.77	0.29	0.86	0.37	0.83	0.28	0.81	0.18
特征值	1.823		2.156		2.854		3.247		2.308	
解释方差/%	14.864		13.481		13.913		15.036		14.921	
α 信度系数	0.7547		0.8126		0.8327		0.8509		0.7971	

所有研究变量的描述性统计和相关矩阵如表 7-4 所示，结果表明：各
因子间的相关系数为 0.215~0.527，属于中低度相关，没有产生构思重合，
初步表明各因子测量的是同一个潜变量，因子间异质性显著。各维度 AVE
值为 0.698~0.834，超出了 0.5 的建议标准。矩阵对角线 AVE 的平方根值
分别是 0.850、0.895、0.913、0.885 和 0.835，都大于所在列的相关系数，
表明模型各维度有较好的收敛效度和区分效度。

表 7-4　维度相关矩阵及效度检验

维度	N	Mean	SD	NP	NI	NC	NR	NL	AVE
网络感知（NP）	130	4.98	0.84	(0.850)					0.726
网络发起（NI）	130	4.35	0.69	0.215	(0.895)				0.801
网络控制（NC）	130	3.91	0.71	0.351	0.527	(0.913)			0.834
网络重构（NR）	130	5.12	0.76	0.392	0.501	0.309	(0.885)		0.783
网络学习（NL）	130	5.36	0.73	0.480	0.487	0.296	0.413	(0.835)	0.698

四、验证性因子分析

探索性因子分析执行完毕后，接下来要进行验证性因子分析，以进一步检验量表的效度。在软件支持上，可以运用结构方程模型软件 Amos 中的 CFA 程序进行，检验目的是验证因子与其测量题项之间的关系是否符合研究者所设计的理论关系。采用验证性因子分析（CFA）比较备选模型，旨在检验五因子结构基本模型的整体构思。根据潜在变量和观测变量的关系构建路径模型，并根据软件输出指标进行模型拟合度检验。

我们构建了 5 个备选模型：单因子模型，所有测量项目负载到同一个因子；双因子模型，基于 Ritter 和 Gemunden（2003）的任务执行和资格条件模型假设；三因子模型，基于 Kelly（2009）等学者构建的成员、惯例和关系视角；四因子模型，基于 Walter 等（2006）学者提出的合作、技巧、伙伴和沟通模型和高阶模型，对基本模型的高阶探索，目的在于考察 5 个因子是否可以用网络创业行为共同因子解释。对 G1 样本验证基本模型，对 G2 样本验证备选模型，运算结果见表 7-5。表 7-5 显示：绝对拟合指标中，备选模型的 χ^2/df 均超过了 2.0，其他指标也基本超出临界值；相对拟合指标中，单因子、双因子、三因子和高阶模型拟合效果不理想。

表 7-5　观测数据与理论模型拟合分析

模型	绝对拟合指标					相对拟合指标				
	χ^2/df	RMR	GFI	AGFI	PGFI	NFI	RFI	IFI	TLI	CFI
单因子	6.87	0.15	0.81	0.63	0.56	0.61	0.63	0.77	0.70	0.65
双因子	7.56	0.15	0.76	0.71	0.50	0.64	0.60	0.64	0.69	0.67
三因子	7.42	0.16	0.75	0.64	0.54	0.74	0.71	0.67	0.76	0.63
四因子	2.31	0.09	0.89	0.86	0.53	0.79	0.88	0.89	0.90	0.87
高阶模型	3.21	0.14	0.87	0.56	0.52	0.67	0.75	0.84	0.84	0.61
基本模型	1.96	0.09	0.91	0.87	0.59	0.88	0.92	0.94	0.91	0.88
评价标准	<2	<0.1	>0.9	>0.9	>0.5	>0.9	>0.9	>0.9	>0.9	>0.9

　　对基本模型进行信度分析,计算结果见表 7-6,量表的项总系数>0.5,且量表总体 α 系数＝0.816,超过 0.7 的建议标准,说明构建量表的信度满足要求。

　　表 7-6 的结果表明,网络创业行为的测量可以从网络感知、网络发起、网络控制、网络重构和网络学习五个维度展开,具体说来:①网络感知是网络创业行为的起始环节,需要企业对网络伙伴发现、识别与评价,找到最佳的网络合作节点,如行业领先企业、符合质量标准的供应链伙伴、小微企业专业孵化器等。②网络发起是企业的一种主动性适应行为,基于评价结果,发起设立网络合作联盟,构建初始形态的网络创业生态系统。显然,网络发起具备持续性、动态性、博弈性、协同性等多个网络属性。③网络控制:当网络规模扩大到一定程度时,企业要进行网络控制,设计网络治理规则,确定合理的网络扩张边界。④网络重构反映了一种动态适应的网络观,对于不合格的网络合作伙伴进行剔除,同时吸引新的网络伙伴加入进来,重构网络生态系统,进而保持网络创业行为的活力与竞争性。⑤网络学习:学习的渠道包括向竞争对手学习、向行业协会学习、向行业标杆企业学习、向供应商学习、向客户学习,并注意采取数据思维,及时更新数据库和知识库。

表 7-6　企业网络创业行为的量表信度分析

测量项目	item to total 系数	α/删除该项 α	测量项目	item to total 系数	α/删除该项 α
网络感知		0.755	网络重构		0.851
NP01	0.752	0.715	NR18	0.781	0.842
NP03	0.764	0.740	NR19	0.734	0.833
NP04	0.801	0.752	NR21	0.680	0.816
网络发起		0.813	网络学习		0.797
NI06	0.698	0.801	NL23	0.811	0.781
NI07	0.685	0.799	NL25	0.706	0.774
NI10	0.712	0.768	NL26	0.784	0.769
网络控制		0.833			
NC13	0.790	0.813			
NC15	0.682	0.827			
NC16	0.706	0.794			

第三节　量表增值效度和法则效度的进一步检验

一、研究方法设计

　　理论总是与现实情景存在隔阂,测量工具的稳定性应用还需通过引入效标变量，进一步检验量表的增值效度（incremental validity）和法则效度（nomological validity），以反映认识与实在的一致性。合成 Austin 和 Villanova（1992）的观点，效标变量的选择一般要符合 3 个标准：①与被验证变量存在法则网络，具备建构真实性（constructed authenticity）；②变量有成熟稳定的测量量表，具备存在真实性（existential authenticity）；③反映企业嵌入网络情景的重要侧面，具备客观真实性（objective authenticity）。经过文献检索，我们选择网络位置、知识吸收和创新绩效作为效标变量，变量间的逻辑机理如下：网络位置对网络创业行为、知识吸收和创新绩效有积极影响；网络创业行为对于知识吸收和创新绩效有显著影响；知识吸收对于创新绩效有正向影响。

　　网络位置的测量包括两个维度：①网络居间性，企业对网络伙伴的潜在控制机制，共 4 个问题（Coles et al.，2003）；②可接近性（access），基于知识获取视角的企业对网络伙伴的依赖性，共 4 个问题（Hakansson，1987；Zaheer and Bell，2005）。网络位置的举例条目是：网络伙伴在建立联系时，很多经由贵公司为"桥梁"；与同行相比，贵公司关系网络中流动的信息资源更加丰富。网络创业行为的测量采用本章开发的 5 维度结构。知识吸收划分为知识获取、知识消化、知识转换和知识应用 4 个维度（Zahra and George，2002），包括 10 个问题，举例条目：企业为获取新知识经常与其他企业进行交流；企业能正确地为员工分配任务，使其具有的专业知识与从事的工作匹配。创新绩效的测量包括产品创新和流程创新两个维度（Bell，2005），共 6 个题项，举例条目：与同行相比，我们常常在行业内率先推出新产品/新服务；与同行相比，我们的工艺流程和生产设备更先进。

　　控制变量选择企业成立年限、企业阶段、企业战略与企业规模。企业阶段：1=初创期，2=成长期，3=成熟期，4=衰退期；根据防守、规避、进取、前瞻、分析和未来六种战略属性识别企业的 3 种战略类型：1=防守者，2=前瞻者，3=分析者。标度采取 7 点标度法，1=完全不同意，7=完全同意。对杭州余杭区高新技术小微企业采取调查问卷的方式收集数据，共发放问卷 253 份，回收问卷 168 份，有效问卷 126 份，有效问卷回收率为 49.80%，问卷调研时间：2013-03～2013-07。样本的描述性统计表明，企业年限最低为 2 年，最高为 12 年，平均为 7.35 年；行业主要集中于电子信息、生物与新医药等；按照员工人数衡量企业规模。

二、增值效度检验

增值效度是指特定变量对效标变量的解释力，剔除其他变量的解释后，特定变量是否还有增加的、差异性贡献；若有，则验证了增值效度的存在性。为了检验企业网络创业行为的量表增值效度，现构建两个回归方程。方程 1 把创新绩效作为因变量，网络位置、网络创业行为、知识吸收作为自变量，企业年限、企业阶段、企业战略、企业规模作为控制变量。方程 2 把知识吸收作为因变量，网络位置和网络创业行为作为自变量，企业年限、企业阶段、企业战略和企业规模作为控制变量。分析方法为分层回归（hierarchy regression），软件采用 SPSS16.0。表 7-7 给出了变量的均值、标准差和相关系数。

表 7-7　变量的均值、标准差和相关系数

变量	Mean	标准差	1	2	3	4	5	6	7	8
1.企业年限	12.35	4.389								
2.企业阶段	2.658	0.877	0.384							
3.企业战略	2.168	0.946	0.073	−0.013						
4.企业规模	3.316	0.889	0.461	0.517	−0.029					
5.网络位置	3.997	3.209	0.029	0.014	0.067	−0.073	(0.763)			
6.知识吸收	4.812	1.475	0.065	0.039	0.081	0.228	0.301	(0.811)		
7.网络创业	4.751	1.490	0.089	0.118	0.054	0.269	0.425	0.414	(0.867)	
8.创新绩效	5.016	1.681	0.074	0.237	0.042	0.312	0.268	0.357	0.298	(0.857)

网络位置等四个变量的内部一致性系数为 0.763～0.811，具有较好的测量信度，相关系数在 0.01 水平上显著。同时，表 7-8 也给出了量表的增值效度检验结果，计算步骤是首先将控制变量作为第一层变量导入回归方程；继之，将网络位置、知识吸收、网络创业行为作为第二层变量导入回归方程，并计算 ΔR^2 和 ΔF 的值，观察 R^2 是否有显著地提高。

表 7-8 显示，在控制了企业年限、企业阶段、企业规模、企业战略、网络位置、知识吸收变量后，网络创业行为对创新绩效作出了新的贡献，解释的变异量增加了 4.2%（$p < 0.01$）。在控制了企业年限、企业阶段、企业规模、企业战略、网络位置后，网络创业行为对创新绩效也作出了新的贡献，解释的变异量增加了 4.6%（$p < 0.001$）。其中，第一组回归分解为四步进行，其方差膨胀因子为 2.61，第二组回归分解为三步进行，其方差膨胀因子为 1.94，结合以上数据判定企业网络创业行为的量表增值效度可

以接受。

表 7-8　企业网络创业行为的量表增值效度结果

项目	创新绩效（β）				知识吸收（β）		
	第一步	第二步	第三步	第四步	第一步	第二步	第三步
控制变量							
企业年限	0.023	0.247***	0.180	0.412***	0.084	0.305	0.177*
企业阶段	0.030	0.216	0.199	0.348	0.091	0.274	0.293
企业规模	0.035**	0.194	0.261**	0.369	0.116**	0.295**	0.358*
企业战略	0.026**	0.307**	0.311**	0.290**	0.115**	0.208**	0.197**
R^2	0.26				0.25		
F	23.87***				18.92**		
网络位置		0.251**	0.032*	0.069**		0.367***	0.281
ΔR^2		0.056				0.092	
ΔF		15.90**				32.68***	
知识吸收			0.268**	0.297***			
ΔR^2			0.172				
ΔF			44.92**				
网络创业				0.325**			0.361**
ΔR^2				0.042			0.046
ΔF				21.39**			25.91***

***表示 $p<0.001$（双侧）**表示 $p<0.01$（双侧）；*$p<0.05$（双侧），$N=126$

三、法则效度检验

效果推理（effectuation）理论表明：量表的可接受性就在于在不同的情景网络中，量表并非是简化了的观察现象，而是与法则关系中的其他概念结合起来预测行为。经过情景分析（context analysis）和内容分析（content analysis），法则效度旨在检验量表以在理论上可以预测的方式，与不同但相关概念的测量值之间相互关联的程度。基于前面的理论分析，首先构建一个包含网络创业行为的法则网络，如图 7-1 所示。对于法则网络的验证采用巢模式法（nested-model approach）进行，在空模型（null model）M_0 与理论模型 M_t 之间设定 6 个巢模式，其中，理论模式依据图 7-1 的研究架构设定，空模式是指非观测变量的路径系数假定为 0 的模式，拟合度最差，据此计算巢模式的相对适合度指标（CFI）。具体计算结果见表 7-9。

结果显示，M_3 模式，即网络位置→创新绩效关系的适合度没有显著差异（$\Delta \chi^2=2.84$，Δ d.f. $=1$），这表示网络位置对于创新绩效没有显著的直接影响。经计算具体的路径系数 $\gamma_{14}=0.26$，$p=0.059$ 也未达到显著水平，因此，去掉这一路径修正模型，法则网络的拟合指数如下：χ^2=183.35，RMSEA=0.083，CFI=0.91，TLI=0.91，RMR=0.017。根据上述拟合指数可以判断接受该法则网络，最终结果为网络创业行为影响知识吸收的效应为0.452，网络创业行为影响创新绩效的效应为0.387，表明网络创业行为的量表开发具备较好的法则效度。

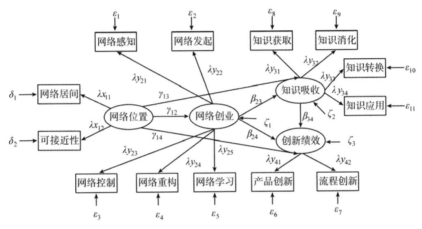

图 7-1　法则效度检验的结构方程模型

表 7-9　法则效度的检验结果

模式	χ^2	d.f.	$\Delta\chi^2$	GFI	CFI	RMSEA	RMR
M_t: 理论模式	125.77	59		0.94	0.95	0.07	0.02
M_1: γ_{12}=0	134.68	60	8.91**	0.92	0.94	0.08	0.02
M_2: γ_{13}=0	133.42	60	7.65**	0.89	0.95	0.07	0.18
M_3: γ_{14}=0	128.61	60	2.84	0.88	0.94	0.09	0.02
M_4: β_{23}=0	132.14	60	6.37***	0.89	0.93	0.08	0.02
M_5: β_{24}=0	137.04	60	11.27**	0.90	0.88	0.09	0.19
M_6: β_{34}=0	144.67	60	18.90**	0.91	0.92	0.09	0.02
M_0: 空模式	1138.60	78	1012.83***	0.18	0	0.29	0.31

***表示 $p<0.001$（双侧）**表示 $p<0.01$（双侧）；*$p<0.05$（双侧），N=126

第四节　结语与讨论

一、基本结论

权，然后知轻重；衡，然后知长短；物皆然。这表明了对于事物进行测量的重要性。基于对现有文献的系统梳理和部分样本企业的访谈、先导测试，本章开发了集群情景下小微企业网络创业行为的测量量表，包括网络感知、网络发起、网络控制、网络重构和网络学习 5 个维度。通过进一步的量表构建、精炼和检验，最终形成涵盖 15 个问题项的正式测量量表，本章的结论为集群情景下小微企业网络创业行为的研究提供了操作层面的理论支撑。另外，在研究方法上，区别于进化创业行为与协同创业行为的质性研究方法，本章选用了结构方程建模技术，是因为网络创业行为的研究文献中，对于网络能力的研究成果较多，对于网络创业行为的测量相对较为成熟。由此，采取结构方程建模技术的效果理应优于扎根理论等质性研究方法。

二、理论贡献

本章的理论贡献主要有以下三点：

首先，该测量工具的提出是对 Ritter 等（2004）提出的量表的细化、修正和补充，同时体现了中国高新技术情景下企业网络创业行为的新特点：一是本章将企业间关系的网络化既视为企业的一种内生性行为过程，如网络感知、网络学习维度，又视为植根于嵌入的企业间互动的结果，如网络发起、网络控制、网络重构维度，由此升华了网络创业行为多构成要素的相宜性认识。二是镶嵌理论认为企业的价值活动嵌入于社会网络中，网络的能力属性具有浓郁的本土特征。本章将西方较前沿的企业网络创业行为测量问题融入中国情景脉络，基于浙江的经验证据检验了西方的理论框架对我国高技术企业网络创业行为的适切性，有助于启发东西方异质性情景的比较研究。

其次，与 Ritter 和 Gemunden（2003）的研究结论类似，本章启用层次回归方法证明了企业网络创业行为对于创新绩效的促进作用，不仅导因于网络整体意义上的创新关联机制，同时又内嵌了企业个体适应性行为的创新互动。这也从一个侧面解释了一些饱受资源匮乏约束的初创型小微企业基于异质性的关系能力可以获得独特的创新优势。Spedale（2003）基于英国光纤产业 124 家企业的实证研究也提供了类似的实践佐证。

最后，本书的意外发现是网络位置对于企业创新绩效并无直接的显著影响，其中，企业网络创业行为是重要的传导变量。美国宾州州立大学的 Tsai（2001）以食品制造企业等为研究对象进行了类似的中介变量探索工作，认为组织学习发挥着重要的中介作用。本书基于中国高新技术情景拓展了这一观点，将影响路径显化为：网络位置→网络创业行为→创新绩效或者网络位置→网络创业行为→知识吸收→创新绩效。鉴于此，本章这一意外发现拓宽了网络创业行为的研究视角。

三、实践价值

本章的研究结果对企业实践和政府相关部门具有重要启示。对企业而言的操作性建议如下：①研究显示感知和发起是网络创业行为不容忽视的因素，启示企业应针对性地训练与强化如下环节：网络化视角进行战略思考和规划的能力，有效识别和评估网络中组织角色和地位的能力，优选拥有互补资产的潜在合作者的能力。②研究发现控制和重构是影响网络创业行为的重要链条，指引企业一方面应聚焦于网络资源与企业能力的探索式响应和匹配，另一方面重视以信任为支撑的合作关系，学会在对抗式、让步式或合作式冲突情景下企业行为的整合。③研究表明网络学习是提升网络创业行为的重要构架变量，因此企业应注重能支持学习的柔性结构调适，以有效地跨越知识边界障碍，捕获知识网络中的关系租等。④研究廓清知识吸收是网络创业行为与创新绩效的中介变量，由此建议企业不断扩增专属性知识资源，启用知识系统化效率技术，构建实践社群与知识互动等提升知识吸收能力。对政府相关部门而言，基于跨层面制度同构的视角延伸，我们的研究指出了企业网络创业行为跃迁的重要政策取向，即微观层面上的企业网络创业行为培育和提升与中观层面上的网络体系完善密不可分。政府按照软环境构建优先于硬环境的准则，特别重视在企业聚集区域对文化、知识、氛围、制度、人才等情景变量的提升。

四、未来展望

正如 Schwab（1980）所言，量表的细化完善是一个连续的动态进程，不同情景数据的有效性检验必定会导致构成要素的重新界定和测量工具的修正。在未来的研究中，以下三方面的研究值得进一步关注：①本章的研究数据来自于经济发达区域浙江的高新技术企业，因此结论的稳定性和普适性需持谨慎态度，尤其推广到传统行业有待进一步验证，未来研究可拓展样本情景的代表性与包容性。②本章收集的是某一时点的横截面数据，未能有效评估企业网络创业行为随时间演化的动态异质性，未来研究可采取纵向多案例的策略，有利于更为清晰地观察网络创业行为的发展机制及蕴涵的构成要素。③在增值效度和法则效度的检验中，未来的研究可以探讨企业网络创业行为与其他效标变量的关系，如惯例、结构洞、创新气氛、知识边界等，构建严密并自洽的法则网络，以便检验测量工具的有效性，无疑是一个具有广阔前景的方向。

第八章 集群情景下小微企业的迭代创业行为

起因于移动互联网行业的高速发展,迭代创业渐成创业领域备受关注的新兴话题之一,但对于迭代创业的一些关键议题,仍是一个未解"黑箱",如迭代创业如何发生?迭代创业的关键环节等。话语分析是复杂演化环境下,认知企业行为的一种有效方法。本章基于话语分析方法,以移动互联网领域的小微企业为案例样本,通过语素、语系、语度、语义、语景五个环节的话语分析,提炼得到一个反映集群情景下小微企业迭代创业行为的简洁话语模型。

模型的基本要点有二:其一,数据驱动、敏捷学习、知识挖掘和平台网络是驱动迭代创业行为的 4 个基本语素;其二,语素之间的关系路径包括数据驱动→敏捷学习、数据驱动→知识挖掘等 8 条关系路径。研究丰富了现有创业理论,对集群情景下小微企业的迭代创业实践具有指导价值。

第一节 迭代创业行为的研究背景

移动互联网行业小微企业蓬勃开展的创业实践描摹形成一幅幅迭代创业的最美画卷,日益挑战着企业界和学术界对于创业行为的固有认知。以阿里巴巴为例,该公司成立之初是一家典型的小微企业,但短短 10 余年间,就快速成长为世界级企业,创造了中国小微企业快速成长的创业神话。阿里巴巴的创业行为以迭代创业为主要特征,在创业实践中,不断推出支付宝等一系列创新性产品。其迭代创业行为的基本理念是:产品总是不完美的,完美是一种动态追求的过程,所以要迅速推出产品,去感应用户需求,以利于快速迭代、升级进化。在移动互联网领域,产品永远是Beta 版[①],可能每天推出一个版本,一天推出几次升级软件包,可以说,"快速迭代、随做随发"是移动互联网企业对产品的基本要求。

移动互联网企业的迭代创业模式与传统行业的固有创业模式表现迥异,基于传统创业思维,企业需要提前规划功能,推动硬件和软件设计,

---

① Beta 版,即产品测试版,具体指针对所有用户的公开测试版本。

并安排生产和分销流程，复杂的流程使得产品的推出周期非常漫长，对于汽车等复杂实体商品表现更甚。迭代创业行为不仅适用于小微企业，对于谷歌、联想等大企业同样适用。谷歌是一家重视快速响应、迭代创业甚于详细规划的大企业。谷歌升级 Android 一个版本仅需 3 个月，这种迭代创业模式已经融入互联网公司的血脉和灵魂，成为企业持续成长的优良基因。谷歌的迭代创业逻辑可以解读为"互联网产品快速更新，每时每刻都在变化，你无法精确规划产品，只能每天接收用户反馈并持续改进，进化速度越快，灵活度越高，你的产品就会越成功[①]。"

众多鲜活的创业实践生动说明，移动互联网企业的创业行为以迭代创业为主体，对于传统互联网产品（尤其是客户端产品），发布周期往往较长。原因有二：其一是更新客户端产品并不是特别方便；其二是用户对于产品的容忍度较高。但在移动互联网时代，情形近于相反，用户对产品的容忍度较低，而一款移动应用在推出的时候可能只是接近完成的状态，这就需要通过迭代创业来更新和完善产品。

较之迭代创业在移动互联网领域的生动实践图景，相关学术研究还较为缺乏，尤其对于迭代创业行为何以能够发生的关键议题，实证研究更为匮乏。要解答这一关键议题，依赖于如下两个问题的解答：一是迭代创业行为的驱动因素"是什么"（what）的问题；二是这些驱动因素之间"怎么样"（how）发挥作用的问题，即关系路径问题。

方法层面，作为一种社会实践，管理活动与作为社会文本的话语之间自然具有密不可分的天然联系（吕源和彭长桂，2012）。实际上，话语分析不再把话语当做符号的总体来研究，而是把话语作为系统地形成这些话语所言及的对象的实践来研究（福柯，2007）。移动互联网企业海量的话语资料蕴含着丰富的迭代创业行为信息，深入挖掘这些原汁原味的丰富话语资料，必将获得迭代创业何以能够发生的原生态认知，进而有效指导企业的迭代创业实践。

第二节　迭代创业行为的关键问题认知

一、迭代创业行为的基本内涵

起因于移动互联网领域众多企业家的推广，迭代创业行为得到了广泛

---

① 语句来于二手数据整理，语篇《谷歌内幕：详解互联网巨头的做事逻辑》，苹果公司和 Palm 前高管迈克尔·梅斯。

关注。例如，小米公司董事长雷军将小米的成功归结于单点切入快速迭代打造移动互联产品。在以上场合，迭代创业基本作为一个自明的概念加以使用，对于迭代创业行为的内涵缺乏精确界定。

在给出迭代创业的定义之前，首先梳理与迭代创业行为紧密相关的一个概念，即敏捷迭代开发。敏捷迭代开发是迭代创业行为产生的一个重要概念基础。敏捷迭代开发（agile and iterative development）是指开发工作可以在需求被完整确定之前启动，并在一次迭代中完成系统的一部分功能，再通过客户的反馈来细化需求，开始新一轮的迭代。整个开发工作被组织为一系列较小时间周期的小项目，每个小项目称为一个迭代（Larman，2004；Liston et al.，2012）。敏捷迭代开发的优点是可以收集用户早期反馈、持续的测试和集成、提高复用性等。敏捷迭代开发是软件开发领域中一个很窄的概念，而迭代创业行为的应用领域要比敏捷迭代开发丰富得多，不仅运用于软件开发领域，也运用于硬件技术领域，还可运用于商业模式创业领域。

基于现有文献梳理，发现开放和渐进是迭代创业行为的两个基本要点。Chesbrough（2003a）提出，伴随企业间合作、知识共享和知识转移的频繁，创新范式由封闭创新日渐向开放创新转换。伴随创新范式的更迭，创业行为也变得日益开放起来。开放创业的基本理念是通过组织边界的突破，旨在利用组织内外互补的创业资源，在供应链的各个阶段与多种合作伙伴进行多角度动态合作的创业模式。显然，开放创业的理念使企业的创业视野跨越了组织边界，可以自如运用网络资源，加快创业速度，提升创业质量（Christensen et al.，2005；Chesbrough et al.，2006）。

渐进创业是指通过改良和拓展现有技术来提升主流市场产品性能的创业行为，它会使现有的市场规则、竞争态势得到维持和强化（Corso and Pellegrini，2007；Damanpour et al.，2009）。由定义推演，技术的渐进创业，可以达成商业模式的渐进创业，即渐进创业并不单指技术的渐进创业。与渐进创业对立的概念是颠覆创业，是指运用与以往完全不同的科学技术与经营模式，以创新的产品、生产方式及竞争形态对市场与产业作出翻天覆地的改造。

显然，迭代创业自然蕴含开放、渐进的概念元素，即迭代创业首先可以理解为开放创业和渐进创业的某种组合。其次，迭代创业的内涵要比开放、渐进丰富的多，它又增加了时间、速度、迭代等新质。由此，迭代创业可以理解为：基于主导创业平台，以产品、服务、流程、模式等局部改善、渐进寻优、持续迭代为手段，通过对创业网络节点（客户、行业标杆企业等)信息的快速响应和反馈,而进行的一种渐进性、开放型创业模式,涵盖技术创业和商业模式创业等内容。

该定义蕴含的四个要点主要是发生前提、创业手段、创业目标和创业类属,其中,发生前提是基于主导创业平台;创业手段有二,一是快速响应,二是渐进迭代;创业目标是持续改进产品/服务;创业类属是一种新型的开放创业模式。如果说主导创业平台是 P,那么迭代创业的一个符号表示就是 P→P+P1→P+P1+P2→P+P1+P2+P3→P+P1+P2+P3+…。其中,P1,P2,P3 都是基于主导创业平台 P 的小的改进,由 P 到 P+P1 称为一次迭代,由 P+P1 到 P+P1+P2 称为第二次迭代,依此类推,并且每次迭代都在短时间内快速完成。

更进一步,迭代创业可形象化为图 8-1。

图 8-1　迭代创业示意图

注:其中 P 是主导创业平台,P1、P2、P3 是基于主导创业平台的一次迭代

综上所述,可将提炼迭代创业概念的学术意义概括为两点:其一是迭代创业实践层面的蓬勃开展,急需学理层面对迭代创业行为进行提炼和升华;其二是已有的敏捷迭代开发、渐进、开放等学术概念只能描述迭代创业的一个侧面,并不能完全表征迭代创业的丰富内涵。

二、迭代创业行为的影响因素

单独阐述迭代创业行为影响因素的成果并不多见,但对于开放、渐进等相关概念影响因素的成果较为丰富。由于这些概念之间的较强交叉性,这些因素自然可以延伸至迭代创业行为的影响因素研究。在外部影响因素中,行业特质、创新氛围、合作网络等维度得到了普遍关注。已经验证的典型命题如下:①互联网和软件行业处于快速演进中,这种行业特质决定了你无法精确规划产品,只能每天接收用户反馈并持续改进,因此适合产品的迭代创业(Wallmuller and Kaminski,2013)。②基于硅谷等区域大量小微企业的调查研究,发现创业氛围对于创业行为有正相关作用(Saxenian,1996)。③合作网络扩大了单个企业的创业知识空间,因此,网络规模、关系品质等维度影响企业的迭代创业(Ritter and Gemunden,2004)。

在内部影响因素中,主要关注点有资源、能力、战略、惯例、知识、文化、结构、流程等,一些代表性观点有:企业拥有的异质性资源,如突破性技术自然是迭代创业的重要影响因素(Terziovski,2010);创业行为的复杂性使得企业的创业往往突破组织边界,此时,企业整合、建立和重构位置和关系的结网能力就很关键(Gruenberg-Bochard and Kreis-Hoyer,2009);采取进取型创业战略的企业更容易进行迭代创业;迭代创业需要敏捷开发流程和快速响应流程的匹配,要求组织结构尽可能的扁平和柔性(Christiansen et al.,2013)。

综上所述,现有相关文献的影响因素研究提供了迭代创业影响因素的理论基础,但需要在以下两方面进一步细化:其一,影响开放、渐进创业的因素过渡至迭代创业时,需要进一步提炼基于迭代创业特质的新鲜影响因素;其二,已有影响因素需要结合迭代创业特质进一步整合梳理,并探索影响因素之间的关系路径。

三、迭代创业行为的发生机理

由于迭代创业行为实质上是开放创业行为的一种新型模式,因此,开放创业理论可以对于迭代创业的发生机理给予部分解释。近年来,缘于实践领域,企业大量的基于创业网络的开放性创业行为,使得创业网络理论日益流行起来(West and Bogers,2014)。该理论认为,企业不是在孤立的原子状态下从事创业行为的,而是镶嵌于客户、供应商、竞争者等异质性知识节点编织成的复杂创业网络中(Cooke,2013)。创业网络的存在使得开放创业成为可能,且变得日益频繁,其机理在于创业网络扩大了企业创业的知识空间,当企业的创业网络规模拓展,并且网络关系稳定且高品质时,企业更容易开展开放性创业行为。由此可见,创业网络理论的分析逻辑与迭代创业的发生机理也是一致的。迭代创业的典型特质是高速度、高频率的渐进、持续性创业行为,这必然依赖于企业知识库的快速更新、整合及运用,而外部创业网络的存在也使得企业易于对客户、竞争者等信息快速反馈和响应,即创业网络理念使得企业创业知识库的快速更新、整合及应用成为可能(Giuliani,2013)。

但创业网络理论分析迭代创业的发生机理尚存两点不足:一是创业网络理论可以结构化梳理迭代创业的驱动因素,但迭代创业的发生机理还涉及驱动因素之间的关系路径问题,这一点,创业网络理论并不能给予有效解答,尤其是关系路径的强弱问题。二是创业网络的结构主义分析倾向缺乏对企业植入互动关系中的适应性行为的关注,例如,对于适应性行为客户知识挖掘的关键环节认知问题关注不足(Burt et al.,2013)。即现有研究中对迭代创业行为这一研究范畴尚停留在理论思辨层次,多是基于单个或少数案例的浅层白描性研究,以粗放性的经验认知归纳为主体,缺乏基于规范实证方法的精细化研究。要更好地弥补创业网络理论解释迭代创业行为发生机理的不足,必须依赖于对样本企业大量原汁原味话语体系的有效解读(Hardy and Maguire,2010),由此,引入话语分析方法,将有助于打开这一"黑箱"。

第三节　研究方法与数据来源

一、研究方法

话语分析研究成果最早出现于语言学领域(Harris,1952),后来,逐步扩散至社会学、教育学、心理学、经济学和管理学等研究领域,现已发展成为一种较为成熟的独立研究方法。针对 EBSCO、JSTOR、SAGE、WILEY-BLACKWELL 四个数据库进行文献检索,发现在国际主流管理类期刊上,以话语分析为研究方法的重要文献呈日益上升趋势,并渐成各自领域被引用较为频繁的文章。这些典型文献有些完全以话语分析方法展开,有些则以话语分析和案例方法融合展开。区别于传统语言分析方法,话语分析超越了以词语、词组、片段、语法等为主的语言规律的分析,而将关注重点拓展到语言在社会情景下的应用,即话语怎么样使用、怎么样构建话语的意义、怎么样通过话语互动以及怎么样通过话语反映社会实践等研究问题上。然而,国内学者采用话语分析方法的研究成果还非常缺乏,影响了在这一领域与国外学者的交流和对话。

本书选用话语分析方法的主要依据有二:其一,研究议题的探索性。迭代创业研究具有很强的探索性,还缺乏较为成熟的测量概念,适合话语分析方法的研究路径,并且这种方法的最大特质是植根大量原汁原味的真实话语体系中,基于研究者和研究对象(话语)的持续交流,探索性提炼企业管理原生态命题。其二,话语资料的充裕性。移动互联网开放、共享的行业理念使得基于互联网技术可以获得大量的话语资料,充裕的话语资料保证了话语分析的研究品质。

具体程序上,采用建构主义话语分析路线(Potter and Hepburn,2008),主体步骤包括 5 个阶段:①语素,即话语要素提炼。案例企业的话语资料形成语源,分析、整理、归纳提炼具体语句,语句集合作为话语池。根据语句的主体语词,提炼初始概念,研究初始概念之间的逻辑关系,诸如全同关系、交叉关系、种属关系、反对关系、矛盾关系和因果关系。由此,进一步组合初始概念，上升为初始范畴。初始范畴之间的聚类构成关键语素。②语系，即话语构件关联。根据范畴之间的影响关系，分析语素之间的关系路径，据此，形成话语模型。统计每一条关系路径的条目数，在话语模型上用实箭线和虚箭线分别表明强关系路径和弱关系路径。③语度，即话语效度检验。对于话语模型的稳定性根据判别准则作效度检验，方法是基于新的话语证据时，检验是否有新质出现，包括新的初始范畴和新的关系路径。④语义，即话语意义阐释。对于话语模型的关键语素结合案例企业的实践作进一步阐释，重点说明每一个语素的理论要点、关键事件和典型话语证据。⑤语景，即话语情景适用。列出话语模型的具体适用情景，例如，基于一种行业实践的话语模型，迁移至其他行业时，话语模型的稳定性是否还能保证，需要结合新的案例作进一步说明。

二、数据来源

移动通信和互联网是当今世界发展最快、市场潜力最大、前景最诱人的两大业务，移动通信和互联网两者的结合形成移动互联网这种新兴业态，包含终端、软件和应用三个领域。在移动互联网领域，有大量的小微企业创业行为发生。基于移动互联网企业的行业特性，开放、自由、分享的行业思维使得迭代创业的大量文本资料可以在网络便利检索，由此，本书的主体文本资料来自于百度搜索引擎的二手数据检索。语句经过三个原则进行筛选：其一，时间维度。为保证信息的时效性，选择近三年的网页信息资料（2012～2014年）。其二，文本相关。网页文本资料聚焦迭代创业的发生机理，删除只含有迭代创业概念的低价值文本。其三，三角验证。为保证网络信息的真实性，每一网页文本资料至少有2个来源渠道的交叉验证。此外，还通过移动互联网从业人员访谈、相关学术期刊、相关专业书籍3个途径对文本资料中的技术疑点进行了理论验证，进一步删除文本中的夸大、虚假信息。由此，形成针对案例企业的话语池，共包括完整语句1200条。

三、分析技术

分析技术主要包括编码分析和网络分析。在话语要素提炼部分，采用编码分析的方法对语句分解、概念化和范畴化。例如，语句"让小部分用户先试用新产品，通过用户反馈、数据运营的手段，将用户的试用数据加以收集（3-05）"，提炼的初始概念是客户数据，与数据价值、识别技术等初始概念合并形成初始范畴数据识别。由此，本部分共形成数据识别、数据获取、数据处理、数据运用、学习速度、学习质量等初始范畴 20 个。

在话语构件关联部分，采用网络分析的方法进行关键语素之间的关键网络分析。软件采用 UCINET 处理语句之间的关系数据，即两个范畴之间存在关联关系赋值为 1，不存在关联关系赋值为 0，由此形成关键语素之间的关联网络，并将网络结构可视化。

第四节　迭代创业行为的话语模型提炼

一、语素：话语要素提炼

根据"原始语句→主体语词→初始概念→初始范畴→关键语素"的分析链条进行话语要素提炼。表 8-1 展现了数据识别等 20 个初始范畴，为清楚起见，每一个初始范畴仅列出 3 个初始概念，每个初始概念选择 1 条原始语句。在保持语句原生状态的前提下，对语句的部分用词进行了精简和纯化处理。

表 8-1 中，第 3 列为原始语句，括号内数字为访谈企业编号和对应的语句编号，如 1-20 表示案例企业 1 的第 20 条语句；第 2 列为该语句对应的初始概念，由语句的主体语词合并形成；第 1 列是初始概念进一步聚拢形成的初始范畴。

表 8-1　原始语句叙事展现

初始范畴	初始概念	原始语句
数据识别	客户数据	让小部分用户先试用新产品，通过用户反馈、数据运营的手段，将用户的试用数据加以收集（3-05）
	数据价值	"技术粉"的很多碎片信息，开发人员花大量时间收集，对于产品的快速迭代非常重要（3-91）
	识别技术	我们在基础技术上有国内强大的积累，为很多应用的快速推出和迭代提供了有力支持（4-66）
数据获取	并购途径	凭借中间页战略打下一系列产品开发的漂亮战役，简单可依赖的网络加速器，功不可没（4-62）
	交流平台	技术社区提供粉丝的交流平台，通过互联网的力量，获取大量信息，集思广益，快速研发（3-95）
	获取方法	无论做"云"还是做"端"，无论纵向属于哪个部门，都会聚集在一起，快速沟通、快速迭代（4-60）
数据处理	数据算法	企业面对的是大数据，每天以几何级数增长，如何处理海量的大数据，需要复杂的算法（1-92）
	联动运营	手机 APP 能够得到市场认可，产品、运营、市场"三位一体"的联动运营模式是关键（4-36）
	处理速度	大数据时代，很多是即时数据，要求企业快速跟进，如果慢了，数据就没有意义了（1-25）

初始范畴	初始概念	原始语句
数据运用	数据思维	数据驱动产品研发，是一种典型的互联网思维，企业应该具备这种先进的理念（5-78）
	产品设计	产品设计是用户体验，数据运用到设计中去，用户 DIY，在快速迭代开发中是一种流行趋势（3-85）
	人力资本	数据运用的关键仍然是核心人力资本，而不是技术设备，保持核心研发团队的高竞争力（3-56）
学习速度	产品更新	适应了移动终端的更新速度和移动应用推出的快节奏，我们将每月推出 OS 的新版本（2-56）
	规划速度	竞争对手正在以比很多人意识到的更快的速度规划产品迭代，产品几乎是不断更新的（2-06）
	发布频率	企业的开发团队从每三年发布一次新版本，到现在每年一次，明显加快了迭代步伐（2-60）
学习质量	信息前置	手机 APP 根据用户在户外移动的使用场景，将信息前置，推送内容，免去漫长寻找过程（4-33）
	开源软件	与桌面互联网相比，移动互联网应用开源软件更广泛，开源软件加快了各种应用开发（2-25）
	团队狼性	手机 APP 部门有上午请了 1 个小时假去结婚然后回来继续上班等诸多奋斗故事（4-07）
获得学习	先天学习	Thought Works 派来了一个 4 人讲师团队，由此也诞生了我们日后推行敏捷的第一批种子（5-12）
	移植学习	T 公司早在 2011 年 1 月就推出了主打免费语音的 app，我们只是对此作了微创新（4-30）
	探寻学习	我们也学习百度为商户评级，建立信息信任机制，保证信息的真实性、可信任性（1-87）
实践学习	知识转化	研发管理部与竞争对手的接触，逐渐将敏捷产品开发引入进来，并命名为 TAPD（5-41）
	知识整合	我们在推行敏捷过程中，孕育出了独特的敏捷创业模式，如敏捷项目管理、敏捷软件开发等（5-05）
	知识开发	Google 升级一个 Android 版本仅需 3 个月，这是移动互联网时代的快速知识开发模式（1-91）
挖掘速度	时间控制	MIUI 的一周快速迭代意味着两天规划功能、两天开发、两天测试，一周工作六天（3-26）
	敏捷战略	移动互联网企业要求推出产品快、准、狠，一举击中用户痛点，打造爆款产品（4-41）
	挖掘技术	在谷歌新一代搜索引擎平台上，能实现 0.25 秒搜索出结果，更快、更准确的知识挖掘（1-50）
挖掘纯度	产品品质	如果真的用了真材实料，你发现大家慢慢接受，让一帮发烧友真正了解你的东西（3-60）
	现场调研	对于用户研究，我们可以到现场去做调研，观察用户，配合相关的工具去科学的分析（5-18）
	发布模式	转向"以云为先"的模式，先小规模地发布一些新特性，而不再是原来大规模地进行发布（2-11）
知识系统	综合体验	做软件、硬件、互联网服务一体化，我们追求的是整体体验，用户需要的是手机的综合体验（3-44）
	迭代总结	在每一个产品发布的时候都会有一个总结，做得不好的在下一次迭代就要注意改进（5-32）
	数据中心	谷歌已经建立了世界上最快、最强大、最高质量的数据中心，形成了大数据分析架构（1-35）

续表

初始范畴	初始概念	原始语句
挖掘流程	项目管理	采取 SCRUM，但也不完全是，根据自己的特点去总结，如项目完成时会有 showcase（5-60）
	流程分解	一个完整的迭代过程包括概念、设计、开发、测试和发布五个过程（5-88）
	部门合作	Server 和 Tools 部门虽然有很多差异，但很快也会共享开发、推出新产品和服务进行合作（2-62）
生态系统	系统开放	开放式创新最大的特点就是开放，开放体现在突破企业的边界，尤其在信息资源的管理方面（3-04）
	信息共享	信息共享是互联网思维的重要特质之一，大公司试图构建一个信息共享的商业生态系统（1-97）
	自由创新	谷歌的安卓操作系统提供了一个鼓励自由创新的系统平台，企业可以据此进行大量微创新（1-65）
联结主体	主体数量	谷歌的安卓市场，希望借助 APP Store 模式，希望把尽可能多的参与者聚集在自己的平台上（1-03）
	异质类型	我们的合作伙伴非常广泛，类型多样，有大学、知名企业、政府部门等（2-11）
	有机结构	智能手机的开放式创新模式需要产品、设计、营销、研发等组成有机结构的运营模式（3-87）
关系品质	社会责任	同行竞争对手不断加快迭代速度，推出新的版本，积极投身互联网安全领域，免费模式（5-59）
	协作关系	通过与大企业、小微企业的协作开发，不断推出新产品，一起开创行业新格局（3-25）
	关系质量	很多企业聚集了一大批忠实的粉丝，基于粉丝需求不断外延自身的产业链，并取得成功（3-65）
网络认知	网络氛围	支持创新就要宽容失败，宽容失败的环境容易激发员工创新的激情（3-67）
	共享价值	腾讯开放 QQ 空间等 API，允许第三方品牌在腾讯用户群中传播，通过腾讯支付渠道开拓生意（5-77）
	创新战略	中国企业的创新更多的不是谷歌方式或者苹果方式，而是更擅长迭代式创新，小步骤累积（1-49）
客户思维	目标市场	目标市场定位一定要专注，企业通过互联网营销，有精确的客户定位，区别于竞争对手（3-75）
	客户体验	很多大公司还在致力于改善实时迁移功能，这样对于技术升级所带来的影响就可以降至最低（2-92）
	客户参与	让客户参与进来，让客户体验到参与研发的快感，是小微企业开放创新的一个重要策略（3-74）
快速响应	敏捷开发	快速响应需要系统的敏捷开发流程，从用户研究、特征列表、测试驱动到持续集成、发布（4-20）
	数据支撑	我们是一家极为重视算法、充满工程师文化的公司，技术的不断更新给响应提供了数据支撑（1-22）
	扁平组织	因为扁平到极致，所以速度制胜，一个没有层级的扁平组织结构，创始人、部门经理和员工（3-86）
小微迭代	迭代思维	迭代是一种重要的时间思维，不要幻想一下子就出来一个完美的产品，通过迭代达到接近完美（4-22）
	小微改良	微信也不是原创，你把国外的东西直接拿过来肯定不行，做很多小微改良也是创新（4-45）
	简约极致	善于用减法，少用加法，提供简约、极致、专注的产品，谷歌的搜索界面清爽、简约到极致（1-49）

续表

初始范畴	初始概念	原始语句
累积优化	灰度发布	灰度发布是腾讯的创新，它将产品试用扩大到海量用户一端，在小范围及时吸取用户反馈（5-11）
	战略转型	在经历了战略重组和收购诺基亚后，微软已不是 PC 公司，而是一个云计算和移动互联网公司（2-45）
	持续进程	小米 MIUI 已经快速迭代超过 100 周，以后我们还要持续坚持下去，这是我们的竞争力（3-36）

表 8-1 得到的数据识别、数据获取等 20 个初始范畴，概略性反映了迭代创业行为的发生全貌。对初始范畴根据概念聚类作进一步降维处理，即进一步聚类为 5 个关键语素。根据类属意义，分别命名为数据驱动、敏捷学习、知识挖掘、平台网络和迭代创业行为。每一个语素涉及的初始范畴如图 8-2 所示，范畴舍去了联系的若干初始概念，旨在保持图形的清晰识别。

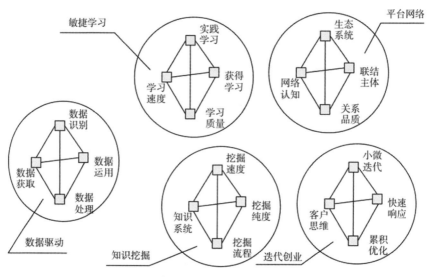

图 8-2　初始范畴聚类形成的关键语素

二、语系：话语构件关联

语素部分重点回答迭代创业发生的影响因素"是什么"（what）的问题，而更重要的是这些影响因素是如何发生作用的，即影响因素的关系路径问题，旨在回答迭代创业"怎么样"（how）发生的问题。对语句的逻辑结构进行分析，典型性简单语句类型主要有事实语句、价值语句、行为语句和后果语句 4 种，而以上 4 种形式的组合则形成复合语句。以收集的部分语句为例进行说明，如表 8-2 所示。

表 8-2　语句基本类型

语句类型		概念示例	基本分析
简单句	事实语句	快速迭代是移动互联网企业对产品的基本要求，能否做得足够快已成为衡量一款产品研发是否成熟的标准之一	判断性静态描述，语词："快速迭代"判断"产品"，"足够快"判断"研发成熟"
	价值语句	过去两年我们周末都上班，就是为了适应每周快速迭代，其实挺难的	事实的某个价值维度，语词："每周快速迭代其实挺难的"，表征难/易价值判断
	行为语句	一周快速迭代意味着两天规划功能、两天开发、两天测试，一周工作六天	主体语词是动词，构成"一周快速迭代"的行为语词是"规划""开发""测试""工作"
	后果语句	没有哪一家优秀的公司是一点点创新都没有的，因为不创新根本就不可能做大	主体语词是"创新""做大"，表征关系是"不创新"的后果是"根本不可能做大"
复合句		任何产品推出时肯定不会是完美的，完美是一种动态的过程，所以要迅速让产品去感应用户需求，从而一刻不停地升级进化，推陈出新，这才是保持领先的唯一方式	属性语句（不完美）+事实语句（动态过程）+关系语句（感应用户需求→升级进化，推陈出新，即获得学习→小微迭代）
		小米采用了业内比较激进的开放式创新模式，在官方网站及合作论坛发布测试版本等，以最大限度地让粉丝和用户参与进来，激发粉丝群中技术粉的创新热情，大家集思广益一起反馈对平台的改进意见	事实语句（开放式创新模式）+关系语句（官方网站、合作论坛、粉丝和用户参与→技术粉、集思广益、反馈，即生态系统→用户思维）

对于表 8-2 中关系语句的整理是形成话语构件关联的基础，两个范畴之间存在关联关系赋值为 1，不存在关联关系赋值为 0，由此形成关键语素之间的关联网络，如图 8-3 所示。图 8-3 共包括 5 个凝聚子块，分别是数据驱动凝聚子块 Block 1=（数据识别，数据获取，数据处理，数据运用）；敏捷学习凝聚子块 Block 2=（学习速度，学习质量，获得学习，实践学习）；知识挖掘凝聚子块 Block 3=（挖掘速度，挖掘纯度，知识系统，挖掘流程）；平台网络凝聚子块 Block 4=（生态系统，联结主体，关系品质，网络认知）；迭代创业凝聚子块 Block 5=（用户思维，快速响应，小微迭代，累积优化）。

图 8-3 表征了迭代创业的发生机理。其中，虚箭线表示弱关系路径，共有数据驱动→平台网络、平台网络→敏捷学习、平台网络→知识挖掘 3 条关系路径；实箭线表示强关系路径，共有数据驱动→敏捷学习、数据驱动→知识挖掘、知识挖掘→迭代创业、敏捷学习→迭代创业、平台网络→迭代创业 5 条关系路径。

图 8-3 中，关系路径的强弱由语句中反映关联关系的条目数表征。话语池中，关系语句共计 632 条，其中，数据驱动→敏捷学习共有 109 条，数据驱动→知识挖掘共有 93 条，其他见表 8-3。因为一条语句可能反映几个初始范畴之间的关系，故以上条目总数大于 632 条。根据习惯，用每一

组范畴的条目数与条目总数的比值作为关系路径系数，同时，表 8-3 也给出了路径系数最大的初始概念之间的条目数和比值。将路径系数小于均值系数的定为弱关系路径；反之，则为强关系路径。

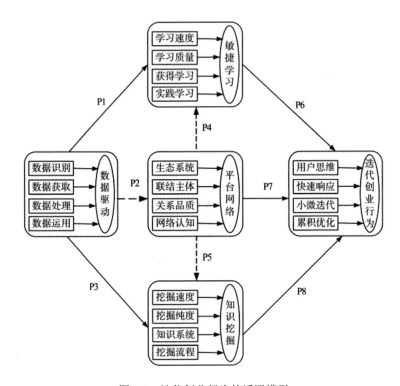

图 8-3　迭代创业行为的话语模型

表 8-3　关系路径系数

关系名称	条目	系数	强弱	关系名称	条目	系数	强弱
数据驱动→敏捷学习	109	0.172	强	平台网络→快速迭代	86	0.136	强
数据获取→获得学习	21	0.158		联结主体→小微迭代	19	0.209	
数据驱动→平台网络	38	0.060	弱	平台网络→知识挖掘	61	0.097	弱
数据处理→关系品质	17	0.147		关系品质→挖掘纯度	12	0.152	
数据驱动→知识挖掘	93	0.147	强	敏捷学习→迭代创业	145	0.229	强
数据处理→过滤速度	23	0.189		学习速度→快速响应	27	0.180	
平台网络→敏捷学习	55	0.087	弱	知识挖掘→迭代创业	128	0.203	强
联结主体→获得学习	10	0.163		过滤速度→快速响应	25	0.183	

三、语度：话语效度检验

对于以上发生机理话语模型，需要经过话语效度检验，以进一步判定模型的稳定性。话语效度检验主要通过增值效度检验进行，增值效度检验是指当基于新的语句进行话语分析时，首先，不产生新的概念；其次，不产生新的概念、范畴之间的关系路径。若以上两种状态都出现，则称增值效度检验通过。简言之，当增加新的语句，状态上，无新质出现；含量上，无新值出现，则话语效度检验通过。根据预留的150条语句，作话语效度检验。

第一阶段，检验是否有新的概念出现。例如，检验语句"这种快速演进模式，以及与之配合的敏捷设计，已经融入互联网公司的血脉与灵魂，他们不会制定详尽的长远规划，而是快速响应、快速行动。"主体语词是快速演进、敏捷设计、无详尽长远规划、快速响应、快速行动，可以上升为初始概念"快速响应"，并无新的概念产生。

第二阶段，检验是否有新的关系路径出现。例如，检验语句"同行竞争对手采用快速迭代的开发模式，每周发布手机操作系统新版本，永远的测试版，但后向兼容，每次平均更新5～10兆，鼓励用户刷机反馈意见，利用发烧友帮助改进产品。"反映的关系路径是：联结主体（用户反馈，发烧友帮助）→小微迭代（每次5～10兆），并非新质出现。以上两个阶段的检验过程，见表8-4。简单起见，仅给出部分语句。

表8-4　增值效度检验过程

话语	检验	结论
消费者把越来越多的时间花在手机和平板计算机等移动设备上，因此，能进入消费者掌中移动设备的企业，将在销售和获取消费者行为信息方面更具有优势	数据识别（消费者行为信息）、数据获取（更具有优势）	
这种快速演进模式，以及与之配合的敏捷设计，已经融入互联网公司的血脉与灵魂，他们不会制定详尽的长远规划，而是快速响应、快速行动	快速响应（快速演进、快速响应、快速行动、无详尽）	没有产生新的概念
小微企业要保持快速学习的频率和速度，向谁学习？向同行业的竞争对手学习，每一个竞争对手都有需要别人学习的地方	学习速度（快速学习的频率与速度、竞争对手学习）	
大的搜索公司都掌握有网民大量的隐私行为数据，如何挖掘形成有价值信息，并避开隐私、不道德、公共安全等一系列问题还有很长的路要走	挖掘纯度（大量隐私行为数据，形成有价值信息，难点）	
互联网和软件每时每刻都在变化，你无法精确规划产品，只能每天接收用户反馈并持续改进，进化速度越快，灵活度越高	获得学习（接收用户反馈）→持续改进+快速响应（速度快）	
同行竞争对手采用快速迭代的开发模式，每周发布手机操作系统新版本，永远的测试版，但后向兼容，每次平均更新5～10兆，鼓励用户刷机反馈意见	联结主体（用户反馈，发烧友帮助）→小微迭代（每次5～10M）	没有产生新的关系
我们有自己内部的一个反馈平台，在这个平台上可以收集到所有用户的反馈，包括内部的、外部的，产品经理可以根据这些反馈对产品进行一些快速的调整	数据获取（反馈平台，收集）→挖掘速度（根据反馈，快速）	
移动互联网企业本质上是一家大数据公司，数据的积累驱使企业不断完善安卓生态系统,活跃的用户、创新的激情、全员的参与、分享的文化都是经典	数据获取（大数据公司，积累）→生态系统（用户、创新）	

第五节　话语模型的进一步阐释

一、语义：话语意义阐释

迭代创业行为的话语模型涉及数据驱动、敏捷学习、知识挖掘和平台网络 4 个关键语素，可描述为数据驱动情景下以敏捷学习和知识挖掘为主体行为，以平台网络为调节变量的发生过程。4 个关键语素的话语意义阐释如下：

语素 1：数据驱动。大数据是当今的一个全新时代背景。属性数据、行为数据和关系数据是驱动迭代创业的始点因子，可以说，数据已经渗透到每一个行业的每一个业务，并渐成重要的生产要素（Manyika and Chui，2011）。数据驱动是移动互联网行业的创新基因，典型话语证据为，"大量的小微企业并不拥有大数据，但并不影响小微企业具备大数据思维，可以依托阿里巴巴等拥有大数据的企业进行平台创业。""数据驱动首先要求小微企业具备收集高质量数据的能力，然后快速处理这些数据，这样创业的成功率会更高。""小微企业要学习大企业是如何基于数据进行创业的，例如小米公司的粉丝数据，粉丝参与到产品的完善进程，这一点非常值得小企业学习。"

语素 2：敏捷学习。企业基于敏捷学习行为，可以快速构建更新知识库、精确识别客户行为、提升客户体验、缩短核心产品的开发周期（Kirkman，2011）。敏捷学习的主体是多元的，可以是行业标杆企业，也可以是相近行业的卓越企业，还可以是大学、孵化器、客户等知识性节点。在这个过程中，外部知识迅速向企业内部迁移，并内化形成企业核心知识库。很多企业都提供了大量敏捷学习的现实佐证，诸如敏捷学习客户反馈、敏捷学习移动技术、敏捷学习客户体验等。典型话语证据为，"很多移动互联网企业学习的是海底捞，就是把它变成一种文化，内化为一种全员行为，给一线赋予权力，例如，用户投诉时，客服有权根据自己的判断，赠送贴膜或其他小配件。""互联网时代，更加重视的是客户体验，客户体验较差，消费者就会用脚投票，小微企业更应敏捷学习客户体验。"

语素 3：知识挖掘。敏捷学习提供了企业从外部获取知识的途径，而知识挖掘则提供了企业能动性创造知识的途径。较多学者认可，知识挖掘（knowledge mining）是从数据集中识别出有效的、新颖的、潜在有用的，以及最终可理解的模式的动态交互过程（Palpanas，2012）。由数据驱动，到信息提纯，再到知识挖掘是一个完整的人机交互动态过程，一些常用的知识挖掘方法包括认知地图、共现分析、挖掘算法、文本提炼、神经网络技术、基于事件推理技术等。基于共现分析的文本挖掘、基于知识挖掘对目标客户的精确定位等都是知识挖掘的成功事件。典型话语证据为，"数据的海洋，要提炼出有价值的知识，需要一个深度挖掘、提纯的过程。""许多优秀企业提供了知识挖掘的成功范例，强大的算法支撑使其成为其他企业知识挖掘学习的标杆。"

语素 4：平台网络。移动互联网企业的迭代创业受到平台网络的影响，平台网络的实质是平等、共享、开放、共赢，它可以有效汇聚信息，并促进信息的传播，进而有效降低信息不对称（Karlan，2007）。平台网络是一个复杂的产业生态圈，移动互联网的竞争肯定是平台网络的竞争。典型话语证据为，"移动互联网的生态链是开放平台，小微企业要善于运用开放平台的创业资源。""谷歌提供的是一种平台，一种网络，关键是创意的汇聚，新点子的爆发，这也是生态系统的强大力量，每一个个体焕发出强大的创业创新激情。""阿里巴巴是一个电商平台，近几年重点构建小微企业创业生态系统，依托生态系统的繁荣，小微企业获得了很多成长的空间。"

二、语景：话语适用情景

迭代创业行为的话语模型对于上述案例企业的迭代创业实践具备高品质解释力。模型在适用于典型话语情景时，获得新的知识碎片，同时，又可以进一步丰富和修正话语模型，在具体应用的持续进程中，不断提升模型的品质。一些典型的适用情景举例如下：

（1）数据驱动方面的适用情景包括：客户行为数据转化、数据持续收集系统、内部数据共享网络、数据即时分析报告、客户数据处理系统、收集客户碎片意见。

（2）敏捷学习方面的适用情景包括：敏捷学习文化营造、持续学习标杆企业、快速学习持续更新、全员持续学习氛围、线上线下协同学习、跨行业学习海底捞。

（3）知识挖掘方面的适用情景包括：挖掘客户碎片信息、分析客户真实需求、资料分析处理能力、精准界定客户市场、实体商店挖掘客户、先进知识挖掘系统。

（4）平台网络方面的适用情景包括：构建行业生态系统、客户战略伙伴关系、网络商店、实体商店、国外市场积极开拓、研发外包模式采用、研发公共服务平台。

（5）迭代创业方面的适用情景包括：设计人员即时决策、软件即时调整更新、硬件快速升级更新、持续提升产品体验、不断完善发布节奏、操作系统加速更新。

对于以上适用情景，皆可以根据话语模型，即表 8-3 的关系路径给出解释。例如，对于数据驱动的客户行为转化，优秀的小微企业善于运用数据驱动→敏捷学习→迭代创业、数据驱动→平台网络→迭代创业、数据驱动→知识挖掘→迭代创业等关系路径进行迭代创业行为，并重视对于中介传导环节的敏捷学习、平台网络和知识挖掘的关注。

第六节　结语与讨论

一、基本结论

基于移动互联网企业的迭代创业实践，通过语素、语系、语度、语义、语景 5 个环节的话语分析，本书系统回答了"迭代创业行为何以能够发生"这一关键议题，研究的基本结论有二：其一，驱动因素"是什么"（what）的研究发现。数据驱动、敏捷学习、知识挖掘和平台网络是驱动迭代创业行为的 4 个基本语素，每个语素又细分为 4 个二级因素，形成 4×4 驱动因素组合，对应关系如下：数据驱动=（数据识别、数据获取、数据处理、数据运用）；敏捷学习=（学习速度、学习质量、获得学习、实践学习）；知识挖掘=（挖掘速度、挖掘纯度、知识系统、挖掘流程）；平台网络=（生态系统、联结主体、关系品质、网络认知）。其二，因素之间"怎么样"（how）作用的研究发现。驱动因素之间的关系定位可描述为，数据驱动是初始因子，敏捷学习/知识挖掘是主体性知识行为，平台网络是调节变量。据此，研究得到了数据驱动→敏捷学习、数据驱动→知识挖掘等强关系路径 5 条，平台网络→迭代创业等弱关系路径 3 条。

二、理论贡献

本书理论贡献主要体现在：首先，迭代创业作为一种新型的创业模式，具有更为丰富的意涵。从 5 个案例的话语分析中，可以看出迭代创业在小微企业的成功实践已经远远超出了 Chesbrough（2012）等学者的研究范畴。

针对迭代创业何以能够发生的关键议题,提炼得到的敏捷学习、关系品质、小微迭代、累积优化等新鲜语素,拓展了创业网络理论的已有构架要素。其次,在迭代创业内涵界定的基础上,基于驱动因素是什么和驱动因素之间关系怎么样两个细分问题,构建了迭代创业行为发生机理的话语模型。与现有创业网络研究着重分析网络嵌入性的影响效应不同(Lee et al.,2010;Hughes and Wareham,2010),本书重点关注了迭代创业进程中的知识性主体行为这一本质属性,识别了数据驱动下的敏捷学习(表征从外部获取知识)和知识挖掘(表征从内部生成知识)两种知识性主体行为。最后,话语分析方法在国外社会科学领域已有较成熟的应用,国内学者运用话语分析方法的成果还较为少见。正如 Alvesson 等学者指出,话语分析有助于研究者挖掘和揭示隐藏在话语背后的行为机理,通过对经验数据的深入阐释提升研究品质(Alvesson and Karreman,2000;Khaire and Wadhwani,2010)。作为对该命题的呼应,本书作了基于话语分析方法的创业领域研究,属于方法层面的新鲜尝试。

三、实践价值

本书的理论意义在于丰富了现有创业管理研究,增加了迭代创业行为发生机理这一新鲜议题。同时,对于企业的迭代创业实践也有启示价值,企业应具备三种思维:一是数据驱动思维。大数据时代是企业运营的全新时代背景,数据驱动创新是应对复杂快速多变外部环境的基本途径。二是知识行为思维。迭代创业是以知识为基础的行为,关注外部获取(敏捷学习)和内部创造(知识挖掘)两种路径的协同。三是平台网络思维。专注于研发、设计等核心环节,注重平台网络的构建和生态系统的培育。

四、未来展望

未来可以在以下三个方面继续深化本议题的相关研究:其一,模型的适用性方面。本书讨论了话语模型在移动互联网行业的适用性,对于其他行业是否适用有待基于详细案例资料的适用性检验。其二,模型的完备性方面。本书将影响迭代创业行为的语素归结为四个方面,即数据驱动、敏捷学习、知识挖掘和平台网络,是否有其他遗漏的因素有待案例材料的进一步丰富和提炼。其三,模型的稳定性方面。本书由话语资料提炼出话语模型,但模型是否稳定有待进一步大样本资料的统计检验。

第九章　集群情景下小微企业创业行为的助推剂：孵化器的创业知识服务

集群情景下小微企业大量涌现的情景下，企业孵化器的创业知识服务问题日益受到学者的关注（Allen and Rahman，1985）。世界上第一家企业孵化器产生于 20 世纪 50 年代的美国，当时称之为贝特维亚工业中心。之后，孵化器这种商业形式，在世界范围内迅速扩散。中国在 1987 年出现了第一家企业孵化器——武汉东湖新技术创业服务中心，现已成长为国内孵化器行业的标杆孵化器。就孵化器的数量而言，美国居于第一位，中国则紧随其后，居于第二位。孵化器为孵化企业提供基础设施、人员培训、产品信息、融资服务等多种形式的创业知识服务，为孵化企业的快速成长作出了卓越贡献，培育了一大批世界级的企业和产业。例如，美国的苹果、微软、英特尔等公司的早期成长都离不开孵化器的助推服务，由此，可以总结一个重要命题，即大量小微企业的持续成长实践表明：孵化器提供的创业知识服务可以理解为集群情景下小微企业创业行为的助推剂。

然而，与企业孵化器蓬勃开展的孵化实践相比，学术界对于孵化器创业知识服务的过程还缺乏深入研究，孵化器实践过程中新出现的一些案例素材急需在学理上挖掘与升华。就中国孵化器的发展现状而言，出现了一个较为普遍的两极分化现象：一部分孵化器通过差异化服务创新，提供高质量的创业知识服务，塑造了一流的孵化器品牌，培育了大量的卓越企业；另一部分孵化器则提供同质化服务以及低端服务，并不能形成孵化器的核心竞争力，陷入伪孵化器的困境。由此，研究优秀孵化器的孵化特质，对于总结经验，指导孵化器的孵化实践，提升孵化器创业知识服务的品质具备重要意义。遵循此研究目标，本章聚焦孵化器的创业知识服务属性（Becker and Gassmann，2006），采用多案例研究方法，剖析孵化器创业知识服务的商业运营模式（Morris et al.，2005），在理论上，丰富孵化器理论框架体系；在实践上，指导孵化器的创业知识服务运营。

第一节 孵化器的创业知识服务的文献综述

一、孵化器的创业知识服务属性

企业孵化器为孵化企业提供多种产品服务，如基础设施、办公场所等硬件产品，也提供人才引进、管理咨询、融资服务等软件产品（Merrifield，1987）。但近年来的一个发展趋势是孵化器的创业知识服务属性越来越受到关注。其一，孵化器提供多种类型的创业知识服务（Becker and Gassmann，2006），如企业融资支持、高端人才引进、商业模式完善、在职人员培训、研发信息发布等。其二，孵化器的创业知识服务匹配孵化企业的不同成长阶段（Rice，2002；Peters et al.，2004），即根据孵化企业的种子、成长、成熟、退出等四个阶段提供差异化服务，非常关注契合性。其三，关注孵化器创业知识服务的持续创新，通过创业知识服务的持续创新，塑造孵化器的核心能力与差异化竞争优势（Hackett and Dilts，2008）。其四，积累发达区域孵化器创业知识服务的案例集合，如美国硅谷以及欧洲国家一流孵化器的孵化典型事件（Temali and Campbell，1984；Aerts et al.，2007）。

二、孵化器创业知识服务的影响因素

根据影响因素来源划分，孵化器创业知识服务的影响因素可以分为两类：一类是孵化器自身的影响因素；另一类是孵化器外部的影响因素（Hackett and Dilts，2004；Kumar，2012）。

就孵化器自身的影响因素而言，代表性的主要有以下几种：①孵化器管理人员的胜任能力影响创业知识服务的提供，并影响孵化企业对于创业知识服务的接受认知（Hannon and Chaplin，2003）。②孵化器与其他公司的交互能力影响孵化器的社会资本和关系资源，进而影响孵化器向孵化企业提供创业知识服务的品质（Aerts el al.，2007）。③和其他企业一样，孵化器创业知识服务的开发流程是否规范，也影响创业知识服务的提供能力（Johnson et al.，2000）。④孵化器是否采用创新导向的企业战略，也影响孵化器创业知识服务的创新速度和创新质量。除以上因素之外，孵化器的孵化文化、孵化经验、管理团队、商业模式、网络资本、价值主张（Autio and

Kloftsen，1998；Osterwalder，2004）等都影响孵化器的创业知识服务。

就孵化器的外部影响因素而言，代表性观点主要有：①Bergek 和 Norrman（2008）认为孵化器与其他孵化器形成的联合孵化网络影响孵化器向孵化企业提供信息、服务和技能。②Stevens 和 Dimitriadis（2005）认为竞争环境、基础设施、群体和组织等因素形成的外部资源网络影响孵化器服务设计和创新方式的选择。③Lenddner 和 Dowling（2007）基于300 个大学孵化器的调研表明，具备良好外部网络关系的大学孵化器更容易推出新的知识服务创新项目。

三、孵化器创业知识服务的网络属性

美国硅谷、中国长江三角洲等区域的孵化器实践表明，孵化器依靠与其他孵化器、大学、大企业等机构形成孵化网络，可以更好地提供创业知识服务，即先进孵化器的创业知识服务具备鲜明的网络属性。孵化器三种典型的网络形式分别为：孵化器与其他孵化器形成孵化网络；孵化器与大学形成孵化网络；孵化器与大企业形成孵化网络。马玲等（2011）认为，孵化器创业知识服务的网络属性体现在联结内外部创业资源，构建资源网络，开发和获取网络资源等结网能力的基础上。孵化器通过孵化网络可以形成协同效应，基于资源互补和孵化学习，可以更好地向孵化企业提供信息、资源和服务（林德昌等，2011）。Soetanto 和 van Geenhuizen（2007）探讨了孵化器创业知识服务的网络构建、演化，服务网络如何支持孵化器绩效等问题。大学孵化器是一种重要的孵化器类型，其最大优势就是能与大学建立紧密的关系网络（Mian，1996），依托大学提供的高端知识和人才，大学孵化器变成了产学研转化的重要载体。除网络属性外，孵化器的创业知识服务还出现了新颖性、多样性、知识性、持续性等多种特质，反映了当前对于创业知识服务本原属性的关注。

四、孵化器创业知识服务的商业运营模式

在说明商业运营模式之前，首先回顾一下商业模式的概念（Alt and Zimmerman，2001；Schweizer，2005）。商业模式大多作为一个自明的概念在文献中被广泛应用，很难对商业模式的准确内涵进行界定。Amit 和 Zott（2001）认为，商业模式就是基于商业机会创造机制而设计的交易内容、交易结构和交易治理机制。Amit 和 Zott 的定义偏重于经济学领域的交易视角，从管理学视角，Osterwalder（2004）给出了理解商业模式的环节构成，指出一个完整的商业模式可以分解为价值确定、价值创造、

价值传递与价值获取四个环节，其中，价值确定反映如何或怎么样的学术
问题，用 how 表示；价值创造反映孵化器提供什么样的产品和服务，用
what 表示；价值传递反映孵化器向谁提供产品和服务，用 who 表示；价
值获取反映孵化器的成本和收益模式，用 how much 表示。就逻辑而言，
前三个环节表征了孵化器基于一系列价值行为所构成的连续过程，可概括
为商业运营模式；而第四个环节则是前三个环节的自然演进结果，即好的
商业模式天然终止于丰富的利润流（Magretta，2002），可概括为商业营
利模式。

　　基于 Osterwalder（2004）的分析框架，孵化器创业知识服务的商业
运营模式涉及三个问题：其一是确定孵化器的创业知识服务对象，即目标
客户是谁的问题（who）。涉及孵化器根据什么条件选择入驻企业，由此
形成孵化器入驻企业的整体特质。一些常见条件包括产业类型、管理团队、
创业经验、商业模式等。其二是确定孵化器的创业知识服务内容，即提供
什么样的创业知识服务（what）。O'Neal（2005）将服务内容概括为营造
有利的商业发展环境和支持性商业服务等。其三是确定孵化器的创业知识
服务能力，即怎么样提供创业知识服务的问题（how）。Hughes 等（2007）
关注了两种价值激励行为：一种是寻求资源的聚集行为；另一种是寻求知
识的网络促进行为。就能力构成而言，马玲等（2011）关注了孵化器的知
识结网能力和知识运作能力。

第二节　研究总体设计

一、研究方法

　　本书的核心问题是企业孵化器创业知识服务的商业运营模式，根据研
究问题和研究目的，采取案例研究方法进行。按照案例选择的数量标准，
案例研究可以分为单案例研究和多案例研究两类，各有优缺点。Eisenhardt
（1989）认为建构理论时，多案例研究比单案例研究更坚实、更普遍和更
可验证。采取多案例研究方法展开的依据主要有三：首先，本书聚焦孵化
器的创业知识服务，既涉及案例构建，又涉及案例验证，采取多案例研究
方法效果更佳。其次，中国丰富的企业孵化器创业知识服务实践，蕴涵大
量具备本土特质的管理研究问题，需要运用多案例研究方法提炼原生态命
题，并给出理论框架。最后，在国内外重要期刊上，多案例研究方法的成

果日益增多, 研究流程日趋规范, 可以保证对现实中发生的真问题进行厚实描述, 保证研究的高品质。

二、案例选择

Eisenhardt (2007) 认为多案例研究的案例数量以 4~8 个最为合适, 本书按照如下三个标准选择案例: ①孵化器 10 年以上的运作历史, 有大量的孵化企业可以调研, 满足充裕性原则; ②孵化器的类型兼顾多样性, 例如考虑大学孵化器, 也考虑科技园区等; ③满足关系邻近原则, 可以节省调研的时间及资金成本, 并能方便地获取数据资料。

基于以上三点标准选择如下五家孵化器, 分述如下: ①武汉东湖新技术创业服务中心 (东湖创业, WVC): 我国孵化器事业的发源地; 中国一家企业孵化器, 成立于 1987 年, 现已成长为国内孵化器行业的标杆孵化器。②上海市科技创业中心 (上海科创, SPC): 创建于 1988 年, 是上海第一家企业孵化器, 也是上海企业孵化器行业的领导者。③杭州高新区科技创业服务中心 (杭州科创, HPC): 成立于 1990 年, 浙江第一家企业孵化器, 也是浙江省内第一家经国家科技部认定的国家级创业中心。④浙江大学国家大学科技园 (浙大科技园, ZSP): 依托 985 高校浙江大学, 成立于 2000 年, 是我国首批 15 个大学科技园试点园区之一, 也是国家级科技企业孵化器。⑤杭州东部软件园 (东部软件园, ESP): 成立于 2001 年, 浙江第一家企业化运作的孵化器。

三、数据来源

为确保收集到真实而有效的质性数据, 将一手数据和二手数据结合起来进行。其中, 二手数据包括孵化器官方网站、孵化器内部刊物、孵化器高层管理者讲话视频、主流报纸相关报道等, 共计 1404 篇。一手数据采取参与式观察、倾听研讨会发言、面对面访谈、半结构化问卷调研等多种途径进行。参与式观察共进行 6 次, 倾听研讨会发言共进行 11 次, 面对面访谈共进行 15 人次, 半结构化问卷调研共针对 30 家企业进行。在数据收集时, 通过多个细节保证数据的收集质量。例如, 被访谈对象在一周前收到访谈提纲电子稿; 被访谈对象选择孵化器的中高层管理者进行; 访谈结束后的 5 小时内, 将访谈记录迅速整理归档, 等等。此外, 为保证数据的准确性, 选取孵化器的部分孵化企业和毕业企业, 进行问卷调研, 基于收集的数据, 展开交叉验证。

四、数据编码

数据编码是超越数据片段的具体陈述，是理论构建的基础性工作，旨在对收集的数据进行分解、聚拢和解释。数据编码严格按照扎根理论的三个步骤进行，分别是开放编码、主轴编码和选择编码。两位研究人员独立进行数据编码，最后进行比对，讨论差异性，确定最终的编码归类。

第一阶段：开放编码。基于473条原始语句，整理得到162个初始概念。开放编码阶段的要点如下：①编码者尽可能摒弃现有的理论概念，按照原生态呈现收集的语句，提炼初始概念。例如，对于语句"这家企业的老总前年刚下海，原因就是原来在同一家大公司工作的4位朋友都自己创业了，而且收益不错，脑子一热，自己也下海了，像这种关键创业人的关系网络我们都要了解（HPC45）"，提炼的初始概念为创业关系网络。②关注概念之间呈现的关系，进一步聚拢为初始范畴。关注概念之间呈现的三种关系：一是因果关系（$A \Rightarrow B$），例如，营销理念更新 $\Rightarrow$ 企业持续成长；创业关系网络 $\Rightarrow$ 持续发展前景。二是隶属关系（$A \subset B$），例如，作业流程改善 $\subset$ 管理创新；R&D 水平高 $\subset$ 技术创新能力强。三是同义关系（$A = B$），例如，小创新=微创新；持续发展前景=企业持续成长。根据概念之间的关系，将初始概念进一步聚拢，例如，对于持续发展前景、R&D水平高、创业关系网络可以聚拢为筛选因素，记为（持续发展前景，R&D水平高，创业关系网络）$\Rightarrow$ 筛选因素。由此，共得到筛选因素、相互关系、因素排序、服务分层等9个初始范畴。③梳理初始范畴的属性和维度，例如，筛选因素的属性主要有名称、类型、主体等，维度主要有发展前景、R&D水平，创业网络等。以上开放编码结果，如表9-1所示（为简单起见，每个范畴仅列出3条语句）。

表 9-1　开放编码分析举例

范畴	原始语句（初始概念）
筛选因素	孵化器就是集中网络资源，例如产业平台，因为投资太大，一个企业不可能搞起来，重点支持有持续发展前景的企业，不能一味追求园区规模，一味增加孵化企业数量（ESP17）（持续发展前景）
	有的企业宣传很厉害，拿来的商业计划书、可行性研究报告，动不动就是"填补国内空白"、"达到国际领先水平"，这个时候我们就要组织专家评估，看到底技术水平怎么样（SPC01）（R&D水平高）
	这家企业的老总前年刚下海，原因就是原来在同一家大公司工作的4位朋友都自己创业了，而且收益不错，脑子一热，自己也下海了，像这种关键创业人的关系网络我们都要了解（HPC45）（创业关系网络）
相互关系	很多指标都是相互关联的，例如创新能力强的肯定发展前景也好，所以很多因素需要系统思考（WVC62）（相互关联；系统思考）
	一些资源很匮乏的企业，我们不看好，但是几年下来，却发展地"生机勃勃"，仔细分析，实际上他们的管理团队非常注重利用外部资源（ESP23）（外部资源→持续成长）
	有些大学衍生企业技术非常先进，更新也很快，但是苦于销售渠道不行，发展却慢（ZSP09）（营销→持续成长）

范畴	原始语句（初始概念）
因素排序	哪个因素需要优先考虑、重点关注，我们也在摸索，实践中学习，不同的产业也不一样（WVC64）（因素重要性） 你说持续成长、有前景重要，但持续成长只是一个结果，影响这个结果的因素又是复杂的（HPC47）（前置因素） 像技术水平、创业团队、关系网络、人力资本等，这些因素都是要优先考虑的（HPC33）（重要性排序）
服务分层	10多年的摸索，可以说我们已经建立了一个完整的服务链，孵化企业的调研满意度都很高（ZSP14）（服务链） 看着一个小不点才变成了参天大树，退出孵化器时都对园区的创业知识服务很感激（HPC36）（知识服务） 孵化企业的服务需求说不清，有些企业要求多举办一些讲座，可举办了，来的又很少（ESP03）（真实需求）
高端特质	国外一个行业专家在论坛中提过，孵化器的未来发展趋势是专业化、精细化，我非常赞同（WVC69）（专业化） 提供高端服务说起来容易，但做起来真有点无从下口，找不到突破口，对我们自身管理团队的知识水平要求也很高，逼着我们每年都要充电，没办法，竞争确实太激烈（ZSP21）（高端服务实践） 你提供的项目急企业之所急，具备技术含量，具备知识含量，企业就崇拜你（HPC48）（技术和知识含量）
匹配成长	把每一个阶段的企业的服务需求都弄清楚，也不是一件容易的事，"摸着石头过河"（WVC04）（企业阶段需求） 弄清了企业在某一具体阶段的需求，还要看你是否能够提供这类服务，很多时候"两难"（HPC38）（服务供应） 我们这个行业，外界认为很简单，但要做好，也是"高科技"，例如，提供的完整服务，应该从种子到成熟退出，前后衔接，追踪、反馈、优化，每一项都不简单（ZSP33）（完整服务：追踪、反馈、优化）
能力构成	有很多企业失败的过程是一样的，这样的例子太多了，后面的企业需要学习失败案例（HPC18）（学习能力） 我们是企业化运作，讲究的是一个"快"字，企业提出需求，我们就要想办法完成（ESP09）（服务效率） 国外的孵化器又出现了"企业加速网络"，好像孵化器"航空母舰"，讲究多军团协同作战（SPC20）（协同能力）
动力机制	孵化器几十家、几百家的出现，竞争是我们前进的最大动力，要塑造品牌优势吸引企业（ESP12）（竞争动力） 将持续创新作为我们的核心战略，每年都推出新的创业知识服务项目，"乐在其中"（HPC09）（持续创新） 我们提供的虽然是无形的服务，服务无止境，需要用心、专注、持续、细节，才能前进（SPC31）（服务改善）
作业流程	作业的具体流程，孵化器刚成立时，很随意，员工换了，流程也换了，后来发现不行（ZSP51）（行为动机） 有些孵化器流程很清楚，厚厚的一大本，但执行力不够，也影响竞争力，我们强调执行力（ESP26）（执行力） 作业流程清楚了，也是企业的无形资产，申请入驻企业看了第一感觉就是规范（ZSP41）（作业流程效应）

　　第二阶段：主轴编码。这一阶段的主要任务在于将筛选因素等9个初始范畴进一步聚拢为若干主范畴，可以按照 Strauss 和 Corbin（1990）的"条件→行动→结果"展开。由此形成客户定位、价值主张和服务能力三

个主范畴，主范畴的关系结构如下：客户定位=[筛选因素，相互关系，因素排序]；价值主张=[服务分层，高端特质，匹配成长]；服务能力=[能力构成，动力机制，作业流程]。以上主范畴的关系结构及代表性语句见表 9-2。

表 9-2　主范畴的关系结构

关系结构	基本描述	原始语句
客户定位→运营模式	客户定位对应于运营模式中向谁（who）提供创业知识服务的问题	你问我什么是运营模式，我也说不清，感觉和竞争战略有点像，首先应思考的问题就是你园区内孵化企业的特质是什么（ZSP34）（筛选因素→运营模式）
		我们的商业模式基本上是围绕企业持续成长做文章，孵化退出是最大成就，R & D 水平、创业网络、持续成长都是联在一块的（SPC38）（相互关系→运营模式）
		国家对于孵化企业有一套标准，但是对于本区域的标准应该因地制宜，什么样的因素优先考虑，这是商业模式里可以考虑的（SPC23）（因素排序→运营模式）
价值主张→运营模式	价值主张对应于运营模式中提供什么样（what）创业知识服务的问题	我最早什么时候接触运营模式，回忆不起来了，我对于孵化器商业模式里差异化的东西考虑的比较多，与别人不一样（WVC18）（高端特质→运营模式）
		园区内很多企业不到 1 年就死掉了，很少一部分成为"明星企业"，产业也不一样，服务内容需求就不一样，这是商业模式的基础（HPC10）（服务分层→运营模式）
		最早的时候，我们的商业模式很简单，考虑的也不多，就是做"大锅饭"，现在比较"精细化"，考虑企业的实际情况（SPC35）（匹配成长→运营模式）
服务能力→运营模式	服务能力对应于运营模式中怎么样（how）提供创业知识服务的问题	读 MBA 时，专门有几个案例讨论的是国外孵化器的商业模式，包括盈利机制等，我感觉和我们孵化器的运营模式差别很大（HPC07）（能力构成→运营模式）
		我们去美国孵化器考察时，虽然没有谈及商业模式的问题，但是我看了他们给的宣传材料，就一个感觉——"流程规范"（ESP81）（作业流程→运营模式）
		我是这样理解运营模式的，它等同于企业的核心竞争力，而竞争力的维持需要不断地创新，术语好像叫"创造性破坏"（HPC12）（动力机制→运营模式）

　　第三阶段：选择编码。以"客户定位（customer positioning）→价值主张（value proposition）→服务能力（service capability）"为基础，本书得到孵化器创业知识服务商业运营模式的概念模型（PPC model），如图 9-1 所示。模型中的行为者包括申请企业基于孵化器的创业知识服务，成长为成熟企业退出；孵化流程包括申请企业入驻、孵化器孵化与在孵企业持续成长、成熟企业退出三个阶段；模型的核心构件为向谁提供、提供什么及如何提供三个关键问题，分别对应客户定位、价值主张与服务能力三个主范畴。在对预留的 50 条语句进行理论饱和度检验后，发现没有形成新的范畴和关系结构，由此，说明形成的概念模型是稳定的。

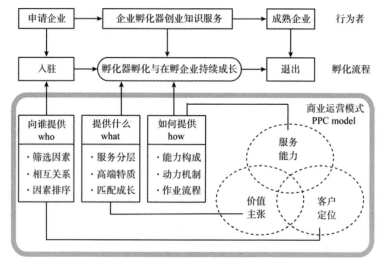

图 9-1　孵化器创业知识服务的商业运营模式

第三节　孵化器创业知识服务整合模型的跨案例分析

一、客户定位：为谁服务（who）

（一）孵化器筛选孵化企业的关键影响因素

孵化器筛选孵化企业的关键影响因素主要考虑四个方面，分别是成长性、创新性、网络性和适应性，分述如下：

（1）成长性，即孵化器对申请入驻企业的持续成长有积极预期。申请入驻企业的成长性影响到孵化企业的成功退出比率，因此，孵化器非常关注成长性这个考核指标。"一流的创业团队是我们看好 HY 生物科技的最主要原因，短短 3 年时间，销售收入就过千万，证明我们当初的判断是对的（ESP60）。""有一些企业只是玩好的概念，但是商业模式明显有缺陷，自然影响企业的成长性，这样的企业我们也不看好（WVC50）。""成长性这个指标不是孤立的，它和其他指标，例如创新性是联系在一块的，这个时候你可以综合考虑，不能只凭感觉（ESP61）。"

（2）创新性，即孵化器对申请入驻企业的创新能力有较高评价。申请入驻企业的创新能力影响到孵化企业的成功退出比率，因此，孵化器非常关注创新性这个考核指标。"在一个不创新就失败的时代，我们非常关注企业的创新性（ESP56）。""可以不是大的创新，但是小微创新也应该得到鼓励，我们有时候通过体验，考核申请入驻企业的创新文化，这是提升创新能力的软环境，看企业是否鼓励员工全员参与创新（WVC05）。""产品创新很重要，你提供给客户差异化的产品，但是另外一种创新形式，即商业模式创新也应该引起重视（WVC21）。"

（3）网络性，即申请入驻企业有相对完善的创业关系网络，"创业者的社会关系网络是我们筛选申请入驻企业的一个重要指标（SPC45）。"图 9-2 展现了 XL 公司创业者 XZD 的创业网络，背景资料是 XZD 在 XY 公司的 3 个创业伙伴（ZWX，LBH，LDZ）分别创业后，XZD 也离开了 LZP，成立了新企业。XL 公司从创业关系网络中不断获得有价值的信息溢出、管理流程更新、产品研发信息、市场营销联盟等，这些都促进了 XL 公司的持续成长。XL 公司的成长历程表明创业网络对于孵化企业的重要价值。

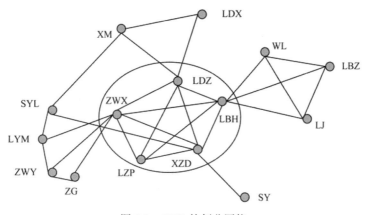

图 9-2 XZD 的创业网络

（4）适应性，即孵化器对申请入驻企业的环境适应能力有正向评价。申请入驻企业的适应性影响到小微企业的创业成功率，因此，孵化器非常关注适应性这个考核指标。"知不变者可长久，通变化者享大成！但如何辨别申请入驻企业的适应性，还缺乏操作性工具，更多的是凭经验和感觉（HPC13）。""市场竞争环境是变化的，变化的市场环境对于企业的适应性有更高的要求，要求企业根据环境变化，进行快速响应（HPC80）。""有些入驻企业开始的时候我们非常看好其商业模式，但是外部行业环境变化快，企业来不及调整，就失败了，要求企业快速适应，快速调整，速度很重要（SPC32）。"

（二）关键影响因素之间的相互关系

根据访谈语句统计的因素之间的因果关系条目数，可以确定影响因素之间的相互关系，排在前 4 位的分别是：创新性→成长性（25）、网络性→成长性（18）、网络性→创新性（20）、适应性→成长性（10）①，分述如下。

（1）创新性→成长性，即申请入驻企业的创新行为有助于企业的持续成长，此处的创新主要是指产品创新和商业模式创新两个方面。一些关键话语证据有："这家企业的研发团队都是海归，名校毕业，产品创新的技术力量很强，前期产品投放市场很受欢迎，有了好的产品，成长性自然不会差（SPC42）。""这家企业的技术负责人属于千人计划国家特聘专家，R & D 团队技术雄厚，有多位高分子聚合物开发和应用专家，成立仅仅 5 年，就被列为上海市小巨人培育企业（SPC42）。"

（2）网络性→成长性，即申请入驻企业的创业关系网络有助于企业的持续成长，因为创业关系网络提供了企业持续成长的资源支撑平台。一些关键话语证据有："交大管院一位博士告诉我，用专业术语叫'结构洞'，企业的快速发展也得益于网络的有利位置（SPC51）。""我们家族的很多人都在创业，大家自然成了一个亲情网络，定期聚会，交流一下创业信息（HPC22）。""离开浙大也有几年了，但这家企业和浙大软件学院联系仍然很频繁，浙大的技术力量不断帮助他们解决企业成长中出现的新问题（ZSP60）。"

（3）网络性→创新性，即申请入驻企业的创业关系网络有助于企业的创新行为，因为创业关系网络提供了产品或商业模式创新的信息与灵感。一些关键话语证据有："他们几个一块创业的，现在没有一个混得差的，在关系网络内，通过观察性学习，经常可以提供一些 new idea（HPC26）。""原来我们都在一家企业上班，是工友，后来都创业了，自然也就成了联盟，大家交流产品创新就有了共同语言（SPC52）。"

（4）适应性→成长性，即申请入驻企业的适应性有助于企业的持续快速成长。一些关键话语证据有："适应性强的企业，创业失败的可能性就低，成长的也相对快一些，这一点在东部软件园内有很多活生生的案例（ESP37）。""对于很多孵化企业的访谈都证实了适应性对于成长性的影响，他们的一个重要经验就是及时调整，快速适应，这也是小企业相对于大企业的一个速度优势（ESP39）。"

（三）关键影响因素的相对重要性

统计各影响因素与"成功入驻"之间的因果关系条目数表征相对重要

_____

① 这里括号内数字表示根据访谈语句统计的因素之间的因果关系条目数。

性，一级影响因素排在前四位的分别是：成长性（56）＞创新性（48）＞
网络性（35）＞适应性（18）。同理，二级影响因素排在前四位的分别是：
创业者及创业团队（38）＞研发水平（35）＞发展战略（26）＞关系质量
（21），现对二级影响因素分述如下：

（1）创业者及创业团队。对于新创企业而言，创业者及创业团队是最
为关键的人力资本之一，充当着识别、吸引、获取、整合各种资源，并把
个体资源内化为组织资源的关键角色（Brush et al., 2001）。典型话语证据
为，"相对于技术水平，创业者及创业团队的魅力给我们的感触更大，有
些更是美国硅谷回来的精英海归（HPC29）。"东部软件园也谈到："XL
公司的老大是一位浙大教授，领着创业团队平均每天研发时间超过 16 个
小时，对这样的创业团队，我们肯定优先选择、重点倾斜（ESP04）。"

（2）研发水平。小微企业拥有较高的研发水平，能够提供有市场吸引
力的产品，自然备受孵化器青睐。典型话语证据为，"小微企业最怕同质
化竞争，提供和别人一样的产品，最后只能拼价格，产品质量不能让人满
意，企业就不会有发展前景（HPC16）。""这几年，发展很好的几家企业，
都是研发水平高的企业，有好的研发团队，好的研发流程，推出的产品就
具备竞争力（HPC19）。"

（3）发展战略。小微企业要有清晰的发展战略，发展战略清晰了，目
标就明确了，对企业的成长就有指引作用。典型话语证据为，"企业虽小，
但战略不能小，要有大视野、大思维、大战略，目标远大、执行力强、战
略清晰（ZSP20）。""发展战略一要注意分阶段，不能一步到位，二要及
时调整，环境变了，战略也要相应改变（ZSP23）。"

（4）关系质量。关系质量是一个多维的概念，考虑和供应商、客户、
大企业、政府部门等机构的关系质量，这些关系质量都影响着小微企业的
成长。"供应商要注意动态考评，和好的供应商结成发展共同体，才能够
形成良性循环（HPC27）。""产品推出后，要形成固定的用户群，这些用
户群是支撑企业不断发展的原动力之一，可以采取多种营销策略，维系和
用户的关系（HPC32）。"

二、价值主张：提供什么样服务（what）的问题

（一）企业孵化器创业知识服务的分层

孵化器的创业知识服务可分为基础与业务、培育与环境、网络与政策
三个层次（林德昌等，2011）。调研发现，5 家案例企业孵化器都构建了
涵盖上述三个层次的创业知识服务体系，并在各个层面上呈现差异性，分

述如下。

（1）基础与业务，包括孵化器提供电子商务平台、公共技术服务平台、协助企业进行行业分析等。典型话语证据为"东湖创业提供电子商务平台等八个孵化器公共服务平台，供入驻企业使用，促进了企业的成长（WVC11）。""孵化器要提供差异性创业服务，才能吸引别人加入，在公共技术平台上要真正做到对企业有使用价值，不搞花架子（WVC26）。"

（2）培育与环境，包括孵化器提供管理人才培训、创业导师服务、融资方案设计等。典型话语证据为"入驻企业如何融资，非常困难，我们也在探索，希望能尽可能创造机会解决企业的燃眉之急（ZSP74）。""提供创业导师服务，关键是要选择好的导师，好的创业导师是国内的稀缺资源，对于行业领先企业的企业家一定要用好（ZSP79）。"

（3）网络与政策，包括孵化器提供合作平台、产业联盟、合作论坛等内容。话语证据为"要利用科技园区的优惠政策，培育创业生态系统，在生态系统的促发下，加快孵化企业的成长（ZSP50）。""狭小的区域内，聚集了大量的同行业企业，就可以构建稠密的合作关系网络，形成产业联盟，积小成大，大家协同作战，力量自然得以放大（HPC35）。"

（二）创业知识服务由低端向高端增值服务演进，呈现专业化、模块化、个性化三种质态

高端增值服务是企业孵化器塑造品牌优势并保持持续竞争力的关键所在，如东部软件园的科技创新服务平台、新加坡高科之春、千里马国际培训就业工程、创业大赛等高端增值服务项目。企业孵化器的高端增值服务总体呈现专业化、模块化、个性化三种质态：

（1）专业化。孵化器的专业化更能带来规模效应，未来，孵化器运作的专业化是一大趋势（Schwartz and Hornych，2008），如运营的创新形式、绩效的标杆化等。典型话语证据为"通过专业化创业知识服务体系的构建，可以更细致地解决新创企业在技术研发、生产运作、知识获取、市场开拓等方面的问题，形成产业互动（HPC55）。""孵化器的运作模式也在大幅进步，国外出现了加速网络等新的孵化形式，一定要加大孵化器的技术进入门槛，向专业化、有技术含量方向过渡（ESP85）。"

（2）模块化。模块化是孵化器应对创业知识服务复杂性的一种有效策略，具有降低服务成本、易于复制、快速扩充等优点。例如，孵化器针对电子商务可以开发农村电子商务服务模块、跨境电子商务服务模块，每个模块尽力做到规范和高效。典型话语证据为"服务模块化以后，针对不同的企业，也需要适度修正，否则服务效果会打折扣（WVC75）。""模块

化对于我们管理层而言，可以更有精力关注创业知识服务创新项目的开发
（HPC56）。"

（3）个性化。如果说专业化强调更为细致地提供创业知识服务，模块
化强调更为快捷地提供创业知识服务，那么，个性化强调的则是更具针对
性地提供服务。典型话语证据为"个性化就是要求孵化器做到订单式提供，
创业知识服务契合在孵企业的订制要求，我们行内有一句话，没有最好，
只有最适合的创业知识服务项目（HPC82）。""个性化的核心在于提供的
服务要匹配企业特质，这样就要充分地进行调研，明确孵化企业的真实需
求（HPC93）。"

（三）创业知识服务应动态匹配孵化企业的持续成长

孵化器的创业知识服务分为基础与业务、培育与环境、网络与成长三
类，孵化企业的持续成长分为种子期、起步期、成长期、成熟期四个阶段。
显然，三类创业知识服务应该与四个成长阶段保持动态匹配，典型话语证
据为"对种子期的在孵企业提供如何 R & D 国际化的创业知识服务，显
然没有效果；同样，对于成长期的在孵企业提供创业导师的服务项目，也
是没有任何意义的（HPC85）。""10 多年的孵化器运作实践，我们已经深
刻认识到服务项目的开发与企业成长阶段匹配的重要性，企业都非常现
实，你提供的东西高高在上，他很快就会用脚投票（ZSP07）。""我们创
建于东部软件园，成长于东部软件园，现在企业做大了，但是对于东部软
件园始终有感恩之心，因为软件园在我们的起步和成长阶段都起到了很大
的助推作用（ESP45）。"

三、服务能力：如何提供服务（how）的问题

（一）知识结网能力和知识运作能力是孵化器创业知识服务能力的关
键构件

知识结网能力与知识运作能力是孵化器创业知识服务能力的两个关
键构件，本书也支持这一命题。知识结网能力是指孵化器与其他节点形成
知识网络的能力，其他知识结点包括孵化企业、行业领先企业、高校、政
府部门、行业中介等；知识运作能力是指以知识结网能力为依托，孵化器
从知识网络中获取知识、整合知识、应用知识的能力。

（1）知识结网能力。孵化器与孵化企业、行业领先企业、高校、政府
部门、行业中介等知识节点结成知识网络，知识结网能力是知识运作能力

的基础。图 9-3 展现了以东湖创业为中心的知识网络，在该知识网络中，既包括武汉大学、华中科技大学等高校知识节点，也包括东湖孵化器、比利时孵化器等孵化器同行，还包括日新、华成等孵化企业。"这几年，我们加强了和国外同行的交流与学习，走出去，眼界确实宽了，看问题的思路也新了（SPC05）。""一定要加强同孵化器同行的联系和交流，尊重孵化器同行，把他们优秀的做法借鉴过来，共同成长，分享孵化创业知识（ZSP52）。"

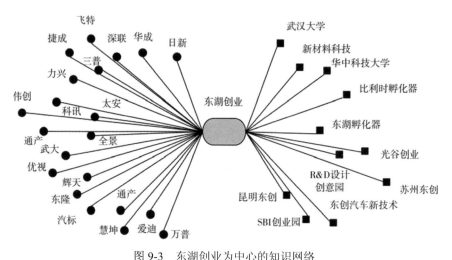

图 9-3　东湖创业为中心的知识网络

注：根据调研记录绘制，●表示在孵企业，■表示孵化器或高校

（2）知识运作能力。知识运作能力涉及知识运作的速度、质量和充裕性等关键指标，典型话语证据为"现在是一个速度制胜的时代，什么都要求快，我们每天都能近距离观察在孵企业，企业化运作机制使我们服务效率很有保证（ESP41）。""孵化器向孵化企业提供的创业服务知识要树立精品意识，对于企业的成长真正起到帮助作用，不能只追求面子工程，形象工程，中看不中用（SPC12）。""在孵企业对孵化器的要求逐年在提高，有时候企业需要服务外包的相关知识，这也促使我们不断学习，研究企业的真实需求（ZSP12）。"

（二）持续创新是孵化器增进服务能力的主要动力机制

五家孵化器都将持续创新作为增进服务能力的主要动力机制，"这个行业同质化竞争非常严重，你不创新，就没有竞争力，有时候一个新的项目推出来，很快其他孵化器都相继推出，快得不可想象（WVC81）"。调研发现，孵化器的持续创新方式主要有三种类型，分别是模仿基础上二次

创新、自主开发和协同创新。按照访谈语句中出现的频次统计：模仿基础
上二次创新出现 21 次，协同创新出现 14 次，自主开发出现 12 次。

（1）模仿基础上二次创新。这种创新方式的重点在于二次创新，在模
仿基础上作出具备自己特色的渐进式改变。典型话语证据为"以美国
Automation Alley，Ann Arbor Spark 为代表的先进孵化器，代表了创业知
识服务实践的行业标杆，我们通过考察、观察、阅读等途径，进行模仿
（SPC39）。""模仿基础上的二次创新对于孵化器的学习能力要求较高，要
善于学习同行的先进做法，加以创新性思维改造，才能杜绝山寨模式
（ZSP40）。""完全模仿肯定是不行的，企业环境变化很大，需要学习服务
流程，然后进行适度修改、二次开发，这些小的创新，我们内部称为微创
新；我们坚信，很多个微创新累积起来，就是一个大的竞争优势（SPC40）。"

（2）自主开发。自主开发对孵化器的创新能力要求较高，但这种创新
方式是孵化器建立差异化竞争力的关键途径。通过自主开发，孵化器可以
向行业引领者过渡，持续提供具备知识含量的创业知识服务项目。典型话
语证据为"自主开发才是孵化器建立稀缺、不可模仿、差异化竞争优势的
主体路径（ESP42）。""自主开发虽然成本较高，推出周期长，但我们认为
'物有所值'，内部我们叫'孵化器核心价值培养工程'，对整个孵化器行业
的发展也有促进作用（ZSP82）。""自主开发要规范开发流程，不要随意而
为，开发出的项目要通过预评估，再推出来，降低开发风险（ESP51）。"

（3）协同创新。图 9-4 表示浙江大学科技园的协同创新网络，主要类
型有三个：与其他孵化器的协同创新；与孵化企业的协同创新；与高校、
研究机构的协同创新。针对以上三种类型，分述如下：

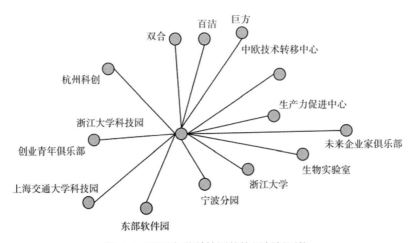

图 9-4　浙江大学科技园的协同创新网络

首先，与其他孵化器的协同创新，包括东部软件园、宁波分园等。"形成一个孵化器协作创新网络，互相竞争，大家推出新的创业知识服务项目速度明显加快，开发的项目也都很有深度（ZSP83）。"其次，与孵化企业的协同创新，包括双合、巨方等企业。"孵化企业去国外学习，发现孵化器的咖啡吧很有创意，每个人想到什么好的创业点子、想法都随手写在便条上，贴在墙上、桌子上，来的人随时可以受到启发，听了企业的描述，我们也搞了知识社区项目，培育创业人员交流氛围（ZSP86）。"最后，与高校、研究机构的协同创新，包括与浙江大学、中欧技术转移中心等。"浙大给我们提供了非常大的智力支持，很多又是无形的，浙大管院教授的理论和实践水平都很高，学员听了可以马上用于实战，积极性就高（ZSP17）。"

（三）"规划→分析→设计→实施"是孵化器创业知识服务的核心作业流程

五家孵化器的调研表明，孵化器业已形成了固定的核心作业流程，通过核心作业流程保证创业知识服务项目的科学性与规范性。其中，项目规划、项目分析、项目设计和项目实施是核心作业流程的四个关键环节，分述如下：

（1）项目规划。项目规划是核心作业流程的第一个环节，也是基础性环节，主要任务是确定服务目标问题，典型话语证据为"如果事先不把目标的事情弄清楚，项目推出后，风马牛不相及，基本上是无用功，早期有很多这样的教训（HPC65）。""对一些先进的项目规划技术，如知识地图、因果分析等，我们通过多年的实践，已经做到了流程内化（ESP53）。""项目规划的科学性和合理性，对于后续环节有非常大的影响，早期我们并不重视项目规划，打到哪里算哪里，走了很多弯路（SPC65）。"

（2）项目分析。项目分析是核心作业流程的第二个环节，也是最为核心的一个环节，主要任务包括可行性分析、详细调查、拟订方案等。典型话语证据为"可行性分析的内容有很多，我们有一个分析框架，如客户需求可行性，你推出的创业知识服务，如果客户不感兴趣，那就是可行性不具备（SPC27）。""项目规划阶段需要初步调查，这一块就需要详细调查，例如访谈、发调查问卷都是我们常采取的形式（ESP36）。""项目分析要拟订方案，拟订的方案最好有备选方案，一个方案不行，再把备选方案推上去，这样就不会很被动（ZSP62）。"

（3）项目设计。项目设计是核心作业流程的第三个环节，与项目分析的区别在于：项目分析主要回答做什么的问题，而项目设计主要回答怎么做的问题。典型话语证据为"方案筛选的过程就是一个头脑风暴的过程，每次推出一个大的项目，我们都会请行业专家、政府官员、企业代表、管理专家等来集体论证（WVC67）。""执行流程一定要规范，好的执行流程，可以保证项目实施的效果，采取流程管理，而不是随意调整流程，这样就会增大项目设计的不确定性（SPC47）。""项目设计要有知识含量，与其他孵化器的创业项目有差异性，这对孵化器的自主开发能力和协同创新能力要求较高（HPC57）。"

（4）项目实施。项目实施是核心作业流程的第四个环节，涉及项目执行问题，例如人员培训、方案推广、跟踪检查等都需要重点关注。典型话语证据为"人员培训应该贯穿创业知识服务的全过程，我们非常注意提升孵化器从业人员的整体素质，有的送去攻读 MBA（ZSP68）。""项目实施是一个很复杂的过程，有很多不可控因素，有时候明明预想的很好，但实施起来，并不成功，就是影响因素考虑不周全的原因（WVC77）。""项目实施以后，不管成功与否，都要及时做好复盘和整理工作，将一些好的做法与坏的教训用知识库的形式固定下来，在下次的执行中尽量避免（WVC65）。"

综上所述，得到表 9-3 的案例比较结果，表 9-3 可以在横向与纵向两个方面提供应用。①横向方面：可以直观看到每个孵化器的优势子范畴是什么，作为其他孵化器的学习样本。在筛选因素方面，浙江大学科技园和东部软件园表现较好；在能力构成方面，上海科创、浙江大学科技园和东部软件园表现较好；在作业流程方面，东湖创业、上海科创和东部软件园表现较好。②纵向方面：可以明确孵化器的短板是什么，确定孵化器下一步改进的空间。东湖创业在筛选因素及匹配成长方面有待加强；上海科创在因素排序方面有待加强；杭州科创在因素排序和动力机制方面有待加强；浙江大学科技园在动力机制和作业流程方面有待加强；东部软件园在高端特质方面有待加强。

表 9-3　案例孵化器的比较总结

主范畴	子范畴	支持程度				
		东湖创业	上海科创	杭州科创	浙江大学科技园	东部软件园
客户定位：为谁服务（who）	筛选因素	☆	☆☆	☆☆	☆☆☆	☆☆☆
	相互关系	☆☆	☆☆	☆☆	☆☆	☆☆☆
	因素排序	☆☆	☆	☆	☆☆	☆☆
价值主张：提供什么样服务（what）	服务分层	☆☆☆	☆☆	☆☆☆	☆☆☆	☆☆☆
	高端特质	☆☆	☆☆	☆☆	☆☆	☆
	匹配成长	☆	☆☆☆	☆☆☆	☆☆☆	☆☆☆
服务能力：如何提供服务（how）	能力构成	☆☆	☆☆☆	☆☆	☆☆☆	☆☆☆
	动力机制	☆☆☆	☆☆	☆	☆	☆☆☆
	作业流程	☆☆☆	☆☆☆	☆☆	☆	☆☆☆
	整体研究	☆☆☆	☆☆☆	☆☆	☆☆	☆☆☆

注：星形符号表示孵化器对相应变量的支持程度，☆一般支持，☆☆比较支持，☆☆☆非常支持

第四节　结语与讨论

一、基本结论

本章基于五家孵化器的多案例研究,提炼得到孵化器创业知识服务的商业运营模式。该模式聚焦三个核心问题,即向谁提供、提供什么和如何提供?分别对应客户定位、价值主张和服务能力三个主范畴。对于每一个主范畴又进行了细分,共得到筛选因素、相互关系等子范畴。主范畴和子范畴的对应关系如下:客户定位=‖筛选因素,相互关系,因素排序‖;价值主张=‖服务分层,高端特质,匹配成长‖;服务能力=‖能力构成,动力机制,作业流程‖。

就客户定位而言,基本结论有:①孵化器筛选孵化企业的关键影响因素主要考虑成长性、创新性、网络性和适应性;②关键影响因素之间的相互关系,排在前列的是创新性→成长性、网络性→成长性、网络性→创新性、适应性→成长性;③二级影响因素中排在前列的分别是创业者及创业团队、研发水平、发展战略、关系质量。

就价值主张而言,基本结论有:①孵化器的创业知识服务可分为基础与业务、培育与环境、网络与政策三个层次;②创业知识服务由低端向高端增值服务演进,呈现专业化、模块化、个性化三种质态;③创业知识服务动态匹配孵化企业的持续成长。

就服务能力而言,基本结论有:①知识结网能力和知识运作能力是孵化器创业知识服务能力的关键构件;②持续创新是孵化器增进服务能力的主要动力机制;③"规划→分析→设计→实施"是孵化器创业知识服务的核心作业流程。

二、理论贡献

本章的理论贡献体现在:①提炼得到孵化器创业知识服务的商业运营模式,将其概括为价值主张、客户定位和服务能力三个主范畴,丰富了孵化器创业知识服务的理论研究框架,这是本章研究的最大理论贡献。②本章研究植根五家孵化器的本土情景,提炼得到一些创新性观点,例如,在客户定位方面,成长性、创新性与网络性是孵化器筛选在孵企业的三个关键指标;在价值主张方面,孵化器的创业知识服务呈现专业化、模块化和个性化三种质态;在服务能力方面,模仿基础上二次创新、自主开发和协同创新是孵化器增进服务能力的主要动力机制。③植根多案例情景，考虑到本章研究的探索性较强，需要回答向谁提供、提供什么和如何提供三个关键问题，具备复杂性，采用扎根理论的编码分析是一种新鲜尝试。采取扎根编码这种质性分析技术，有利于获取更加原生态的研究命题，丰富孵化器的创业研究理论框架。

三、实践价值

本章的研究具备较强的实践价值，启示孵化器在塑造核心竞争力方面应着重从三个方面入手：其一，在客户定位方面，根据成长性、创新性、网络性和适应性等指标筛选孵化企业，聚拢孵化企业群，形成孵化器的整体特质和差异化竞争优势。其二，在价值主张方面，创业知识服务应动态匹配孵化企业的持续成长，根据不同的成长阶段提供差异化的创业知识服务，并注意由低端服务向高端增值服务演进，通过高端增值服务的提供，形成孵化企业易于成长的区域软环境。其三，在服务能力方面，孵化器应注重模仿基础上的二次创新、自主开发和协同创新三种创新形式，通过持续创新提供差异化有价值服务，进而形成孵化器的品牌优势。

四、研究局限

本章的研究局限主要有三个方面：其一，模型充裕性。孵化器创业知识服务的商业运营模式仅涉及客户定位、价值主张与服务能力三个主范畴，是否有其他主范畴，有待更多实践资料的挖掘与整理。其二，研究的广度方面。运营模式对孵化器绩效的影响机理未作统计学意义上的验证，下一步可以收集孵化器的一手数据，开发量表，运用统计分析技术进行实证检验，有可能获得更为新鲜的命题。其三，样本代表性。本书选取的案例样本仅有五家，在地域选择上具有局限性，如对于北京、广州、深圳的孵化器未作涉及，这将影响研究结论的代表性，下一步可扩充上述区域的孵化器，进行跨区域的专题对比研究。

第十章 结论与展望

本章旨在对全书的研究工作做一简要总结,整理集群情景下小微企业创业行为研究的基本命题;同时,指出在这一领域还存在哪些问题值得进一步的探索,以期为下一步的深入研究提供指引。

第一节 研 究 结 论

本书以产业集群为情景变量,以小微企业为研究对象,以创业行为为研究概念,基于扎根技术、话语分析等多种方法系统研究了创业行为的涌现机理、类属呈现等关键问题,并深入分析了进化创业行为、网络创业行为、迭代创业行为和协同创业行为,此外,作为小微企业创业行为的助推剂,本书关注了企业孵化器的创业知识服务。

本书的主要研究结论如下。

1. 集群情景下小微企业创业行为的涌现机理对应个体、企业、集群和政府四个层面的影响因素

基于浙江 10 个产业集群的小微企业创业实践,采用扎根理论方法,系统回答了集群情景下小微企业创业行为的涌现机理这一关键议题。研究的基本结论有二:第一,提炼得到四个层面的影响因素模型。四个层面分别是个体层面、企业层面、区域层面和政府层面,个体层面对应个体创业认知维度;企业层面对应企业适应行为维度;区域层面对应集群创业情景维度;政府层面对应善治有为政府维度。第二,对四个维度的细分因素作了进一步识别,形成 4×4 影响因素组合,对应关系如下:个体创业认知=(先前经验、机会感知、明星示范、家族传承);企业适应行为=(模仿改进、创业学习、快速响应、战略更新);集群创业情景=(协同情景、进化情景、平台情景、包容情景);善治有为政府=(政策创新、价值治理、服务理念、生态系统)。

2. 进化创业行为、协同创业行为、网络创业行为和迭代创业行为是集群情景下小微企业创业行为的四类典型形态。

基于话语分析方法和浙江小微企业，聚焦集群情景下小微企业创业行为的类属呈现，本书发现有三：首先，协同创业行为、进化创业行为、网络创业行为和迭代创业行为是集群情景下小微企业的四种典型创业行为类属。其次，通过话语分析技术，进一步总结了针对以上四类的 16 个子范畴，分别是小微创新、累积优化、模仿学习、网络感知等。最后，运用类属呈现模型，对于小微企业成长命运的迥异表现进行了阐释，说明了一些常见的典型话语适用情景，并对类属呈现模型的意义建构从四方面进行了阐述。

3. 运用"集群情景→驱动因子→进化创业行为"的逻辑故事线揭示了进化创业行为的驱动机理

将话语分析方法引入进化创业行为的研究领域，系统研究了驱动机理模型这一内核问题，基本结论有四：其一，揭示了集群情景→驱动因子→进化创业行为的完整故事线，提出了集群情景下小微企业进化创业行为的驱动机理模型。其二，对集群情景、驱动因子和进化创业行为又精细化为 10 个语素，如集群情景细分为网络节点、关系氛围和集群认知；驱动因子细分为刻意学习、网络挤压、知识过滤和价值治理；进化创业细分为微创新、战略更新和风险投资。其三，提出了具体的驱动机理模型，明示了若干可执行的关系路径，如网络节点→刻意学习、知识过滤→微创新等。其四，在驱动模型效度检验的基础上，又描述了话语要素，阐释了话语意义，并给出了适用情景。

4. 协同创业行为的发生机理可以概括为"集群情景→协同因子→协同创业行为"的逻辑链条

研究的基本结论简述如下：第一，提炼得到集群情景下小微企业协同创业行为的驱动机理模型，遵循故事线为集群情景→协同因子→协同创业行为。第二，进一步精炼了集群情景、协同因子和协同创业行为三类主范畴的子范畴，具体说来，集群情景=（镇域集群、创业氛围、关系网络、协同引导）；协同因子=（要素协同、主体协同、行为协同、空间协同）；协同创业行为=（协同小微创新、协同战略更新、协同风险投资）。第三，对于集群情景→协同因子以及协同因子→协同创业行为两类路径，选择比重最大的 6 个关系路径进行了具体的语义阐释。

5. 基于能力视角，解读了集群情景下小微企业的网络创业行为，概括为网络感知、网络发起、网络控制、网络重构和网络学习五个维度

基于对现有文献的系统梳理和部分样本企业的访谈、先导测试，开发了集群情景下小微企业网络创业行为的测量量表，包括网络感知、网络发起、网络控制、网络重构和网络学习五个维度。通过进一步的量表构建、精炼和检验，最终形成涵盖 15 个问题项的正式测量量表，本章的结论为集群情景下小微企业网络创业行为的研究提供了操作层面的理论支撑。另外，在研究方法上，区别于进化创业行为与协同创业行为的质性研究方法，本章选用了结构方程建模技术，是因为网络创业行为的研究文献中，对于网络能力的研究成果较多，对于网络创业行为的测量相对较为成熟。

6. 数据驱动、敏捷学习、知识挖掘和平台网络是驱动迭代创业行为的基本语素

基于移动互联网企业的迭代创业实践，通过语素、语系、语度、语义、语景五个环节的话语分析，本书系统回答了"迭代创业行为何以能够发生"这一关键议题，研究的基本结论有二：其一，驱动因素"是什么"（what）的研究发现。数据驱动、敏捷学习、知识挖掘和平台网络是驱动迭代创业行为的 4 个基本语素，每个语素又细分为 4 个二级因素，形成 4×4 驱动因素组合，对应关系如下：数据驱动=（数据识别、数据获取、数据处理、数据运用）；敏捷学习=（学习速度、学习质量、获得学习、实践学习）；知识挖掘=（挖掘速度、挖掘纯度、知识系统、挖掘流程）；平台网络=（生态系统、联结主体、关系品质、网络认知）。其二，因素之间"怎么样"（how）作用的研究发现。驱动因素之间的关系定位可描述为，数据驱动是初始因子，敏捷学习/知识挖掘是主体性知识行为，平台网络是调节变量。据此，研究得到了数据驱动→敏捷学习、数据驱动→知识挖掘等强关系路径 5 条，平台网络→迭代创业等弱关系路径 3 条。

7. 孵化器的创业知识服务是集群情景下小微企业创业行为的助推剂

基于五家孵化器的多案例研究，提炼得到孵化器创业知识服务的商业运营模式。该模式聚焦三个核心问题，即向谁提供、提供什么和如何提供？分别对应客户定位、价值主张和服务能力三个主范畴。就客户定位而言，基本结论有：①孵化器筛选孵化企业的关键影响因素主要考虑成长性、创新性、网络性和适应性；②关键影响因素之间的相互关系，排在前列的是创新性→成长性、网络性→成长性、网络性→创新性、适应性→成长性；③二级影响因素中排在前列的分别是创业者及创业团队、研发水平、发展战略、关系质量。就价值主张而言，基本结论有：①孵化器的创业知识服

务可分为基础与业务、培育与环境、网络与政策三个层次；②创业知识服务由低端向高端增值服务演进，呈现专业化、模块化、个性化三种质态；③创业知识服务动态匹配孵化企业的持续成长。就服务能力而言，基本结论有：①知识结网能力和知识运作能力是孵化器创业知识服务能力的关键构件；②持续创新是孵化器增进服务能力的主要动力机制；③"规划→分析→设计→实施"是孵化器创业知识服务的核心作业流程。

第二节　研究展望

综合集群情景下小微企业创业行为的现有研究成果，遵循学科发展的一般轨迹，下面对未来相关研究进行简要展望，旨在推动小微企业创业行为相关议题的进一步深入研究。

1. 基于框架拓展的边界、惯例、网络、信任等重要变量的导入

随着研究框架的拓展和理论平台的繁衍，边界、惯例、网络、信任等重要概念的引入，集群情景下小微企业创业行为的研究厚度和意蕴必将得到提升（Burgess and Turner，2000；Becker，2005）。引入边界概念（Macher，2006），将小微企业的创业行为研究，扩展到集群情景下小微企业的跨边界创业网络研究，可以获得更具备穿透力的研究框架和研究命题。小微企业如何突破固有的创业惯例，重新形成创业生态位，在创业生态系统中塑造新的竞争优势，需要惯例概念的引领。囿于小微企业资源的有限性，小微企业的创业行为应该镶嵌于创业网络的空间内，网络概念的引入必将放大小微企业创业行为的研究视野。最后，信任因素的引入，也能支撑小微企业创业行为的治理机制研究，并有望减少网络环境下不确定性增加而可能产生的投机行为。

2. 从创业者个体、创业者团队等更为微观的视角，探索小微企业创业行为的涌现机理

小微企业创业行为的涌现机理需要集成个体、企业、产业和区域等多个层面。现有研究中，企业、产业和区域层面的成果较多，对于个体、团队层面的研究成果还较为缺乏。未来可以采用质化分析方法，植根本土草根创业情景，提炼创业者个体、创业者团队层面的涌现机理。通过微观层面的涌现机理，进一步支撑企业、产业和区域层面的涌现机理研究。微观层面的切入将有助于我们洞悉集群情景下小微企业创业行为的逻辑演变，

对小微企业的创业实践具有指导意义。微观层面的创业研究，对于方法的要求也更高，未来可以尝试社会网络、动力仿真、话语分析等交叉性多学科方法，通过多学科方法的综合运用，支撑微观层面的涌现机理研究。

3. 创业行为与小微企业成长阶段的匹配机制问题

根据生命周期理论界定小微企业的成长阶段，由此构建创业行为与小微企业成长阶段的动态匹配理论模型，梳理两个范畴的匹配机制问题。小微企业的不同成长阶段对应不同的创业行为，在创业行为的类属上，主要有协同创业行为、进化创业行为、网络创业行为和迭代创业行为。进一步研究每一类创业行为匹配的小微企业成长阶段，或者每一个成长阶段对应的典型创业行为。通过以上两个问题的解读，梳理创业行为与小微企业成长阶段的匹配机制问题。在分析工具上，可以借助社会网络分析技术，从结构、关系和认知维度剖析创业行为影响小微企业成长的方式、途径和结果。通过构建创业行为影响小微企业成长的理论分析框架，探究集群情景下小微企业成长的内涵与特点。

4. 对小微企业、产业集群与创业网络共演问题的深入探讨

该共演问题涉及三个分析单元：小微企业、产业集群与创业网络，未来可以集成创业团队、知识网络等更多分析单元，展开共演分析。基于文献综述，可以发现已有研究形成的很多命题都是从小微企业、产业集群或创业网络的单一角度切入，缺乏共演分析，影响了本领域研究的系统性和解释性。以小微企业、产业集群和创业网络的共演为基本分析单元，将有助于从更宽广的空间提炼小微企业创业行为的基本命题。因此，收集更多一手数据和原生态本土案例，探析小微企业、产业集群和创业网络的共演方向、规则和路径，也是未来的重要研究方向。下一步可以借鉴多层级与嵌入性、路径依赖、动态博弈等演化经济思想，以期得到更具普遍性和指导性的研究命题（Hagedoorn，2006）。

5. 推进本土集群情景下的创业行为研究

"互联网+"背景下，中国小微企业的创业行为在数量和质量上都居于国际前沿。在特色鲜明的产业集群促发效应下，产生了一大批具备本土特色的创业热词，如草根创业等。这些本土创业概念的提出，丰富了现有的创业研究框架。未来可以借助国际主流的案例研究方法，基于本土情景，提炼原生态创业研究命题，与国际主流期刊开展学术对话。在理论层面，

小微企业的创业行为具有高度的情景依赖性,研究结论的信度和效度在不同的情景变量下具有异质性。这也提示我们源于西方集群的相关研究成果并不具备普适性,应用于中国集群时需要加以检验、补充、修正和强化,大力推进本土化研究应该是中国学者的后续研究重心之一。

6. 小微企业创业行为与复杂网络科学的结合研究

复杂网络科学最大的贡献就在于提供了一种自下而上的全新建模方法,借用主体之间的交互作用映射出系统的复杂演化,这种方法能基于微观和宏观的相关性,诠释个体从简单到复杂的演化过程和机制。今后的小微企业创业研究应该认真探讨如何运用复杂网络科学理论来整合各种不同的研究视角,以突破现有理论框架的藩篱。集群情景下小微企业的创业行为研究是一个涉及多层面、多因素的复杂问题,未来可以尝试复杂网络科学的引入,针对小微企业的创业行为开展交叉性研究。关注的一些典型问题包括:小微企业创业网络中的各种非线性创业关系、创业主体知识交互的动态性、创业网络的区域聚集与演化问题、创业行为的复杂系统演化机制等。

参 考 文 献

波特. 2000. 国家竞争优势[M]. 李明轩,等译. 北京:华夏出版社.

蔡莉,单标安. 2013. 中国情境下的创业研究:回顾与展望[J]. 管理世界,(12):160-168.

陈嘉映. 2003. 语言哲学[M]. 北京:北京大学出版社.

陈劲,阳银娟. 2012. 协同创新的理论基础与内涵[J]. 科学学研究,(2):161-164.

戴伟奇,魏江. 2010. 集群企业创业行为的测度及其影响效应[J]. 科学学研究,(10):1502-1509.

福柯. 2007. 知识考古学[M]. 谢强,马月译. 上海:上海三联书店.

克鲁格曼. 2000. 地理和贸易[M]. 张兆杰译. 北京:北京大学出版社.

李世杰,胡国柳,高健. 2014. 转轨期中国的产业集聚演化:理论回顾、研究进展及探索性思考[J]. 管理世界,(4):165-170.

李伟,聂鸣,李顺才. 2010. 企业家精神对外部知识能力及网络能力的作用[J]. 科学学研究,(5):763-768.

李雯,夏清华. 2012. 学术型企业家对大学衍生企业绩效的影响机理[J]. 科学学研究,(2):284-293.

梁琦,吴俊. 2008. 财政转移与产业集聚[J]. 经济学(季刊),(4):1246-1269.

林丹,梁建伟. 2010-12-13. 浙江产业地图:从块状经济加速提升到现代产业集群[N]. 钱江晚报,B0008.

林德昌,陆强,王红卫. 2011. 企业对孵化器服务需求的实证研究及其对服务创新的启示[J]. 研究与发展管理,(1):62-69.

刘成斌. 2011. 农民经商与市场分化:浙江义乌经验的表达[J]. 社会学研究,(5):80-102.

刘志成,吴能全. 2012. 中国企业家行为过程研究:来自近代中国企业家的考察[J]. 管理世界,(6):109-123.

陆立军. 2011. 浙中崛起:基于浙中城市群和"义乌商圈"的理论与实践创新[M]. 杭州:浙江人民出版社.

陆立军,王祖强,杨志文. 2008. 义乌模式[M]. 北京:人民出版社.

吕国庆,曾刚,马双,等. 2014. 产业集群创新网络的演化分析[J]. 科学学研究,(9):1423-1430.

吕源,彭长桂. 2012. 话语分析:开拓管理研究新视野[J]. 管理世界,(10):157-171.

马鸿佳,董保宝,葛宝山. 2010. 高科技企业网络能力、信息获取与企业绩效关系实证研究[J]. 科学学研究,(1):127-132.

马岚. 2008-12-18. 民营经济三十而立[N]. 京华时报,第12版.

马玲,陈智高,郝福刚. 2011. 企业孵化器知识服务能力构成建模与实证研究[J]. 研究与发展管理,(4):98-105.

马庆国. 2004. 管理类研究生学位论文要求与评判标准[J]. 高等教育研究,(1):61-64.

马歇尔. 2005. 经济学原理[M]. 廉运杰译. 北京:华夏出版社.

马歇尔. 2014. 经济学原理[M]. 朱志泰译. 北京：商务印书馆.

彭长桂，吕源. 2014. 组织正当性的话语构建：谷歌和苹果框架策略的案例分析[J]. 管理世界，（2）：152-169.

钱立洁. 2012. 民营中小微企业的二次创业路径[J]. 企业经济，（12）：106-108.

秦宇，郭为. 2011. 管理学文献综述类文章写作方法初探[J]. 外国经济与管理，（9）：59-64.

萨克森宁. 2000. 硅谷优势. 曹蓬，等译. 上海：上海远东出版社.

施翼. 2013-02-25. 联盟标准助块状经济“突围”[N]. 浙江日报，12.

王缉慈，等. 2010. 超越集群：中国产业集群的理论探索[M]. 北京：科学出版社.

王政. 2012-05-31. 小微企业扛大梁（关注中小企业发展[N]. 人民日报，第 2 版.

韦伯. 1997. 工业区位论[M]. 李刚剑，等译. 北京：商务印书馆.

魏江. 2006. 知识学习与企业技术能力增长[M]. 北京：科学出版社.

魏江，戴维奇，林巧. 2009. 公司创业研究领域两个关键构念：创业导向与公司创业的比较[J]. 外国经济与管理，（1）：24-31.

赵静，陈玲，薛澜. 2013. 地方政府的角色原型、利益选择和行为差异：一项基于政策过程研究的地方政府理论[J]. 管理世界，（2）：90-106.

赵振华. 2012-05-24. 义乌：小微企业发展的成功典范[N]. 学习时报，3.

钟鸣，董碧水. 2013-09-06. 浙江出台政策促小微企业转型升级[N]. 中国青年报，10.

朱海燕. 2010. 产业集群研究述评：研究脉络、趋势与焦点[J]. 研究与发展管理，（6）：47-56.

朱秀梅，陈琛，蔡莉. 2010. 网络能力、资源获取与新企业绩效关系实证研究[J]. 管理科学学报，（4）：44-56.

Aerts K，Matthyssens P，Vandenbempt K. 2007. Critical role and screening practices of European business incubators [J]. Technology，17（1）：254-267.

Ahokangas P，Hyry M，Rasanen P. 1999. Small technology-based firms in fast-growing regional cluster[J]. New England Journal of Entrepreneurship，2（1）：19-26.

Alam I. 2006. Service innovation strategy and process：a cross-national comparative analysis [J]. International Marketing Review，23（3）：234-254.

Ali I. 2007. Inequality and the imperative for inclusive growth in Asia[J]. Asian Development Review，24（2）：1-12.

Allen D N，Rahman S. 1985. Small business incubators：a positive environment for entrepreneurship [J]. Journal of Small Business Management，23（3）：12-24.

Alt R，Zimmerman H D. 2001. Introduction to special section on business models [J]. Electronic Markets，11（1）：3-9.

Alvesson M，Karreman D. 2000. Varieties of discourse：on the study of organizations through discourse analysis[J]. Human Relations，53（9）：1125-1149.

Amin A，Thrift N. 1994. Globalization，Institutions and Regional Development in Europe[M]. Oxford：Oxford University Press.

Amit R，Zott C. 2001. Value creation in e-business [J]. Strategic Management Journal，22（6-7）：493-520.

Austin J T，Villanova P. 1992. The criterion problem：1917-1992[J]. Journal of Applied

Psychology，7：838-840.

Autio E，Kloftsen M．1998．A comparative study of two European business incubators [J]．Journal of Small Business Management，36（1）：30-43.

Baptista R．2001．Geography clusters and innovation diffusion [J]．Technological Forecasting and Social Change，66（1）：31-46.

Barney J B．1999．Firm resource and sustained competitive advantage [J]．Journal of Management，17（1）：99-120.

Barney J B，Ketchen D J，Wright M．2011．The future of resource-based theory：revitalization or decline? [J]．Journal of Managemnet，37（5）：1299-1315.

Becker M C．2005．A framework for applying organizational routines in research：linking antecedents，characteristics and performance outcomes of recurrent interaction patterns [J]．Industrial and Corporate Change，14：817-846.

Becker B，Gassmann O．2006．Gaining leverage effects from knowledge modes within corporate incubators [J]．R&D Management，36（1）：1-16.

Bell G G．2005．Clusters，Networks，and Firm innovativeness [J]．Strategic Management Journal，26：287-295.

Bergek A，Norrman C．2008．Incubator best practice：a framework [J]．Technovation，28（1/2）：20-28.

Betz F．2002．Strategic business models [J]．Engineering Management Journal，14（1）：21-27.

Bird B，Schjoedt L．2009．Entrepreneurial behavior：its nature，scope，recent research，and agenda for future research [J]．International Studies in Entrepreneurship，24（5）：327-358.

Birley S．1985．The role of networks in the entrepreneurial process [J]．Journal of Business Venturing，1（1）：107-117.

Boso N，Story V M，Cadogan J W．2013．Entrepreneurial orientation，market orientation，network ties，and performance：study of entrepreneurial firms in a developing economy[J]．Journal of Business Venturing，28（6）：708-727.

Bresohi S．2000．The geography on innovation：a cross-sector analysis[J]．Regional Studies，34（3）：213-229.

Brush C G，Greene P G，Hart M，et al．2001．From initial idea to unique advantage：the entrepreneurial challenge of constructing a resource base [J]．Academy of Management Executive，15（1）：64-78.

Buenstorf G．2009．Opportunity spin-offs and necessity spin-offs [J]．International Journal of Entrepreneurial Venturing，1（1）：22-40.

Burgess R，Turner S．2000．Seven key features for creating and sustaining commitment [J]．International Journal of Project Management，18（4）：225-233.

Burt R S，Kilduff M，Tasselli S．2013．Social network analysis：foundations and frontiers on advantage[J]．Annual Review of Psychology，64（1）：527-547.

Butler J E，Doktor R，Lins F A．2010．Linking international entrepreneurship to uncertainty，opportunity discovery，and cognition [J]．Journal of International

Entrepreneurship，8（2）：121-134.

Cassiman B，Veugelers R．2006．In search of complementary in innovation strategy：internal R&D and external knowledge acquisition [J]．Management Science，52（1）：68-82.

Chesbrough H．2003a．Open Innovation：The New Imperative for Creating And Profiting from Technology[M]．Boston：Harvard Business School Press.

Chesbrough H．2003b．The era of open innovation[J]．MIT Sloan Management Review，44（3）：35-41.

Chesbrough H W．2012．Open innovation：where we've been and we're going[J]．Research-Technology Management，55（4）：20-27.

Chesbrough H，Vanhaverbeke W，West J．2006．Open Innovation：Researching A New Paradigm[M]．London：Oxford University Press.

Choi T M，Sethi S．2010．Innovative quick response programs：a review [J]．International Journal of Production Economics，127（1）：1-12.

Christensen J F，Olesen M H，Kjaer J S．2005．The industrial dynamics of open innovation-evidence from the transformation of consumer electronics[J]．Research Policy，34（4）：1533-1549.

Christiansen J K，Gasparin M，Varnes C J．2013．Improving design with open innovation：a flexible management technology[J]．Research-Technology Management，56（2）：36-44.

Coles A，Harris L，Dickson K．2003．Testing goodwill：conflict and cooperation in new product development networks [J]．International Journal of Technology Management，25：51-64.

Cooke P．2013．Global production networks and global innovation networks：stability versus growth[J]．European Planning Studies，21（7）：1081-1094.

Corso M，Pellegrini L．2007．Continuous and discontinuous innovation：overcoming the innovation dilemma[J]．Creativity and Innovation Management，16（4）：333-347.

Covin J G，Miller D．2014．International entrepreneurial orientation：conceptual considerations，research themes，measurement issues and future research directions[J]．Entrepreneurship Theory and Practice，38（1）：11-44.

Dahlander L，Gann D M．2010．How open is innovation[J]？ Research Policy，39（6）：699-709.

Damanpour F，Walker R M，Avellaneda C N．2009．Combinative effects of innovation types and organizational performance[J]．Journal of Management Studies，46（4）：650-675.

Dekker H C．2004．Control of inter-organizational relationships：evidence on appropriation concerns and coordination requirements [J]．Accounting，Organizations and Society，29（1）：27-49.

Dervin B．1979．Sense-making as a prerequisite for information equality[C]．Paper presented at the 7th Annual Telecommunication Policy Research Conference，Skytop，Pennsylvania.

Dimeitratos P，Voudouris I，Plakoyiannaki E，et al．2012．International entrepreneurial culture-toward a comprehensive opportunity-based operation of international entrepreneurship [J]. International Business Review，21（4）：708-721.

Eisenhardt K M. 1989. Building theories from case study research [J]. Academy of Management Review，14（4）：532-550.

Eisenhardt K M. 2007. Theory building from cases：opportunities and challenges [J]. Academy of Management Journal，50（1）：25-32.

Emirbayer M，Mische A. 1998. What is agency[J]. American Journal of Sociology，103 （4）：962-1023.

Engler J，Kusiak A. 2011. Modeling an innovation ecosystem with adaptive agents[J]. Internal Journal of Innovation Science，3：55-67.

Floyd S W，Wooldridge B. 1999. Knowledge creation and social networks in corporate entrepreneurship：the renewal of organizational capability [J]. Entrepreneurship：Theory and Practice，23（3）：123-144.

Franco M，Haase H. 2013. Firm resources and entrepreneurial orientation as determinants for collaborative entrepreneurship [J]. Management Decision，51（3）：680-696.

Freeman C. 1991. Networks of innovators：a synthesis of research issues[J]. Research Policy，20：499- 514.

Fuller D B. 2010. How Law，politics and transnational networks affect technology entrepreneurship：explaining divergent venture capital investing strategies in China [J]. Asia Pacific Journal of Management，27（3）：445-459.

Gartner W B，Carter N M，Reynolds P D. 2010. Entrepreneurial behavior：firm organizing processes [J]. International Handbook Series on Entrepreneurship，5（2）：99-127.

Garud R，Giuliani A P. 2013. A narrative perspective on entrepreneurial opportunities[J]. Academy of Management Review，38（1）：157-160.

Gedajlovic E，Honig B，Moore C B，et al. 2013. Social capital and entrepreneurship：a schema and research agenda[J]. Entrepreneurship Theory and Practice，37（3）：455-478.

Giblin M，Ryan P. 2012. Tight clusters or loose networks? The critical role of inward foreign direct investment in cluster creation [J]. Regional Studies，46（2）：245-258.

Giuliani E. 2013. Network dynamics in regional clusters：evidence from Chile[J]. Research Policy，42（8）：1406-1419.

Glaser B G. 1978. Theoretical Sensitivity [M]. Mill Valley：Sociology Press：35-60.

Glaser B G，Strauss A L. 1967. The Discovery of Grounded Theory[M]. New York：Aldine de Gruyter：3-7.

Green K M，Covin J G，Slevin D P. 2008. Exploring the relationship between strategic reactive and entrepreneurial orientation：the role of structure-style fit[J]. Journal of Business Venturing，23（3）：356-383.

Gruenberg-Bochard J，Kreis-Hoyer P. 2009. Knowledge-networking capability in German SMEs：a model for empirical investigation[J]. International Journal of Technology Management，45（3/4）：364-379.

Hackett S M，Dilts D M. 2004. A systematic review of business incubation research

[J]. Journal of Technology Transfer，29（1）：55-82.

Hackett S M，Dilts D M. 2008. Inside the black box of business incubation：study b-scale assessment，model refinement，and incubation outcomes [J]. The Journal of Technology Transfer，33（5）：439-471.

Hagedoorn J. 2006. Understanding the cross-level embeddedness of inter firm partnership formation [J]. Academy of Management Review，31（3）：670-680.

Hakansson H. 1987. Industrial Technological Development：A Network Approach [M]. London：Croom Helm：124-126.

Haken H. 1983. Synergetics：An Introduction[M]. Berlin：Spring-Verlag.

Hall J K，Daneke G A，Lenox M J. 2010. Sustainable development and entrepreneurship：past contributions and future directions [J]. Journal of Business Venturing，25（5）：439-448.

Hamilton E. 2011. Entrepreneurial learning in family business [J]. Journal of Small Business and Enterprise Development，18（1）：8-26.

Hannon P D，Chaplin P. 2003. Are incubators good for business? Understanding incubation practice [J]. Environment and Planning C：Government and Policy，21（6）：861-881.

Hardy C. 2001. Researching organizational discourse [J]. International Studies of Management and Organization，31：25-47.

Hardy C，Maguire S. 2010. Discourse，field-configuring events，and change in organizations and institutional fields：narrative of DDT and the Stockholm Convention[J]. Academy of Management Journal，53：1365-1392.

Harris Z S. 1952. Discourse analysis [J]. Language，28（1）：1-30.

Hartley J，Sorensen E，Torfing J. 2013. Collaborative innovation：a viable alternative to market competition and organizational entrepreneurship [J]. Public Administration Review，73（6）：821-830.

Holweg M，Pil F K. 2006. Evolving from value chain to value grid[J]. MIT Sloan Management Review，47（4）：72-80.

Howard E A，Martha A M. 2010. Entrepreneurship as social construction：a multilevel evolutionary approach [J]. Proceedings of the National Academy of Sciences，3（1）：7-9.

Hsueh J T，Lin N P，Li H C. 2010. The effects of network embeddedness on service innovation performance [J]. The Service Industries Journal，30（10）：1723-1736.

Hughes B，Wareham J. 2010. Knowledge arbitrage in global pharma：a synthetic view of absorptive capacity and open innovation[J]. R & D Management，40（3）：324-343.

Hughes M，Ireland R D，Morgan R E. 2007. Stimulating dynamic value：social capital and business incubation as a pathway to competitive success [J]. Long Range Planning，40（2）：154-177.

Jack S，Moult S，Anderson A R，et al. 2010. An entrepreneurial network evolving：patterns of change [J]. International Small Business Journal，28（4）：315-337.

Johnson S P，Menor L J，Roth A V，et al. 2000. A critical evaluation of the new service development process：integrating service innovation and service design[A]

//Fitzsimmons J A，Fitzsimmons M J. New Service Development：Creating Memorable Experiences[C]. Thousand Oaks：Sage Publications：1-32.

Kang S M，Snell S A. 2007. Relational archetypes，organizational learning，and value creation：extending the human resource architecture [J]. Academy of Management Review，32（1）：236-256.

Kapoor R，Lee J M. 2013. Coordinating and competing in ecosystems：how organizational forms shape new technology investments[J]. Strategic Management Journal，34（3）：274-296.

Karlan D S. 2007. Social connections and group banking[J]. The Economic Journal，117（517）：52-84.

Keeble D，Lawson C，Moore B，et al. 1999. Collective learning processes，networking and institutional thickness in the cambridge region[J]. Regional Studies，33（4）：319-332.

Kelly D J，Peters L，O'Connor G C. 2009. Intra-organizational networking for innovation-based corporate entrepreneurship[J]. Journal of Business Venturing，24（3）：231-235.

Khaire M，Wadhwani R. 2010. Changing landscapes：the construction of meaning and value in a new market category-modern Indian art [J]. Academy of Managing Journal，53：1281-1304.

Kirkman D M. 2011. University technology transfer factors as predictors of entrepreneurial orientation[J]. Administrative Issues Journal，1（1）：80-97.

Kogut B. 2000 . The network as knowledge：generative rules and the emergence of structure [J]. Strategic Management Journal，21（3）：405-425.

Kotey B，Sharma B，Gao K. 2013. The configuration of Entrepreneurial strategy in Chinese small textile manufacturing firms[J]. Journal of New Business Ideas and Trends，11（1）：1-19.

Kreiser P M. 2011. Entrepreneurial orientation and organizational learning：the impact of network range and network closure [J]. Entrepreneurship Theory and Practice，35（5）：1025-1050.

Krugman P R. 1991. History versus expectations [J]. Quarterly Journal of Economics，106（2）：651-667.

Krugman P R. 1993. First nature，second nature and metropolitan location [J]. Journal of Regional Science，33（2）：124-144.

Kumar K S. 2012. A study on elements of key success factors determining the performance of incubators [J]. European Journal of Social Sciences，28（1）：13-23.

Larman C. 2004. Agile and Iterative Development：A Manager's Guide[M]. Boston：Addison-Wesley.

Lawson C. 1999. Towards a competence theory of the region[J]. Cambridge Journal of Economics，23：151-169.

Lee S，Park G，Yoon B，et al. 2010. Open innovation in SMEs-an intermediated network model[J]. Research Policy，39（2）：290-300.

Lenddner C, Dowling M. 2007. The organizational structure of university business incubator and their impact on the success start-ups : an international study [J]. International Journal of Entrepreneurship and Innovation Management, 7 (6): 541-555.

Lichtenthaler U. 2011. Open innovation: past research, current debates, and future directions[J]. Academy of Management Perspectives, 25 (1): 75-93.

Liston P M, Kay A, Cromie S, et al. 2012. Evaluating the iterative development of VR/AR human factors tools for manual work[J]. Work: A Journal of Prevention, Assessment and Rehabilitation, 41 (1): 2208-2215.

Lockett A, Wright M. 2005. Resources, capabilities, risk capital and the creation of university spin-out companies [J]. Research Policy, 34 (7): 1043-1057.

Lumpkin G T, Dess G. 1996. Clarifying the entrepreneurial orientation construct and linking it to performance [J]. Academy of Management Review, 21 (10): 135-172.

Maccoby M. 2000. Creating network competence [J]. Research Technology Management, 43 (3): 59-60.

Macher J. 2006. Technological development and the boundaries of the firm : a knowledge-based examination in semiconductor manufacturing [J]. Management Science, 52 (6): 826-843.

Magretta J. 2002. Why Business models matter [J]. Harvard Business Review, 80 (5): 86-92.

Makusen A. 1996. Sticky places in slippery space : a typology of industrial districts[J]. Economic Geography, 72 (3): 293-313.

Manyika J, Chui M. 2011. Big data: the next frontier for innovation, competition and productivity[J]. McKinsey Global Institute, (5): 1-12.

March G. 1991. Exploration and exploitation in organization learning[J]. Organization Science, 2 (1): 71-87.

Marshall A. 1920. Principles of Economics [M]. London: Macmillan.

McAfee A, Brynjolfsson E. 2012. Big data: the management revolution[J]. Harvard Business Review, 90 (10): 60-66.

McEvily B, Zaheer A. 1999. Bridging ties: a source of firm heterogeneity in competitive capabilities [J]. Strategic Management Journal, 20 (12): 1133-1156.

McGrath H, O'Toole T. 2010. The potential and challenge of the network realization capability for SME in Ireland and Finland [J]. Journal of Business Market Management, 4: 27-49.

McKendrick D G, Wade J B, Jaffee J. 2009. Good riddance? Spin-offs and the technological performance of parent firms [J]. Organization Science, 20 (6): 979-992.

Merrifield D B. 1987. New business incubators [J]. Journal of Business Venturing, 2 (4): 277-284.

Meyer J P, Herscovitch L. 2001. Commitment in the workplace: toward a general model [J]. Human Resource Management Review, 11 (3): 299-326.

Mian S A. 1996. Assessing value-added contributions of university technology business incubators to tenant firms [J]. Research Policy，25（3）：325-335.

Miles R E，Miles G，Snow C. 2005. Collaborative Entrepreneurship：How Communities of Networked Firms Use Continuous，Innovation to Create Economic Wealth [M]. Stanford：Stanford University Press.

Mitchell R K，Smith J B，Seawright K W，et al. 2000. Cross-cultural cognitions and the venture creating decision. Academy of Management Journal，43（5）：974-993.

Moller K，Halinen A. 1999. Business relationships and networks：managerial challenge of network era [J]. Industrial Marketing Management，28：413-427.

Morris M J. 2011. Incremental entrepreneurship：best practice professionalization across generations[A]//Au K，Craig J，Ramachandran K. Family Enterprise in Asia Pacific：Exploring Trans-generational Entrepreneurship in Family Firms [C]. Cheltenham：Edward Elgar：137-149.

Morris M，Schindehutte M，Allen J. 2005. The entrepreneur's business model：toward a unified perspective [J]. Journal of Business Research，58（6）：726-735.

Morrison A，Rabellotti R. 2009. Knowledge and information networks in an Italian wine cluster [J]. European and Planning Studies，17（7）：983-1006.

Murray H. 2011. Opportunity，Strategy and Entrepreneurship：A Meta-theory [M]. New York：Nova Science Publishers：25-36.

Nooteboom B. 1996. Trust，opportunism and governance：a process and control model [J]. Organization Studies，17（6）：985-1010.

O'Neal T. 2005. Evolving a successful university-based incubator：lessons learned from the UCF technology incubator [J]. Engineering Management Journal，17（3）：11-25.

Osterwalder A. 2004. The business model ontology：a proposition in design science approach[D]. PH. D. Thesis at the HEC Lausanne.

Osterwalder A，Pigneur Y，Tucci C L. 2005. Clarifying business models：origins，present and future of the concept [J]. Communications of the Association for Information Science（CAIS），15：1-25.

Ozgen E，Baron R A. 2007. Social sources of information in opportunity recognition：effects of mentors，industry networks，and professional forums [J]. Journal of Business Venturing，22（2）：174-192.

Paci R，Usai S. 2000. Technological enclaves and industrial districts：an analysis of the regional distribution of innovative activity in Europe[J]. Regional Studies，34（2）：97-114.

Padmore T，Gibson H. 1998. Modeling systems of innovation：a framework for industrial cluster analysis in regions[J]. Research Policy，26：625-641.

Pahor M，Skerlavaj M，Dimovski V. 2008. Evidence for the network perspective on organizational learning [J]. Journal of the American Society for Information Science，59（12）：1985-1994.

Palpanas T. 2012. A knowledge mining framework for business analysts[J]. ACM SIGMIS Database，43（1）：46-60.

Pazzaglia F，Mengoli S，Sapienza E. 2013. Earnings quality in acquired and non-acquired family firms [J]. Family Business Review，26（4）：373-386.

Peng M W, Health P S. 1996. The growth of the firm in planned economies in transition: institutions, organizations, and strategic choice [J]. Academy of Management Review, 21 (2): 492-528.

Peters L, Rice M, Sundararajan M. 2004. The role of incubators in the entrepreneurial process [J]. Journal of Technology Transfer, 29 (1): 87-91.

Plummer L A, Acs Z J. 2014. Localized competition in the knowledge spillover theory of entrepreneurship [J]. Journal of Business Venturing, 29 (1): 121-136.

Podolny J M. Baron J N. 1997. Resources and relationships: social networks and mobility in the workplace [J]. American Sociological Review, 62 (5): 673-693.

Porter M E. 1998. Cluster and Competition: New Agendas for Companies, Governments, and Institutions [M]. Competition: Harvard Business School Press.

Potter J, Hepburn A. 2008. Discursive construction[A]// Holstein J A, Gubrium J F. Handbook of Constructionist Research[C]. New York: The Guilford Press: 275-293.

Rabellotti R. 1995. External economics and cooperation in industrial districts: a comparison of Italy and Mexico [J]. Journal of Pediatric & Adolescent Gynecology, 27 (2): 26-27.

Rae D, Carswell M. 2001. Towards a conceptual understanding of entrepreneurial learning [J]. Journal of Small Business and Enterprise Development, 8 (2): 150-158.

Rappert B, Webster A, Charles D. 1999. Making sense of diversity and reluctance: academic industrial relations and intellectual property[J]. Research Policy, 28 (8): 873-890.

Rasmussen E, Mosey S, Wright M. 2011. The evolution of entrepreneurial competencies: a longitudinal study of university spin-off venture emergence [J]. Journal of Management Studies, 48 (6): 1314-1345.

Rice M P. 2002. Co-production of business assistance in business incubators: an exploratory study [J]. Journal of Business Venturing, 17 (2): 163-187.

Ritter T, Gemunden H. 2003. Network competence: it's impact on innovation success and its antecedents[J]. Journal of Business Research, 56 (3): 745-755.

Ritter T, Gemunden H. 2004. The impact of company's business strategy on its technological competence, network competence and innovation success [J]. Journal of Business Research, 57: 548-556.

Ritter T, Wilkinson I F, Johnston W J. 2002. Measuring network competence: some international evidence [J]. The Journal of Business and Industrial Marketing, 17 (2/3): 119-138.

Rodan S. 2008. Organizational learning: effects of network structure and individual strategy [J]. Computational and Mathematical Organization Theory, 14 (3): 222-247.

Russell R D, Russell C J. 1992. An examination of the effects of organizational norms, organizational structure, and environmental uncertainty on entrepreneurial strategy [J]. Journal of Management, 18 (4): 639-656.

Saxenian A. 1990. Regional networks and the resurgence of Silicon Valley [J]. California Management Review, 33 (1): 89-112.

Saxenian A. 1996. Regional Advantage: Culture and Competition in Silicon Valley and

Route 128 [M]. Cambridge : Harvard University Press: 20-56.

Schaffers H, Kulkki S. 2007. Living labs, an open innovation concept fostering rural development [J]. Tech Monitor, Special Issue on Open Innovation: A New Paradigm in Innovation Management, (9/10): 30-38.

Schaltegger S, Wagner M. 2011. Sustainable entrepreneurship and sustainability innovation: categories and interactions [J]. Business Strategy and the Environment, 20 (4): 222-237.

Schwab D P. 1980. Construct Validity in Organizational Behavior [M]. Greenwich: Jai Press.

Schwartz M, Hornych C. 2008. Specialization as strategy for business incubators: an assessment of the central German multimedia center [J]. Technovation, 28(7): 436-449.

Schweizer L. 2005. Concept and evolution of business model [J]. Journal of General Management, 31 (2): 37-56.

Sendil E K, Levinthal D, Roy R R. 2008. The dual role of modularity: innovation and imitation [J]. Management Science, 54 (5): 939-955.

Sharma P, Chrisman J. 1999. Toward a reconciliation of the definitional issues in the field of corporate entrepreneurship [J]. Entrepreneurship: Theory and Practice, 23(3): 11-27.

Shepherd D A. 2011. Multilevel entrepreneurship research: opportunities for studying entrepreneurial decision making [J]. Journal of Management, 37 (2): 412-420.

Shepherd D A, Patzelt H. 2011. The new field of sustainable entrepreneurship: studying entrepreneurial action linking what is to be sustained with what is to be developed [J]. Entrepreneurship Theory and Practice, 35 (1): 137-163.

Sigfusson T. 2013. The relationship networks of entrepreneurs and the effects of a formation of an industry cluster on their relationships [J]. Business and Management Research, 2 (1): 104-115.

Slotte-Kock S, Coviello N. 2010. Entrepreneurship research on network processes: a review and ways forward [J]. Entrepreneurship Theory and Practice, 34 (1): 31-57.

Smallbone D, Welter F, Voytovich A. 2010. Government and entrepreneurship in transition economies: the case of small firms in business services in Ukraine [J]. The Service Industries Journal, 30 (5): 655-670.

Smith D A, Lohrke F T. 2008. Entrepreneurial network development: trusting in the process [J]. Journal of Business Research, 61 (4): 315-322.

Soetanto D P, van Geenhuizen M. 2007. Technology incubators and knowledge networks: a rough set approach in comparative project analysis [J]. Environment and Planning B: Planning and Design, 34 (6): 1011-1029.

Spedale S. 2003. Technological Discontinuities is Co-operation: an Option? [J]. Long Range Planning, 36 (2): 253-268.

Spriggs M, Yu A, Deeds D, et al. 2013. Too many cooks in the kitchen innovative capacity, collaborative network orientation, and performance in small family businesses[J]. Family Business Review, 26 (1): 32-50.

Stam W, Arzlanian S, Elfring T. 2014. Social capital of entrepreneurs and small firm performance: a meta-analysis of contextual and methodological moderators [J]. Journal of Business Venturing, 29 (1): 152-173.

Stephens S. 2013. Building an entrepreneurial network: the experience of immigrant entrepreneurs [J]. Journal of Enterprising Communities: People and Places in the Global Economy, 7 (3): 233-244.

Stevens E, Dimitriadis S. 2005. Managing the new service development process: towards a systemic model [J]. European Journal of Marketing, 39 (1/2): 175-198.

Strauss A, Corbin J. 1990. Basics of Qualitative Research: Grounded Theory Procedures and Technique [M]. Newbury Park: Sage Publications: 25-36.

Strauss A, Corbin J. 1994. Grounded theory methodology: an overview[A]// Norman, K D, Lincoln Y S. Handbook of Qualitative Research[C]. London: Sage: 260-275.

Strauss A, Corbin J. 1998. Basics of Qualitative Research: Grounded Theory Procedures and Techniques [M]. Thousand Oaks: Sage: 102-138.

Sundbo J. 1998. Standardization VS customization in service innovation [R]. The result of SI4S topical paper 3, SI4S project: 20-21.

Tang Z, Hull C. 2012. An investigation of entrepreneurial orientation, perceived environmental hostility and strategy application among Chinese SMEs[J]. Journal of Small Business Management, 50 (1): 132-158.

Tang Z, Tang J. 2012. Entrepreneurial orientation and SME performance in China's changing environment: the moderating effects of strategies [J]. Asia Pacific Journal of Management, 29 (2): 409-431.

Taylor D W, Thorpe R. 2004. Entrepreneurial learning: a process of co-participation [J]. Journal of Small Business and Enterprise Development, 11 (2): 203-211.

Temali M, Campbell C. 1984. Business Incubator Profiles: A National Survey [M]. Minneapolis: University of Minnesota Humphrey Institute of Public Affairs.

Terziovski M. 2010. Innovation practice and its performance implications in small and medium enterprises in the manufacturing sector: a resource-based view[J]. Strategic Management Journal, 31 (8): 892-902.

Toft-Kehler R, Wennberg K, Kim P H. 2014. Practice makes perfect: entrepreneurial-experience curves and venture performance [J]. Journal of Business Venturing, 29 (4): 453-470.

Tsai W. 2001. Knowledge transfer in intra organizational networks: effects of network position and absorptive capacity on business unit innovation and performance [J]. Academy of Management Journal, 44 (5): 996-1004.

Tsai K H, Wang J C. 2008. External technology acquisition and firm performance: a longitudinal study [J]. Journal of Business Venturing, 23: 91-112.

Ucbasaran D, Westhead P, Wright M. 2009. The extent and nature of opportunity identification by experienced entrepreneurs [J]. Journal of Business Venturing, 24 (2): 99-155.

Vaara E, Tienari J. 2008. A discursive perspective on legitimation strategies in multinational corporations[J]. Academy of Management Review, 33: 985-993.

Vladas G, Stephanie M C, van Vugt M. 2012. The evolutionary bases for sustainable behavior: implications for marketing, policy and social entrepreneurship[J]. Journal of Public Policy and Marketing, 31 (1): 115-128.

Vohora A, Wright M, Lockett A. 2004. Critical junctures in the development of university high-tech spinout companies [J]. Research Policy, 33 (1): 147-175.

Wallmuller E, Kaminski F. 2013. Agile software development in system engineering conditions[J] . Software Process Improvement and Capability Determination Communications in CIS, 349 (1): 142-153.

Walter A, Auer M, Ritter T. 2006. The impact of network capabilities and entrepreneurial orientation on university spin-off performance [J]. Journal of Business Venturing, 21(4): 541-567.

Weick K E, Sutcliffe K M, David O. 2005. Organizing and the process of sense-making[J]. Organization Science, 16 (4): 409-421.

Welter F, Smallbone D. 2011. Institutional perspectives on entrepreneurial behavior in challenging environments [J]. Journal of Small Business Management, 49(1): 107-125.

West J, Bogers M. 2014. Leveraging external sources of innovation: a review of research on open innovation[J]. Journal of Product Innovation Management, 31 (4): 814-831.

Worthington R L, Whittaker T A. 2006. Scale development research: a content analysis and recommendations for best practices [J]. The Counseling Psychologist, 34: 806-838.

Yin R. 2009. Case Study Research: Design and Methods [M]. Thousand Oaks: Sage Publications.

Yu J C P. 2013. A collaborative strategy for deteriorating inventory system with imperfect items and supplier credits [J]. International Journal of Production Economics, 143 (2): 403-409.

Zaheer A, Bell G. 2005. Benefiting from network position: Firm capabilities, structural holes, and performance [J]. Strategic Management Journal, 26 (9): 809-825.

Zahra S A, George G. 2002. Absorptive capacity: a review, re-conceptualization and extension [J]. Academy of Management Review, 27: 185-203.

Zahra S A, Sapienza H J, Davidsson P. 2006. Entrepreneurship and dynamic capabilities: a review, model and research agenda [J]. Journal of Management Studies, 43 (4): 917-955.

Ziggers G W, Henseler J. 2009. Inter-firm network capability: how it affects buyer-supplier performance [J]. British Food Journal, 111 (8): 794-810.

后 记

集群情景下小微企业的创业行为是我非常喜欢的一个研究领域,该领域一方面契合国家大众创业、万众创新的时代背景,具备较强的现实意义;另一方面,又属于国内外学术界的研究热点领域,具备理论前沿性。该领域有三个关键词非常重要:一是集群情景;二是小微企业;三是创业行为。

首先,集群情景是小微企业创业行为存在和发展的外部情景变量,为小微企业的创业行为提供了广阔的平台空间。在产业集群的促发效应下,激发了小微企业的创业热情,海量的小微企业如雨后春笋般涌现。在中国长江三角洲区域、美国硅谷区域都分布有大量的产业集群,这些形态各异的产业集群为小微企业的创业行为研究提供了新鲜素材。

其次,小微企业是中国企业中,所占数量最多的企业类型。一大批小微企业在集群背景下,迅速成长为行业领先企业,为区域经济的繁荣贡献了重要力量。另外,相对于大企业而言,小微企业创业又具有一些特殊性,如创业经验不足、创业资源有限等,这些都为创业行为研究提供了更新颖的选题。

最后,创业行为在理论和现实领域都属于热点问题。就其含义而言,狭义的创业行为仅指新企业的创建;而广义的创业行为则包括新产品投入市场、商业模式更新、战略模式更新、风险投资等。就其研究问题的边界来看,创业行为与创新行为、学习行为等其他知识行为交织在一起,形成企业经营行为的复杂嵌套。

对于学术研究而言,兴趣是最好的驱动力。对创业研究的兴趣驱使我和我的研究团队不断挑战有难度和应用价值的选题。可以说,没有研究兴趣,就不能及时完成大量的国内外文献整理,也不能完成大量有难度的问卷整合和话语收集,更不能保证课题的顺利完成和研究成果的发表。

就国内创业行为的研究现状来看,业已形成若干一流的研究团队,为国内创业行为的蓬勃开展起到了重要的引领作用。就地域分布而言,浙江一直是国内创业研究团队重点关注的地域,其中,浙江学者也贡献了很多有价值的研究成果。就我本人而言,在 2007 年,我开始了浙江省社科联科普课题的科研工作，选题是"创业者百宝箱：自主创业实用知识简明读本"。从那时起，我就一直从事创业行为的研究工作，至今，已有近10年的时间。2011年，我开始了浙江省自然科学基金的研究工作，关注了"集群情景下新企业的创业机理与早期成长模式：浙江集群企业的经验证据"。后来，又陆续进行浙江省哲学社会科学规划课题、教育部人文社会科学项目等的研究工作。

我在《科学学研究》《研究与发展管理》《中国科技论坛》等重要期刊，陆续发表了一批关于创业行为的研究论文。例如，2012年，我在《研究与发展管理》，发表了《企业孵化器知识服务创新的关键影响因素——基于扎根理论的一项探索性研究》，将影响孵化器知识服务创新的关键因素提炼为4个主范畴，分别是知识运作能力、知识结网能力、知识服务需求和创新保障机制。2013年，我在《科学学研究》，发表了《集群情景下大学衍生企业创业行为的关键影响因素——基于扎根理论的探索性研究》，将影响大学衍生企业创业行为的因素提炼为4个主范畴，分别是团队创业认知、创业资源整合、创业网络嵌入和集群创业情景。

在多年的创业行为研究中，我和我的研究团队业已形成了以下几个重要的研究特色，分述如下：

一是调研支撑。课题组采用面对面访谈、半开放式问卷收集等多种方法收集一手数据进行创业研究。关注小微企业、关注产业集群、关注产品微创新等新鲜议题，为创业行为研究提供重要的调研数据支撑。例如，2014年关于浙江义乌草根网商的调研数据收集，形成了较有特色的创业案例库。

二是立足浙江。浙江是中国创业创新的先行区域，是大众创业、万众创新国家战略的优秀践行者。在浙江义乌青岩刘村，有大量的草根创业者。虽然创业资源有限，但创业活力和创业能量惊人，依托小商品市场，业已形成了小微企业创业的义乌样本。在浙江温州，也有大量的小微企业创业行为，这些都值得国内外的学者重点关注和提炼。

三是问题导向。研究具备理论前沿，同时又要求严格的问题应用导向。立足浙江，形成易于复制和扩散的浙江经验，为其他区域的小微企业创业提供可以借鉴的执行规则。课题组的一些研究议题，如集群情景下小微企业的进化创业行为、集群情景下小微企业的协同创业行为都遵循严格的问题导向开展。

　　四是话语分析。创业行为研究的探索性要求更具解释力的研究方法，近几年来，我和我的研究团队借鉴语言学的研究方法，将话语分析技术导入到创业行为研究中，开展了尝试性工作。希望丰富创业行为研究的方法分析技术，通过新颖分析方法的引入，为创业研究提供有意义的学术观点。

　　本书的完成意味着上一阶段研究工作的结束，展望下一阶段的研究工作，我将重点开展集群情景下小微企业的协同创业行为研究。拟重点开展的研究问题包括：集群情景下小微企业协同创业行为的概念边界；研究集群情景下小微企业协同创业行为的系统模型；集群情景下小微企业协同创业行为的发生机理；集群情景下小微企业协同创业行为的优化路径；集群情景下小微企业协同创业行为的网络模型与实证检验；集群情景下小微企业协同创业行为的构建战略、策略与政府政策措施研究。

　　研究的重点问题包括集群情景下小微企业协同创业行为发生的微观机理，即为什么会发生；集群情景下小微企业协同创业行为优化的具体路径，即怎么样更好地发生。研究的难点问题包括：①基于话语分析技术，识别协同创业行为具体路径；②基于大样本统计数据，检验概念模型的稳定性；③基于典型案例的调研数据，进行协同创业网络的图谱化表示问题，如何拟合真实世界小微企业的协同创业行为。

　　本书的顺利完成，得益于太多人的帮助。首先，感谢全国哲学社会科学规划办公室，国家社会科学后期资助课题对于研究人员而言是一个巨大的精神和物质鼓励，将会鼓励研究人员继续探索更多有价值的问题，为国家哲学社会科学的繁荣贡献才智。

　　其次，感谢浙江师范大学为科研人员创造的良好硬件和软件环境，研究所、学院和学校形成的良好学术氛围将有助于产生更多高质量的研究成果。我所在的企业管理研究所也将创业行为作为重要方向开展，这些都有助于特色研究方向的形成。

　　再次，感谢我的研究团队，他们大都毕业于浙江大学、厦门大学、西安交通大学等国内知名高校，获得博士学位，定期的创业交流提供了很多有价值的观点启发和方法指导，研究团队的合作也有助于多项研究课题的顺利完成。

　　最后，感谢家人为我的学术研究工作提供的巨大精神支持。没有家人的精神支持，无法完成庞大的研究工作。本书的写作，牺牲了很多周末和假期时间，没有家人的理解、鼓励和关怀，这也注定是一项无法完成的工作。

除此之外，我还要感谢南洋理工大学的吴伟博士、于文轩博士，在我一年的访学期间，他们提供了非常优越的科研硬件和软件条件。本书中很多观点的形成，都离不开我在南大访学期间的思考，衷心感谢他们对我学术上的巨大帮助。

展望下一步的研究工作，将更加具有难度和挑战性，我将尽自己最大努力，以饱满的激情、不懈的斗志、创新的思维继续攻克学术难关，为创业行为研究贡献自己的学术智慧。路漫漫其修远兮，吾将上下而求索！

李文博

2016 年 8 月 1 日

于浙江师范大学丽泽花园